教員
採用試験
対策

問題集

一般教養 I
［人文科学 自然科学］

本試験の出題傾向を徹底分析！
得点力がアップする！
教員採用試験必携の問題集

東京アカデミー｜編

東京アカデミー七賢出版

はじめに

教員採用試験は，自治体ごとに実施され，その出題傾向は多種多様です。そのため，受験生にとっては対策を立てる上で大変困難を極めます。また，近年の試験では，人物試験を重視する傾向にあり，その対策にも多くの時間が必要となります。これらの状況を考えると，筆記試験においては，限られた時間の中でより的確かつ効率よく学習を進めていくことが求められます。

このオープンセサミシリーズは，全国に拠点をもつ東京アカデミーのネットワークを最大限に活かして過去の教員採用試験を徹底的に分析し，より効率よく，かつ合理的に，合格に必要な知識を身に付けることができるよう編集されたものです。

多くの受験生が見事合格を勝ちとり，晴れて教師としてご活躍されますよう，ご健闘を心からお祈り申し上げます。

本書が，受験生の皆さまの合格の一助となりましたら幸いです。

東京アカデミー編集部スタッフ一同

表示説明

重要度 ➡教員採用試験における出題頻度を示します。

A	非常に重要	（出題頻度が非常に高い）
B	重要	（出題頻度が高い）
C	普通	（出題がある）

星印 ➡各問題の難易度を示します。

☆　普通　　☆☆　やや難しい　　☆☆☆　難しい

この本の構成や内容は，オープンセサミシリーズの参考書，セサミノート（サブノート）に準拠しています。参考書，セサミノートで知識の定着をはかり，問題集で実践力をつけることでより効果的な学習ができます。併用して利用されることをおすすめします。

一般教養Ⅰ　人文科学・自然科学

Contents

1　国語

1　漢字……………………………………………………………… 2
2　ことば…………………………………………………………… 12
3　読解・鑑賞……………………………………………………… 29
4　文学史…………………………………………………………… 51

2　倫理

1　西洋の倫理……………………………………………………… 64
2　東洋の倫理……………………………………………………… 68

3　英語

1　語彙……………………………………………………………… 72
2　文法Ⅰ…………………………………………………………… 76
3　文法Ⅱ…………………………………………………………… 78
4　ことわざ………………………………………………………… 80
5　会話……………………………………………………………… 82
6　英文読解………………………………………………………… 90

4　音楽

1　音楽一般…………………………………………………………102
2　民族音楽…………………………………………………………104
3　西洋音楽史………………………………………………………106
4　日本音楽史………………………………………………………110
5　総合………………………………………………………………113

5 保健体育

1 保健……120
2 スポーツ……125

6 美術

1 日本美術史……130
2 西洋美術史……134
3 美術理論……141

7 数学

1 数と式……144
2 方程式と不等式……147
3 関数……150
4 図形……153
5 確率……157
6 データの分析……160
7 数列……166

8 物理

1 力の働き……170
2 力と運動……174
3 エネルギー……177
4 光と音……180
5 電磁気……182

9 化学

1 物質の構成……186
2 物質の状態……189
3 物質の変化……192
4 物質の性質……196

10 生物

1 植物の世界……202
2 動物の世界……207
3 生物のつながり……214

11 地学

1 大地の変化……222
2 大気の変化……227
3 太陽系と宇宙……233

12 コンピュータ・情報社会

1 コンピュータ……242
2 ネットワークと情報社会……245

解答解説

252

1
国語

Open Sesame

1 漢字

●解答解説P252～254

●傾向と対策

重要度：A

漢字を正しく読み書きできることは，教員としてはもちろんのこと社会人としての常識であり，他のすべての分野の基礎となる。高校までに習った常用漢字が出題の範囲といってよい。漢字の読みでは，熟字訓，難しい読み，また漢字の書き取りでは，同音異字，同訓異字，同音異義語，反対語，対照語などに注意しておきたい。四字熟語は，読み，意味，書き取り，漢数字などの空所補充，正誤問題など様々な形式で出題されている。

1 ☆

次の下線部の漢字の読み仮名を記せ。

(1) 大願が成就する。

(2) 先人の業績を礼讃する。

(3) 進捗状況を報告する。

(4) 希有な出来事。

(5) 景気に便乗して値上げする。

2 ☆☆

次の漢字の読み仮名を記せ。

(1) 曖昧　(2) 斡旋　(3) 葛藤　(4) 些細　(5) 凡例

(6) 推敲　(7) 体裁　(8) 頻繁　(9) 発足　(10) 匿名

3 ☆

次の下線部の漢字の読みのうち，正しいものを選べ。

(1) 因縁（いんえん）をつけられる。

(2) 新しい技を会得（かいとく）する。

(3) 婉曲（わんきょく）な言いまわし。

(4) 寺院を建立（こんりゅう）する。

(5) 境内（けいない）を掃除する。

(6) 署名捺印（のういん）する。

(7) 所以（しょい）を書き記す。

(8) 戯作（ぎさく）を読む。

(9) 虚空（きょくう）をつかむ。

(10) 安堵（あんしん）する。

4 ☆☆☆

次の語群のうち，ふりがながすべて正しいものを選べ。

(1) 可憐《かれん》　示唆《しさ》　抽出《てきしゅつ》　繁盛《はんじょう》　発端《ほったん》

(2) 苛酷《かこく》　精進《せいしん》　添削《てんさく》　伴侶《はんりょ》　膨大《ぼうだい》

(3) 肝腎《かんじん》　素性《すじょう》　沈殿《ちんでん》　頻出《はんしゅつ》　翻弄《ほんろう》

(4) 甲板《かんぱん》　刹那《せつな》　珍重《ちんちょう》　剝奪《はくだつ》　紛糾《ふんきゅう》

(5) 形相《けいそう》　羨望《せんぼう》　陳腐《ちんぷ》　氾濫《はんらん》　侮蔑《ぶべつ》

5 ☆

次の下線部の漢字の読み仮名を記せ。

(1) 秋祭でお神酒をいただく。

(2) 五月雨の中を歩く。

(3) 三味線のおけいこをする。

(4) 八百屋で買い物をする。

(5) 彼は意気地のない人だ。

(6) 数寄屋づくりを見学する。

(7) 波止場で船を見る。

(8) 最寄りの駅を利用する。

(9) 八百長試合の事実を知る。

(10) 五月晴れで気持ちがいい。

6 ☆

次の下線部の漢字の読み仮名を記せ。

(1) 修業のため，全国を行脚する。

(2) 寺の和尚に会う。

(3) 功徳を積む。

(4) 先祖の供養をする。

(5) 悪の権化となる。

7 ☆☆☆

次の下線部の語の読み仮名を記せ。

(1) 狡猾（わるがしこい・ずるいさま）

(2) 更迭（地位・役目がかわること）

(3) 誤謬（あやまり・まちがい）

(4) 蹂躙（踏みにじること）

(5) 杜撰（いいかげん・誤りが多いこと）

(6) 折衷（ほどよく調和させること）

(7) 捏造（でっちあげること）

(8) 頒布（広く分け配ること）

(9) 辟易（閉口する）

(10) 遊説（意見を説いて各地を回ること）

8 ☆☆☆

次の漢字の読み仮名を記せ。

(1) 神楽　(2) 為替　(3) 玄人　(4) 雑魚　(5) 時雨

(6) 竹刀　(7) 雪崩　(8) 日和　(9) 吹雪　(10) 木綿

9 ☆☆

次の下線部の漢字の読み仮名を記せ。

(1) 来年の干支の人形を作る。

(2) 彼は職人気質だ。

(3) 老舗の和菓子店。

(4) 提灯で照らす。
(5) 結納の儀を行う。
(6) 煙草を買いに行く。
(7) 劇の台詞を覚える。
(8) 大晦日に集まる。
(9) 潮騒がきこえる。
(10) 声色をかえて話す。

10 ☆☆

次の文のカタカナを漢字に直せ。

(1) 彼女はとてもセンサイな性格だ。
(2) 成分をブンセキする。
(3) 規制がカンワされる。
(4) センザイ能力を引き出す。
(5) シュンカンに判断する。
(6) 生徒をインソツする。
(7) カイテキな暮らし。
(8) ビミョウな差がある。
(9) ジュウタイから抜け出す。
(10) 証明書をフンシツする。

11 ☆☆

次の文のカタカナを漢字に直せ。

(1) 情報にウトい。
(2) カタヨった考え方。
(3) 申し出をコバむ。
(4) 長くケワしい道のり。
(5) 壁でヘダてる。
(6) 注意をオコタる。
(7) 先生をシタう。
(8) キビしい規則。
(9) 友達をハゲます。
(10) いいつけにソムく。

12 ☆☆

次の文のうち，カタカナは漢字に直し，下線部の漢字には読み仮名を記せ。

(1) アンピを確認したら，驚愕の事実が判明した。

(2) 条件にガイトウする者を執拗に探す。

(3) どんなギセイをはらってでも，任務を遂行する。

(4) 記録をコウシンしようと，貪欲になる。

(5) 予算をサクゲンするために緻密な計算をする。

13 ☆☆

次の文のうち，下線部の漢字には読み仮名を記し，カタカナは漢字に直せ。

(1) 人気の土産に客がサットウする。

(2) 新しく買った足袋をサッソクはいてみる。

(3) 相撲は日本コユウの競技である。

(4) 硫黄のにおいはシゲキが強い。

(5) 田舎に住む母をショウタイする。

14 ☆☆

次の文のカタカナを漢字に直せ。

(1) コウ
- ①建物のコウ造を調べる。
- ②大学のコウ義に出席する。

(2) サイ
- ③植物をサイ培する。
- ④サイ判に勝つ。

(3) フク
- ⑤歩いて往フクする。
- ⑥フク雑な関係。

(4) マン
- ⑦マン画を読む。
- ⑧友達に自マンする。

(5) カン
- ⑨新入生をカン迎する。
- ⑩カン誘活動を行う。

15 ☆☆

次の文のカタカナを漢字に直せ。

(1) ①授業料をオサめる。
　　②国をオサめる。

(2) ③気がキく。
　　④キき目がある。

(3) ⑤アヤマりを見つける。
　　⑥無礼をアヤマる。

(4) ⑦線路にソって歩く。
　　⑧付きソいで行く。

(5) ⑨消息をタつ。
　　⑩布をタつ。

16 ☆☆☆

次の空欄にあてはまる漢字を右より選んで，文を完成させよ。

(1) 解決をハカ(　　　)る。
(2) 距離をハカ(　　　)る。
(3) 容積をハカ(　　　)る。
(4) 所要時間をハカ(　　　)る。
(5) 悪事をハカ(　　　)る。

計	謀	図
測	諮	量

17 ☆☆

次の文の下線部の漢字の使い方として正しいものを選べ。

(1) 人事異動が行われる。
(2) 既製の事実である。
(3) 過去を精算する。
(4) 野菜の速成栽培を行う。
(5) 50m競争に参加する。

18 ☆☆

次の文の下線部を漢字に直せ。

(1) ①イガイな結果になる。
②赤イガイの色を使う。

(2) ③人質をカイホウする。
④施設をカイホウする。

(3) ⑤教育カテイを終える。
⑥結果よりもカテイを重視する。

(4) ⑦映画をカンショウする。
⑧植物をカンショウする。

(5) ⑨うそをヒナンする。
⑩ヒナン訓練をする。

19 ☆☆

次の空欄にあてはまる漢字を右より選んで，文を完成させよ。

(1) ①責任をツイキュウ(　　　)する。
②真理をツイキュウ(　　　)する。
③理想をツイキュウ(　　　)する。

追求，追及，追究

(2) ④損害をホショウ(　　　)する。
⑤機械をホショウ(　　　)する。
⑥安全をホショウ(　　　)する。

保障，補償，保証

(3) ⑦女性をタイショウ(　　　)とする。
⑧原文とタイショウ(　　　)する。
⑨タイショウ(　　　)図形をかく。

対称，対象，対照

20 ☆

反対語となるように，次の空欄に適語を入れよ。

(1) (　　　)——— 抽象

(2) 主観 ———(　　　)

(3) 需要 ———(　　　)

(4) (　　　)——— 否定

(5) 収入 ———(　　　)

21 ☆☆

次の下線部の読みを書け。

(1) 前代未聞
(2) 直情径行
(3) 片言隻語
(4) 枝葉末節
(5) 森羅万象

22 ☆☆☆

次の四字熟語の読み仮名を記せ。

(1) 曖昧模糊
(2) 有為転変
(3) 隠忍自重
(4) 泰然自若
(5) 雲散霧消

23 ☆

次の四字熟語の空欄すべてに共通する漢字を入れて完成させ，それぞれに読み仮名を記せ。

(1) (　)期(　)会
(2) (　)喜(　)憂
(3) (　)朝(　)夕
(4) (　)進(　)退
(5) (　)長(　)短

24 ☆☆

次の四字熟語中にある漢字一字の誤りを正しく直せ。

(1) 縦横無人(じゅうおうむじん)
(2) 才色兼美(さいしょくけんび)
(3) 言語同断(ごんごどうだん)
(4) 厚顔無知(こうがんむち)

(5)　危機一発（ききいっぱつ）

25　☆☆

次の四字熟語を漢字に直せ。

(1)　いくどうおん

(2)　しこうさくご

(3)　ゆうじゅうふだん

(4)　ぎしんあんき

(5)　りんきおうへん

26　☆

次の空欄に漢数字を入れて，四字熟語を完成させよ。

(1)　（　）石（　）鳥

(2)　（　）日（　）秋

(3)　（　）変（　）化

(4)　（　）載（　）遇

(5)　（　）差（　）別

27　☆

次の四字熟語で漢字が正しいものを選べ。

(1)　公平無視（こうへいむし）

(2)　一心同体（いっしんどうたい）

(3)　常者必衰（じょうしゃひっすい）

(4)　日新月歩（にっしんげっぽ）

(5)　大義名文（たいぎめいぶん）

28　☆

次の空欄に同じ漢字を入れ，それぞれの四字熟語を完成させよ。

(1)　（　）材（　）所

(2)　以（　）伝（　）

(3)　（　）画（　）賛

(4)　(　)体(　)命
(5)　海(　)山(　)

29 ☆☆

次の空欄にあてはまる漢字を入れ，四字熟語を完成させよ。

(1)　心(　)一転　（しんきいってん）
(2)　(　)刀直入　（たんとうちょくにゅう）
(3)　責任転(　)　（せきにんてんか）
(4)　(　)出鬼没　（しんしゅつきぼつ）
(5)　無我(　)中　（むがむちゅう）
(6)　(　)和雷同　（ふわらいどう）
(7)　面(　)躍如　（めんもくやくじょ）
(8)　(　)余曲折　（うよきょくせつ）
(9)　虚心坦(　)　（きょしんたんかい）
(10)　理路(　)然　（りろせいぜん）

30 ☆☆

次の空欄に対義となる語を入れ，四字熟語を完成させよ。

(1)　(　)炉(　)扇　時節にあわず，役に立たないもの
(2)　空(　)絶(　)　珍しいこと
(3)　(　)往(　)往　うろたえ，混乱するさま
(4)　針(　)棒(　)　おおげさに言うこと
(5)　(　)耕(　)読　気ままな生活
(6)　徹(　)徹(　)　終始
(7)　(　)奔(　)走　忙しくかけまわること
(8)　(　)名(　)実　名ばかりで実質が伴わないこと
(9)　勧(　)懲(　)　よきを勧め，わるきをこらしめること
(10)　(　)船(　)馬　あちこちを旅すること

2 ことば

●解答解説P255～260

●傾向と対策

重要度：**B**

ことわざ，慣用句，故事成語は多くの都道府県市で出題されている。出題形式としては，空所を補充して完成させるもの，意味を問うものが多く，特にことわざに関する出題が多い。ここではなるべくたくさんのことわざを用いたが，「情けは人のためならず」など意味を誤解しやすいものもあるので，出題頻度の高いものは必ず確認しておく必要がある。「豚に真珠」「猫に小判」など同様の意味のものや，「鳶が鷹を生む」「蛙の子は蛙」など反対の意味のものを整理しておくのも効果的である。敬語については，分類をしっかり理解すること。また，「見る」「行く」など基本的な動詞の尊敬表現，謙譲表現を正しく認識しておこう。文法では，品詞の分類，まぎらわしい品詞の区別などに注意したい。

31 ☆

次の(　)にあてはまる語句を後から選び，ことわざを完成させよ。

(1)　立つ(　)跡を濁さず

(2)　井の中の(　)

(3)　(　)の耳に念仏

(4)　(　)も木から落ちる

(5)　(　)の道は蛇

(6)　(　)百まで踊り忘れず

(7)　大山鳴動して(　)一匹

(8)　角を矯めて(　)を殺す

(9)　(　)に小判

(10)　(　)に論語

鼠	牛	虎	兎	蛇	馬	羊	猿	鳥	犬	猪	雀	猫	蛙

32 ☆☆

次の(　)にあてはまる漢数字を入れて，ことわざを完成させよ。

(1)　(　)兎を追う者は(　)兎をも得ず

(2)　(　)寸の虫にも(　)分の魂

(3)　(　)人寄れば文殊の知恵

(4)　(　)つ子の魂(　)まで

(5)　(　)日の菊(　)日の菖蒲

(6)　(　)階から目薬

33 ☆

次の(　)に共通する漢字を入れて，ことわざを完成させよ。

(1)　雨垂れ(　)を穿つ ―― (　)橋を叩いて渡る

(2)　寝耳に(　) ―――― 焼け石に(　)

(3)　(　)に風 ―――― (　)に雪折れなし

(4)　対岸の(　)事 ―――― (　)のない所に煙は立たぬ

(5)　(　)がば回れ ―――― (　)いては事を仕損じる

34 ☆☆

次のことわざの意味をア～コから選べ。

(1)　帯に短したすきに長し

(2)　枯れ木も山のにぎわい

(3)　引かれ者の小唄

(4)　濡れ手で粟

(5)　糠に釘

ア．手ごたえや効き目がないこと

イ．少ない労力で大きな利益を得る

ウ．負け惜しみで平気なふりをする

エ．不意の出来事にびっくりする

オ．つまらないものでも，ないよりはましである

カ．どんな扱いを受けても平気でいること

キ．中途半端で役に立たない

ク．相手にさからわないで上手に受け流すこと

ケ．少しばかりの援助や労力では効果がない

コ．不必要で無駄なこと

35 ☆☆

次のことわざの意味がすべて正しいものを選んでいる組み合わせをア～オから選べ。

A．生き馬の目を抜く ―――― 残酷なこと
B．可愛い子には旅をさせよ ―― 子どもがかわいいなら，苦労させたほうがよい
C．朱に交われば赤くなる ――― 人は，つきあう仲間しだいで良くも悪くもなる
D．寸鉄人を刺す ―――――― 念を押す
E．情けは人のためならず ――― 他人に情けをかけることは，その人を甘やかすことになるのでよくない

ア．A，B，C
イ．B，C
ウ．B，C，D
エ．C，D
オ．C，D，E

36 ☆☆

次のうち，反対の意味のことわざの組み合わせとして，誤っているものを選べ。

(1) 可愛い子には旅をさせよ ―― 甘い子に甘草
(2) 石橋を叩いて渡る ―――― 危ない橋を渡る
(3) 急がば回れ ――――――― 急いては事を仕損じる
(4) 棚からぼたもち ――――― まかぬ種ははえぬ
(5) 柳に風 ―――――――――― 売り言葉に買い言葉

37 ☆☆

次のことわざと反対の意味のことわざをア～コから選べ。

(1) 鳶が鷹を生む
(2) 大は小を兼ねる
(3) 渡る世間に鬼はなし
(4) 下手の横好き

(5) 背に腹はかえられぬ

ア．ひょうたんから駒が出る
イ．渇しても盗泉の水を飲まず
ウ．魚心あれば水心
エ．杓子は耳かきにならず
オ．袖振り合うも多(他)生の縁
カ．好きこそものの上手なれ
キ．上手の手から水が漏る
ク．命あっての物種
ケ．蛙の子は蛙
コ．人を見たら泥棒と思え

38 ☆

次のことわざの意味がすべて反対の意味のものを選んでいる組み合わせをア～オから選べ。

A．雨垂れ石を穿つ ―――― 石の上にも三年
B．立つ鳥跡を濁さず ―――― あとは野となれ山となれ
C．蛙の面に水 ―――― 立て板に水
D．嘘つきは泥棒の始まり ―― 嘘も方便
E．月夜に提灯 ―――― 提灯に釣り鐘

ア．A，D
イ．B，C，D
ウ．B，D
エ．B，E
オ．C，D，E

39 ☆

次のうち，似た意味のことわざの組み合わせとして，誤っているものを選べ。

(1) あとは野となれ山となれ ―― 旅の恥はかき捨て
(2) 虻蜂捕らず ―――― 二兎を追う者は一兎をも得ず
(3) 医者の不養生 ―――― 紺屋の白袴
(4) 命あっての物種 ―――― 死んで花実が咲くものか
(5) 蛇の道は蛇 ―――― 餅は餅屋

40 ☆☆

次のことわざと似た意味のことわざをア～コから選べ。

(1) 蛙の子は蛙
(2) 石橋を叩いて渡る
(3) 口は禍いの門
(4) 弘法にも筆の誤り
(5) 転ばぬ先の杖

ア．濡れぬ先の傘　　イ．光陰矢の如し
ウ．浅い川も深く渡れ　　エ．鉄は熱いうちに打て
オ．瓜の蔓に茄子はならぬ　　カ．灯台下暗し
キ．河童の川流れ　　ク．豆腐にかすがい
ケ．馬の耳に念仏　　コ．雉も鳴かずば撃たれまい

41 ☆☆

次のことわざのうち，すべて似た意味のことわざの組み合わせとして，誤っているものを選べ。

(1) 医者の不養生 ――― 坊主の不信心 ――― 易者身の上知らず
(2) 急がば回れ ――― 走ればつまずく ――― 遠道は近道
(3) 蛙の面に水 ――― 石に灸 ――― 牛の角を蜂が刺す
(4) 弘法にも筆の誤り ――― 権者にも失念 ――― 千慮の一失
(5) 釈迦に説法 ――― 猫に小判 ――― 豚に真珠

42 ☆☆☆

次のうち，似た意味のことわざの組み合わせとして，誤っているものを選べ。

(1) 渡る世間に鬼はない ――― 捨てる神あれば拾う神あり
(2) 糠に釘 ――― 柳に風
(3) ひょうたんから駒が出る ――― 嘘から出たまこと
(4) 餅は餅屋 ――― 舟は船頭に任せよ
(5) 柳に雪折れなし ――― 柔能く剛を制す

43 ☆

次のことわざと似た意味のことわざをア～オから選べ。

(1) 類は友を呼ぶ
(2) 立て板に水
(3) 月にむら雲花に風
(4) 鉄は熱いうちに打て
(5) 灯台下暗し

ア．好事魔多し
イ．好機逸すべからず
ウ．牛は牛連れ馬は馬連れ
エ．提灯持ち川へはまる
オ．戸板に豆

44 ☆

次のことわざのうち，すべて似た意味のことわざの組み合わせとして，誤っているものを選べ。

(1) 月夜に提灯 ―― 月とすっぽん ―― ひょうたんに釣り鐘
(2) 待てば海路の日和あり ―― 果報は寝て待て ―― 運は寝て待て
(3) 闇夜の提灯 ―― 地獄で仏 ―― ひでりに雨
(4) 豆腐にかすがい ―― のれんに腕押し ―― 糠に釘
(5) 寝耳に水 ―― 藪から棒 ―― 青天の霹靂

45 ☆

次のことわざとその意味に合う熟語の組み合わせとして，誤っているものを選べ。

(1) 馬の耳に念仏 ―― 馬耳東風
(2) 十日の菊六日の菖蒲 ―― 夏炉冬扇
(3) 身から出たさび ―― 自業自得
(4) 目くそ鼻くそを笑う ―― 大同小異
(5) 虻蜂捕らず ―― 一石二鳥

46 ☆

次のことわざの意味が誤っているものを選べ。

(1) 蓼食う虫も好き好き ——— 人の好みはそれぞれ異なる

(2) 泥棒を見て縄をなう ——— 急場に臨んであわてて対策をねる

(3) 船頭多くして船山に上る —— どんなに優れた人でも時には間違いをおかすことがある

(4) 火のない所に煙は立たぬ —— 噂が出るからには，なんらかの根拠があるはずだ

(5) 寄らば大樹の陰 ——— 同じ頼るのであれば，より力のあるものに頼る方がよい

47 ☆☆

次の慣用句の意味をア～オから選べ。

(1) 足が出る

(2) 爪に火を灯す

(3) 歯牙にかける

(4) 鼻につく

(5) ほぞを固める

ア．飽きてしまって不快に感じる

イ．決心する

ウ．非常にけちである

エ．使った金が予定を超えて赤字になる

オ．あるものごとを取り上げて問題にする

48 ☆☆☆

次の慣用句の意味が誤っているものを選べ。

(1) 春秋に富む ——— 年が若くて将来が長い

(2) 木で鼻をくくる —— 相手に冷淡な態度をとる

(3) 諸刃の剣 ——— 役に立つが，他方で危険を招きかねないこと

(4) 流れに棹さす ——— 流れに逆らう

(5) 気が置けない ——— 遠慮や気遣いをする必要がない

49 ☆☆

次の(　)に当てはまる漢字を入れて，慣用句を完成させよ。

(1)　白羽の(　)が立つ ―― 多くの人の中からその人とねらいをつけられる
(2)　二の(　)を踏む ―― ものごとを思い切ってせず，ためらう
(3)　(　)を差す ―― 物事のじゃまをする
(4)　折り(　)付き ―― 確実と保証されているもの
(5)　(　)の手も借りたい ―― 非常に忙しい

50 ☆☆

次の(　)に当てはまる漢数字を入れて，故事成語を完成させよ。

(1)　韋編(　)絶 ―― 書物をくり返し熱心に読む
(2)　(　)炊の夢 ―― 人生の栄枯盛衰ははかない
(3)　(　)里霧中 ―― 先行きの見通しが立たず，どうしてよいか分からない
(4)　(　)面楚歌 ―― まわりが敵ばかりで味方が一人もいないこと
(5)　孟母(　)遷 ―― 子どもの教育やしつけには生活環境が大切だ

51 ☆☆

次の意味をもつ故事成語をア～コから選べ。

(1)　取り越し苦労
(2)　古い習慣を守って進歩のないこと
(3)　文章の字句をさまざまに練り直す
(4)　誤りが多く，いいかげんなようす
(5)　余計なつけたし
(6)　互いをよく理解している親友
(7)　同類の中で最もすぐれたもの
(8)　自説を固持して譲らない
(9)　つじつまが合わない
(10)　不要な力添えをして，かえって害する

ア．杜撰　　イ．墨守　　ウ．助長　　エ．杞憂　　オ．守株
カ．矛盾　　キ．知音　　ク．白眉　　ケ．推敲　　コ．蛇足

52 ☆☆

次の意味をもつ故事成語をア～コから選べ。

(1) 成功するためにあらゆる苦難に耐える

(2) 看板と内容の違うこと

(3) 真理を曲げ，こびへつらって人気を得る

(4) 男女の仲をとりもつ人

(5) 敗者が再び勢力を盛り返す

(6) 初めは勢いが盛んだが，終わりはふるわない

(7) きちんとした清潔な書斎

(8) 集団の仲で，互いに刺激しあって向上に励む

(9) 昔のことを研究して新しい知識や道理を知る

(10) 大人物は普通の人よりも遅れて大成する

ア．明窓浄机　イ．月下氷人　ウ．臥薪嘗胆

エ．大器晩成　オ．捲土重来　カ．温故知新

キ．羊頭狗肉　ク．切磋琢磨　ケ．曲学阿世

コ．竜頭蛇尾

53 ☆☆

次の故事成語が似た意味となっている組み合わせをア～オから選べ。

A．虎の威を借る狐 ──── 梁上の君子

B．石に漱ぎ流れに枕す ── 逆鱗に触れる

C．瓜田に履を納れず ─── 李下に冠をたださず

D．背水の陣 ──────── 牛耳をとる

E．塞翁が馬 ──────── 禍福は糾える縄のごとし

ア．A，B

イ．B，C

ウ．B，D

エ．C，D

オ．C，E

54 ☆☆☆

次のことわざ・熟語・故事成語と(1)～(7)は似た意味，(8)～(10)は反対の意味の故事成語をア～コから選べ。

(1)　人の口に戸は立てられぬ
(2)　柳の下にいつもどじょうはいない
(3)　仏作って魂入れず
(4)　人のふり見て我がふり直せ
(5)　目くそ鼻くそを笑う
(6)　未曾有・前代未聞
(7)　自家撞着
(8)　急いては事を仕損じる
(9)　栴檀は二葉より芳し
(10)　君子危うきに近寄らず

ア．矛盾
イ．破天荒
ウ．大器晩成
エ．他山の石
オ．五十歩百歩
カ．悪事千里を走る
キ．画竜点睛を欠く
ク．先んずれば則ち人を制す
ケ．虎穴に入らずんば虎子を得ず
コ．株を守る（株を守りて兎を待つ）

55 ☆☆

次の故事成語の意味をア～コから選べ。

(1)　木に縁りて魚を求む
(2)　漁父の利
(3)　鶏口となるも牛後となるなかれ
(4)　鹿を逐う者は山を見ず
(5)　人口に膾炙す
(6)　覆水盆に返らず

(7) 青は藍より出でて藍より青し

(8) 烏有に帰す

(9) 水魚の交わり

(10) 羹に懲りて膾を吹く

ア．弟子が努力して，先生よりも優れること

イ．前の失敗にこりて，必要以上に警戒する

ウ．火災ですべてを無くす

エ．手段や方法が誤っているために，目的が達せられない

オ．広く人々に知られていること

カ．小さなものの長となっても，大きなものの後につき従うな

キ．極めて親密な交際

ク．二者が争っているすきに第三者が利益を横取りする

ケ．一度したことは取り返しがつかない

コ．利欲に迷う者は道理を見失う

56 ☆

次の下線部について，謙譲表現に直せ。

(1) 旅行についてお話しを聞きたい。

(2) あなたの作品を見るのを楽しみにしています。

(3) コンサートには夕方から行きます。

(4) 会議の議題を報告するのを忘れていました。

(5) 昨日，とてもおいしいフランス料理を食べました。

57 ☆☆

次の敬語（三分類）のうち，正しい組み合わせを選べ。

	尊敬語	謙譲語	丁寧語
(1)	拝見する	拙宅	いたします
(2)	いらっしゃる	うかがう	お花
(3)	おっしゃる	我が家	見ております
(4)	ご覧になる	召しあがる	いただきます
(5)	参る	ちょうだいする	ご飯

58 ☆☆

次の文の中で敬語表現が正しく使われているものを選べ。

(1) 粗品ですがどうぞいただいて下さい。

(2) ただいま，校長は外出していらっしゃいます。

(3) 弊社の商品を一度ご覧下さい。

(4) こちらに参られたご感想をいただけたら幸いです。

(5) お好きな料理を，心ゆくまでいただいて下さい。

(6) どちらの商品にいたしますか。

(7) 明日こちらへお伺い願います。

(8) 山川さん，おりましたら至急，会場入口までおいで下さい。

59 ☆

次の文の中で下線部が謙譲表現として使われているものを選べ。

(1) くよくよなさらないで，お食事を召しあがれ。

(2) その後，いかがお過ごしですか。

(3) あなたのおっしゃることはよくわかりました。

(4) お宅にうかがうことは，いたしかねました。

(5) 私の家は甲府にございます。

60 ☆

次のＡ～Ｎの敬語の種類（三分類）として正しいものを選べ。

Ａ．うかがう（訪問する）　Ｂ．いらっしゃる（行く）

Ｃ．ご飯（めし）　Ｄ．なさる（する）

Ｅ．申し上げる（言う）　Ｆ．見ます（見る）

Ｇ．いただく（食べる）　Ｈ．参る（行く）

Ｉ．ご覧になる（見る）　Ｊ．おられる（いる）　Ｋ．承る（聞く）

Ｌ．来ます（来る）　Ｍ．いたす（する）　Ｎ．粗茶（茶）

(1) Ａ，Ｂ，Ｄは尊敬語　(2) Ｆ，Ｇ，Ｉは尊敬語

(3) Ｄ，Ｆ，Ｊは謙譲語　(4) Ｅ，Ｋ，Ｍは謙譲語

(5) Ｃ，Ｌ，Ｎは丁寧語

61 ☆☆

次の文にふさわしい表現をそれぞれア～ウから選べ。

(1) 私にそんなことを(ア．おっしゃっても　イ．申されても　ウ．言われても)恐縮するばかりです。

(2) どうぞコーヒーを(ア．召しあがって　イ．いただいて　ウ．飲んで)下さい。

(3) 姪にお祝いの品を(ア．差し上げる　イ．あげる　ウ．やる)。

(4) 友人を誘って釣りを(ア．なさる　イ．致す　ウ．する)つもりだ。

(5) 社長はあいにく(ア．出ていらっしゃい　イ．出ており　ウ．出かけて)ます。

62 ☆☆

次のうち，下線部が「わからない」と同じ用法で使われているものを選べ。

(1) しがない　(2) よくない　(3) つまらない　(4) 足りない

(5) おろかでない

63 ☆

次の文を読んで，あとの問いに答えよ。

Aまじめな父Bは，暑いにもかかわらずCせっせと通った。

(1) この文はいくつの文節から成り立っているか。

(2) この文はいくつの単語から成り立っているか。

(3) 下線部の品詞の組み合わせとして正しいものはどれか。

	A	B	C
a．	形容詞	格助詞	連体詞
b．	連体詞	格助詞	副詞
c．	形容動詞	副助詞	連体詞
d．	形容動詞	副助詞	副詞
e．	連体詞	接続助詞	形容動詞

64 ☆☆

次の文のうち，例文中の「で」と同じ用法で使われているものを選べ。

（例）わが社の社運をかけた製品である。

(1)　私は自転車で通勤している。

(2)　母はたいへん元気である。

(3)　天候は穏やかで，なんの問題もない。

(4)　大切なのは信頼で，それ以外は二の次だ。

(5)　兄は本を読んでいる。

65 ☆☆

次の文のうち，下線部の2つの語が同じ品詞であるものを選べ。

(1)　君もよく考えてごらん。
　　きだてもよく才能もある。

(2)　私の祖母は上品だ。
　　私の父は公務員だ。

(3)　山また山を越えていく。
　　また失敗したのか。

(4)　大丈夫だろうね。
　　ね，見てごらん。

(5)　雨が降るらしいので傘を持っていこう。
　　はやくも冬がやってきたらしい。

66 ☆☆

次のうち，「せまいながらも楽しいわが家」の「ながら」と同じ用法で使われているものを選べ。

(1)　幼いながらしっかりしている。

(2)　我ながら見事なできばえだ。

(3)　泣きながら話した。

(4)　親子ながら助かった。

(5)　三ダースながら売れた。

67 ☆☆

次の下線部のうち，品詞の異なるものを選べ。

(1)　ある水曜日のことでした。

(2)　大きな劇場なので，舞台がよく見えます。

(3)　来(きた)る3月10日に合格発表を行います。

(4)　この問題に関しては，そういう解き方では難しい。

(5)　私は西欧諸国のあらゆる国に行ってみたいです。

68 ☆☆

次の文のうち，例文中の下線部と同じ用法で使われているものを選べ。

(例) 協力が必要だと反省させられた。

(1)　このナイフはよく切れる。

(2)　先生が言われる通りです。

(3)　土砂が崩れる。

(4)　故郷の母のことが思い出される。

(5)　麦は人に踏まれると強くなる。

69 ☆☆

次の手紙文を読んで，以下の問いに答えよ。

拝啓　（　①　），斉藤様にはお変わりなくお過ごしのことと存じます。私も相変わらず元気にしております。

さて，先日電話で少しお話しいたしました「歴史研究会」の件ですが，斉藤様にも是非参加してもらいたいと思いまして筆をとりました。古代の日本史研究が中心で季節ごとに奈良や京都を訪れ，遺跡や重要文化財を見学することもございます。

私もこの会に入会し，未知の世界に触れることができました。何事もきっかけが大切であると存じます。この誘いを一つのよい機会とお考えくだされば幸いです。心豊かな日々をお過ごしになられる上でも，是非一度お出かけくださいますようお願い申し上げます。

秋たけなわ，日増しに冷え込むようになってまいります。末筆ながら，ご自愛のほどお祈り申し上げます。

（　②　）

十月七日

田中澄子

斉藤信子様

(1)　空欄①，②に適語を入れよ。ただし，①は4字，②は2字の語とする。

(2)　文中に敬語に直した方がよい箇所がある。その該当箇所の文節を抜き出し，正しい語に直せ。

(3)　下線部のように，「何でも時機を逃してはならない」という意味のことわざを書け。

70　☆☆☆

次の季節を表す言葉の説明として正しいものを選べ。

(1)　処暑 ――― 1年のうちで最も昼の長くなる6月22日ごろ。

(2)　大寒 ――― 雪が激しく降るようになる12月8日ごろ。

(3)　人日 ――― 旧暦1月1日のこと。

(4)　八十八夜 ―― 立春から数えて88日目の5月2日ごろ。

(5)　寒の入り ―― 寒くなり始める11月8日ごろ。

71　☆☆

次の手紙文における各月の時候の挨拶と結びの言葉の組み合わせとして，誤っているものを選べ。

(1)　2月…「余寒の候」「暦の上では立春を迎えましたが寒さが続く時節柄，ご自愛ください。」

(2)　4月…「春たけなわの候」「花時には急な冷え込みもございますので，ご健康には十分にご留意ください。」

(3)　6月…「向暑の候」「梅雨寒とも申しますとおり，底冷えする日もございますので，お気をつけてお過ごしください。」

(4)　9月…「秋雨の候」「涼風わたる秋はもうすぐ目の前，お元気にお過ごしください。」

(5)　12月…「初冬の候」「寒さも日増しに加わる時節柄，くれぐれもご自愛ください。」

72 ☆

次の文は何について述べたものか。ア～コから選べ。

(1) 旧暦8月15日の月。

(2) 五節句のひとつで秋の季語である。

(3) 99才の長寿の祝い。

(4) 春に東から吹く風。

(5) 仲夏，雨月ともいわれ，旧暦の夏至のある月。

ア．還暦　イ．こち　ウ．中秋の名月　エ．白寿　オ．春一番
カ．皐月　キ．水無月　ク．啓蟄　ケ．七夕　コ．居待月

3 読解・鑑賞

●解答解説P260～269

●傾向と対策

重要度：**A**

現代文の読解は多くの都道府県市で出題され，接続詞，指示語，表題，要旨を問うパターンが多い。古文，漢文の出題頻度はあまり高くないが，出典は古文では『徒然草』『枕草子』『伊勢物語』など，漢文では『論語』『孟子』など中学や高校の教科書で学習する作品が中心なので，以前使用した教科書や問題集などを復習してみるのも効果的である。重要な古文単語，文語文法，陰暦の月名や十二支などの古典常識，漢文の書き下し文，句形なども復習しておこう。漢詩では，詩形（五言絶句，七言律詩など），押韻，対句に注意したい。短歌と俳句は比較的出題頻度が高い。上の句と下の句の組み合わせ，季語，作者を問うなどの形式で出題されるので，藤原定家，松尾芭蕉，小林一茶など代表的な作者とその作品には目を通しておきたい。

73 ☆

次の文を読んで，後の各問いに答えよ。

芸術の鑑賞に当たって知識が$_{a}$ものを言うという場はないではない。奈良は円成寺の多宝塔に納められた，若き運慶の大日如来像に向き合うとき，平安末から鎌倉初期の時代状況，運慶の他の作品，慶派と院派の作風のちがい，大日如来の造形上の特徴などについての知識が，像の理解を深めることはあろう。が，反対に，知識に気を取られて像との（　　　）が疎かになることもある。実物を目の前にしながら，作品はろくに見ないでカタログの説明ばかりを読んでいる観客を美術館でよく見かける。よろしくない。知識は二の次なのだ。理想を現実化した作品が目の前にあるとき，それに向かって感覚を解き放つことがなにより大切だ。感覚を解き放てば理想の美しさの一$_{b}$タンにはかならずふれられるというのが芸術というものの大きさであって，だからこそ，ものと感覚の（　　　）という単純素朴な構図が，長く芸術享受の原点となり，土台となりえているのである。

（長谷川宏『高校生のための哲学入門』による）

(1)　下線部a「ものを言う」の意味として，最も適するものはどれか。

①　ある段階にまで達する　　②　物事の道理がよく分かる

③ 問題となる　　④ 目的を達する

⑤ 効力を発揮する

(2) 下線部b「タン」と同じ漢字を使うものはどれか。

① 仕事の分タンを決める　　② 色の濃タンをつける

③ タン独で行動する　　④ 極タンな意見を述べる

⑤ タン冊に願いごとを書く

(3) 文中2箇所の（　　　）に当てはまる語として，最も適するものはどれか。

① 対立　② 対峙　③ 対照　④ 対比　⑤ 対抗

(4) この文章の内容の説明として，最も適するものはどれか。

① 作品が持つ美しさを本当に理解するためには，自己の感覚に頼ることは危険である。

② 初めて接した時に抱いた印象によって，その作品への評価は自然に決まってしまう。

③ 作品と直接向き合うことによって，作品が持っている美しさを感じることができる。

④ 理想的な作品と出会うことが，自己の感覚の働きを厳しい現実から解放してくれる。

⑤ 自己の感覚の働きを研ぎ澄ましたところで，作品への理解を深めることはできない。

74　☆

次の文を読んで，後の各問いに答えよ。

スランプの状態にあるということは，本当は自分を救ってくれるはずの大切なことに「気づいていない」状態であると言えます。どんな視点から見ても救いようのない人生など，あるはずがないからです。（略）客観的に自分を見つめるということは，「なぜ自分は気づかないのか」を考えることでもあります。別の言い方をすれば，「なぜ気づかないのか」を考えることが，ひらめきへの近道にもなってくると言えるでしょう。

身の周りで起こる森羅万象の変化に，人はいかに気づいていないか。

例えばニュートンの重力の法則。ニュートンはリンゴが落下する様子を見て重力の存在を発見しました。それまでも誰もが，リンゴのみならず，ものが落ちるのを見ていたはずです。しかしそこから重力というガイ念を思いついたのはニュートンだけです。ニュートンが重力の法則を発見してからは，誰もが当たり前のように，ものが落ちるのは，地球に重力が働いているからだと思うように

なったわけです。（　A　）

またさらに，宇宙空間に月があることは誰もが見知っていました。そして誰もがそのことを不思議に思いませんでした。しかしニュートンだけが，なぜ地上のものは落ちるのに天上の月は落ちないのかという問いを初めて立てた。おそらくニュートンの頭の中では，風景が一変するような出来事だったはずです。（　B　）

こうした，それまで気づかなかったことにパッと気づき，風景が一変するような瞬間というのは人生のすばらしい瞬間です。（　C　）

科学でも人生でも何でも，「気づかないということにいかに気づくか」ということが重要です。少々ややこしい言い方ですが，まずは「気づかないということに気づく」ことが，新たな気づき，つまりひらめきを生み出すのです。ニュートンのリンゴに相当するようなものが，世の中の森羅万象にはまだまだたくさんあるはずなのですから。（　D　）

古代ギリシャの哲学者，ソクラテスは，自分がいかにものごとを知らないかという「無知の知」の大切さを説きました。ひらめきの大切さを味わうためには，まず何よりも自分が気づいていない数多くの大切なものの存在に目を向けることが必要なのです。（　E　）

今，自分はスランプの時期だ，と感じている人は，まだ自分が気づいていないものたちに心の目を向けてみてはいかがでしょうか。

（茂木健一郎『ひらめき脳』より）

問1　次の文は，（　A　）～（　E　）のどこに入るか，①～⑤のうちから一つ選べ。

また，それがいつ来るか期待を込めて待つことが，人生の楽しみともなります。

①　A　②　B　③　C　④　D　⑤　E

問2　本文中の下線部ガイ念の「ガイ」と同じ漢字を使う熟語を，①～⑤のうちから一つ選べ。

①　ガイ略　②　ガイ路樹　③　憤ガイ　④　案ガイ　⑤　弾ガイ

問3　この文章の内容と最も合っているものを，次の①～⑤のうちから一つ選べ。

①　科学でも人生でも気づかないことに気づくことが重要であり，身の周りで起こる森羅万象の変化に気づかない人間は全てスランプの状態にあると言える。

②　スランプの状態というのは，自分を救ってくれるはずの大切なことに気づいていない状態のことである。客観的に自分を見つめることができれば，

スランプの状態から抜け出すためのヒントを得ることができそうではあるが，実際は誰にもできない。

③ ニュートンはりんごが落下する様子を見て重力の法則を発見したと言われている。これは森羅万象の変化にいかに多くの人たちが気づいていないかを示しているだけでなく，選ばれた一部の人間だけが気づくことができるということを示している。

④ 客観的に自分を見つめるということは，なぜ気づかないのかを考えることでもあり，それはひらめきへの近道である。しかし，現実にはひらめきが訪れる瞬間というのはいつ来るかわからないので，結局は自分を客観視することは無駄である。

⑤ ひらめきの大切さを実感するためには，何よりも自分が気づいていない大切な存在に目を向けることが必要である。スランプの状態にあるということは，自分を救ってくれるはずの大切なことに気づかない状態なので，まだ自分が気づいていないものに心の目を向けることが大切である。

75 ☆☆

次の文を読んで，後の各問いに答えよ。

薄曇りのした空から灰色の月が日本橋側の焼け跡をぼんやり照らしていた。月は十日位か，低く，それに何故か近く見えた。八時半頃だが，人が少なく，広い歩廊が一層広く感じられた。遠く電車の頭灯が見え，a暫くすると不意に近づいて来た。車内はそれ程込んでいず，私は反対側の入口近くに腰かける事が出来た。右には五十近いもんぺ姿の女がいた。左には少年工と思われる十七八歳の子供が私の方を背にし，座席の端の袖板がないので，入口の方へ真横を向いて腰かけていた。その子供の顔は入って来た時，一寸見たが，それは揺すっているのではなく，身体が前に倒れる，それを起こす，また倒れる，それを繰り返しているのだ。居眠りにしては連続的なのがbブキミに感じられた。

私は不自然でない程度に子供との間を空けて腰かけていた。

有楽町，新橋では大分込んで来た。買い出しの帰りらしい人も何人かいた。二十五六の血色のいい丸顔の若者はうしろの男を，cカエリみ，指先で自分の胃の所を叩きながら，「A一歩手前ですよ」と小声で言った。男は一寸驚いた風で，黙って少年工を見ていたが，「そうですか」と言った。

地の悪い工員服の肩は破れ，裏から手拭で継が当ててある。後前にdカブった戦闘帽の廂の下のよごれた細い首筋が悲しかった。少年工は身体を揺すらなくなった。そして窓と入口の間にある一尺程の板張にしきりに頬を擦りつけていた。その様子が如何にも子供らしく，（　B　）頭で板張を誰かに仮想し，甘えているのだという風に思われた。「オイ」前に立っていた大きな男が少年工の肩に手をかけ，「何所まで行くんだ」と訊いた。少年工は返事をしなかったが，また同じ事を言われ，「上野へ行くんだ」と物憂そうに答えた。「そりゃあ，いけねえ，あべこべに乗っちゃったよ。こりゃあ，渋谷の方へ行く電車だ」

少年は身体を起こし，窓外を見ようとした時に，重心を失い，いきなり，私に倚りかかって来た。それは不意だったが，後でどうしてそんな事をしたか，不思議に思うのだが，その時は殆ど反射的に c倚りかかって来た少年工の身体を肩で突き返した。これは私の気持ちを全く裏切った動作で，自分でも驚いたが，その倚りかかられた時の少年工の身体の抵抗が余りに少なかった事で一層気の毒な思いをした。

〈志賀直哉『灰色の月』による〉

(1) 下線部a～dの漢字は読み仮名を記し，カタカナは漢字に直せ。

(2) 下線部Aはどのようなことを表しているか。次の文に当てはまる熟語を漢字で書け。

今にも（　　　）しそうだということ。

(3) （　B　）に最も ふさわしい語句を，次から1つ選べ。

1．弱々しい　　2．おさない　　3．ぼんやりした

(4) 下線部Cのような行動を私がとった原因はどこにあると思うか。最も適切なものを選べ。

1．自己防衛の本能

2．利己主義の強さ

3．潔癖主義の性格

4．少年への無意識の嫌悪

5．世間に対する批判

76 ☆

次の文章を読んで，後の各問いに答えなさい。

日本庭園の美を語るとき必ず登場するのが「わび・さび」である。「わび」は通常，茶の湯精神を，「さび」は a芭蕉俳諧における文芸精神を表現するのに使われるが，「さび」は「わび」に比べてより明確な時間的概念を含んだ美的概念である。河野喜雄氏によれば「さび」の本義は「然び」で，音変して「然び」となった。すなわち「内部的本質が外部的に表顕されること」だという。人 bイの作庭も数年たつと樹草も根づき石に苔がつく。いかにも本物ソックリ（シックリ，シッカリ→然

りの口語的音変）になるわけで，このように「にわさび」というのは，しっくりと落ちついた状態をさすわけである。

ヨーロッパの町づくりでは「古いもの（歴史的建造物や歴史的街区）を残さない町は，思い出のない人物と同様に魅力がない」と言われる。「さび」も「歴史的町並み」も，ともに「（　C　）の積み重なりの味わい＝歴史の美」の意味を，私たちに教えている。

（進士五十八『日本の庭園』による）

(1)　下線部ａの「芭蕉」の作品でないものはどれか。

①　笈の小文　　②　奥の細道　　③　更級日記

④　野ざらし紀行　　⑤　鹿島紀行

(2)　下線部ｂの「イ」を漢字で書くとき，同じ漢字を使うものはどれか。

①　イ産を相続する　　②　人事イ動を発令する　　③　イ厳を保つ

④　無作イに抽出する　　⑤　池の周イを見渡す

(3)　（　C　）に最も適しているものはどれか。

①　空間　　②　時間　　③　精神　　④　芸術　　⑤　人間

(4)　本文の内容に最も適しているものはどれか。

①　「さび」の美的概念は，文芸精神から歴史的精神へと昇華していった。

②　「わび」は，日本庭園の美の中心であり，茶の湯精神を側面から支えている。

③　日本庭園の美は，日本の歴史的建造物とともに細々と今日に受け継がれている。

④　ヨーロッパの町づくり同様，日本庭園の美を支えているのは「歴史の美」である。

⑤　「わび」と「さび」に共通するのは，本質がはっきりした形となって現れている点である。

77 ☆☆

次の文を読んで，後の各問いに答えよ。

正　午　　　――丸ビル風景――　　　中原中也

あゝ十二時のサイレンだ，サイレンだサイレンだ
ぞろぞろぞろぞろ出てくるわ，出てくるわ出てくるわ
月給取の午休み，ぷらりぷらりと手を振つて
あとからあとから出てくるわ，出てくるわ出てくるわ
大きなビルの真ッ黒い，小ッちやな小ッちやな出入口

空はひろびろ薄曇り，薄曇り，埃も少々立つてゐる
ひよんな眼付で見上げても，眼を落としても……
なんのおのれが桜かな，桜かな桜かな
あゝ十二時のサイレンだ，サイレンだサイレンだ
ぞろぞろぞろぞろ出てくるわ，出てくるわ出てくるわ
大きなビルの真ッ黒い，小ッちやな小ッちやな出入口
空吹く風にサイレンは，響き響きて消えてゆくかな

この詩は，花曇りの大都会のビル街の，午めし時風景。ビルの小さな入り口から，とても人間とは思えない，まるで蟻のようにぞろぞろ群がって食べものをあさりに出てくるサラリーマンを，遠くの方から，ぼんやりと眺めながら，人生というものの味気なさ，意味のなさ，それを通りこした（　A　）を痛烈に感じながら，うたっているのである。

この作品には，とくに説明を要するような箇所はないが，中央部のあたりの「ひよんな眼付で見上げても，眼を落としても……　なんのおのれが桜かな，桜かな桜かな」には，かわった意識の$_a$クッセツがひそんでいるので，ややわかりにくさを感じさせるものがある。

「ひよんな眼付で見上げても，眼を落としても……」は，勿論サラリーマンの$_b$シタイの描写だが，「なんのおのれが桜かな，桜かな桜かな」は，完全にサラリーマン自身の心の中の$_c$呟きになっているのである。（中略）

そして，またこの部分は，その詩全体の音楽的なテンポと流れを，妙に引っかかるようなリズムとイメージで（　B　）が，却ってその不協和音的なものが，この詩のリズムに新鮮な変化をもたらしている。

終連の最後の行は，そうした哀れなサラリーマンどもの気も知らぬげに，（　C　）響きながら空に消えてゆくのだ，というのである。

この詩は，修辞的に見て無理のない整った作品であり，その上視覚と聴覚を同時に取り入れ，それを巧みにリズミカルな詩的表現に$_d$カンゲンした点で，大変面白い作品ということができよう。

〈村野四郎の文章による〉

⑴　下線部a～dの漢字は読み仮名を記し，カタカナは漢字に直せ。

⑵　（　A　）にあてはまる語句を，次から1つ選べ。

1．退屈さ　　2．皮肉さ　　3．おかしさ　　4．不気味さ

⑶　（　B　）にあてはまる語句を，次から1つ選べ。

1．躍動させている　　2．せき止めている

3．逆流させている　　4．響かせている

⑷　（　C　）に当てはまる語句を，次から1つ選べ。

1．重々しく　2．かるく　3．物憂く　4．しらじらしく

(5) 中原中也の作品を次から1つ選べ。

1．『春と修羅』　2．『山羊の歌』　3．『体操詩集』
4．『測量船』　5．『青猫』

78 ☆☆☆

次の文を読んで，後の各問いに答えよ。

知人からこんな話を聞いた。ある人が，京都の嵯峨で月見の宴をした。（　A　）月見の宴というようなア大袈裟なものではなく，集まって一杯やったのが，（　B　）十五夜の夕であったといったようなことだったらしい。イヘイソ，月見等《など》にはまったく無関心な若い会社員たちが多く，そういう若い人らしくにぎやかに酒盛りが始まったが，話の合い間に，誰かが山の方に目を向けると，これに釣られて誰かの目も山の方に向く。月を待つ想いの誰の心にもあるのが，①いわず語らずのうちに通じ合っている。（　C　）山の端に月が上ると，一座は，期せずしてお月見の気分に支配された。（　D　）誰の目も月に吸い寄せられ，誰も月のことしかいわない。

ここまでは，当たり前な話である。（　E　）この席に，たまたまスイスから来た客人が幾人かいた。彼らは驚いたのである。彼らには，一変したと見えるウフンイキが，どうしても理解できなかった。そのうち一人が，今夜の月には何かエイヘンがあるのか，とオ茫然と月を眺めている隣の日本人に，カフシギそうな顔つきで質問したというのだが，その顔つきがいかにも面白かった，と知人は話した。

スイスの人だって，（　F　）自然の美しさを知らぬわけはなかったろうし，日本にはお月見の習慣があると説明すれば，理解しないこともあるまい。しかし，心の深みに入っていくと，自然についての（　Ⅰ　）の，私たちとはどうしても違う質がある。これは口ではいえないものだし，（　G　）それ故に，私たちはいかにも日本人らしく自然を感じていることについてヘイソは意識もしない。たまたまスイス人といっしょに月見をして，②なるほどと自覚するが，この自覚もまた一種の感じであって，はっきりした言葉にはならない。

この日本人同士でなければ容易に通じ難い，自然の（　Ⅱ　）の③ニュアンスは，在来の日本の文化の姿に注意すれば，どこにでも感じられる。特に，日本文学は，④『万葉集』や⑤『古今集』，⑥『源氏物語』や⑦『枕草子』から⑧『奥の細道』に至るまで，どれをとってもそうである。

意識的なものの（　Ⅲ　）が変わっても，意識できぬものの（　Ⅳ　）は容易に

は変わらない。私たちに，自分たちの$_キ$カンジュセイの質を変える自由のないのは，皮膚の色を変える自由がないのとよく似ている。

お月見の晩に，伝統的な月の（　Ｖ　）が，どこからともなく，ひょいと顔を出す。取るに足らぬことではない，私たちが確実に身体でつかんでいる文化とはそういうものだ。

〈小林秀雄『お月見』による〉

(1)　（　Ａ　）～（　Ｇ　）に当てはまる語句を次から選べ。

ア．また　イ．さらに　ウ．むろん　エ．やがて
オ．しばらく　カ．そのうえ　キ．たまたま　ク．ところが
ケ．もっとも　コ．したがって

(2)　（　Ⅰ　）～（　Ｖ　）には次のどちらかの語が入る。それぞれに当てはまるものを選べ。

ア．感じ方　イ．考え方

(3)　下線部ア～キの漢字には読み仮名を記し，カタカナは漢字に直せ。

(4)　下線部①と同じ内容を表す次の漢字四字の熟語を完成させよ。

以心□□

(5)　下線部②は何を「自覚」するのか，本文中より抜き出せ。

(6)　下線部③と同じ意味の言葉を本文中より抜き出せ。

(7)　下線部④，⑤の代表的な歌人をそれぞれ1人ずつ記せ。

(8)　下線部⑥，⑦，⑧の作者名を記せ。

79　☆☆

次の文を読んで，後の各問いに答えよ。

疲れきってはいるが，それが不思議な$_ア$陶酔感となって彼に感ぜられた。彼は自分の精神も肉体も，今，この大きな自然の中に溶込んで行くのを感じた。その自然というのは$_イ$芥子粒ほどに小さい彼を無限の大きさで包んでいる気体のような眼に感ぜられないものであるが，その中に溶けて行く，――それに還元される感じが言葉に表現できないほどの快さであった。何の不安もなく，睡い時，睡《ねむり》に落ちてゆく感じにも多少似ていた。一方，彼は実際半分睡ったような状態でもあった。大きな自然に溶込むこの感じは彼にとって必ずしも初めての経験ではないが，この陶酔感は初めての経験であった。これまでの場合では溶込むというよりも，それに吸込まれる感じで，ある快感はあっても，同時にそれに抵抗しようとする意志も自然に起るような性質もあるものだった。しかも抵抗しがたい感じから不安をも感ずるのであったが，今のは全く それとは別だった。彼にはそれに抵

抗しようとする気持は全くなかった，そしてなるがままに溶込んで行く快感だけが，何の不安もなく感ぜられるのであった。

〈志賀直哉『暗夜行路』による〉

(1)　下線部ア，イの漢字の読みを記せ。

(2)　本文を内容のうえで2つに分けるとすると，どこで分けられるか。前半の最後の8字を書け。(ただし句読点も1字に数える)

(3)　これまで陶酔感を得られなかったのはなぜか。次から最も適切と思われるものを1つ選べ。

ア．抵抗しようとする気持ちがあったから。

イ．吸い込まれるのが精神的な苦痛だったから。

ウ．大きな自然は彼を不安にしたから。

エ．疲れて熟睡してしまったから。

オ．快感は陶酔に反する性質のものだったから。

(4)　この陶酔感は彼と自然との間にどんな関係があるからか。次から最も適切と思われる語句を1つ選べ。

ア．調和　　イ．矛盾　　ウ．共存　　エ．無関係　　オ．対立

(5)　本文の作者と同じ「白樺派」に属した作家を次から2人選べ。

ア．芥川龍之介　　イ．有島武郎　　ウ．川端康成　　エ．山本有三
オ．谷崎潤一郎　　カ．太宰治　　キ．堀辰雄　　ク．武者小路実篤

80　☆☆☆

次の詩を読んで，後の各問いに答えよ。

いづことしなく
しいいとせみのなきけり
はや蟬《せみ》頃となりしか
せみの子をとらへむとして
熱き夏の砂地をふみし①子は
けふ　いづこにありや
なつのあはれに
②いのちみじかく
みやこのまちの遠くより
空と屋根とのあなたより
しいいとせみのなきけり

〈室生犀星『抒情小曲集』による〉

(1) 作品の主題となっているものを選べ。

ア．故郷のこと　　イ．幼友達への追憶　　ウ．夏のこと

エ．幼少年の時期

(2) 作者の詩的感動は何によって触発されているか。

ア．熱い夏　　イ．望郷の念　　ウ．せみの声　　エ．せみの子

(3) 下線部①「子」はだれを指しているか。

(4) 下線部②「いのちみじかく」の主語は何か。

(5) この詩の用語と形式を答えよ。

81 ☆

次の詩を読んで，後の各問いに答えよ。

美しい思想が花ひらくかげに
私は目立たずに実をむすぶ
①遠いこえが
②近い声々の中に消されるように
私はたえず
私をうち消すものの中に生きた
昨日の花
おお　遠いこえ

〈村野四郎〉

(1) 下線部①「遠いこえ」と下線部②「近い声々」はそれぞれ何を例えたものか。次から1つずつ選べ。

ア．美しい思想　　イ．私　　ウ．花　　エ．私をうち消すもの

オ．他者　　カ．自然

(2) 波線部は何を意味するか，次から選べ。

ア．私は美しい思想を素晴らしいものと思い，自分の中にも取り入れたいと考えている。

イ．私は美しい思想とは関係なく，自分の力で自分を完成させたいと考えている。

ウ．私は皆が賛同する美しい思想を嫌い，自分の思想を広めたいと考えている。

エ．私は美しい思想のよさを認めながらも，自分の思想に固執している。

(3) この詩に題名をつけよ。ただし，詩中に使われている語を使うこと。

82 ☆☆

次の(ア)～(オ)について，適切な順序に並べ替えたものを①～⑤から選び，番号で答えよ。

(ア) 画家に関して言えば，美術史を知り，どういうふうに美術が展開しあるいは発展してきたか，そして現在世界に何が起こってどういうものが流行っているのかを知らなければ独創的な絵は描けないということだ。

(イ) 個性というのは，人間が100人いればその100人それぞれが持っているもので，「これと同じ茶碗を作りなさい」と言って100人に作らせれば100通りの茶碗ができるということなのだ。どこか歪んだり厚みが違ったり，作意はなくても多少の違いは自然に現れてくる。各自の癖と言っていいかもしれない。

(ウ) しかし，なんでも好きなものをつくりなさい，と言うと，大多数の人たちは考え込んでしまう。見本がないとなにもつくれないのである。

(エ) 別の言い方をすれば，何も知らないのにおのずから出てくる力は個性だが，世界の仕組みを知らなければできないのが独創性である。無知でありながら，何かの拍子に偶然世界的な発明をすることもあるかもしれないが，もはや現代ではほとんどその可能性はない。積極的に世界の情報を集め，すべてを承知の上でさらに違うものを作る時代であり，それがクリエーションであろう。

(オ) よく〝個性がある〟とか〝個性的〟という表現があるが，世間の人が，「あなた，個性的な顔してるわね」と言うと，その裏に「あなたってブスね」などという悪意も込められていたりして，非常に重宝に使われる。でも本来は個性的であることと独創的であることは違うのだ。

〈池田満寿夫『美の値段』による〉

① (イ)－(ウ)－(ア)－(エ)－(オ)　② (イ)－(オ)－(ウ)－(ア)－(エ)
③ (イ)－(オ)－(ウ)－(エ)－(ア)　④ (オ)－(イ)－(ウ)－(エ)－(ア)
⑤ (オ)－(イ)－(エ)－(ア)－(ウ)

83 ☆☆

次の文を読んで，後の各問いに答えよ。

読書の選択やまた読書のしかたについて学生たちから質問を受けたことがたびたびある。これに対する自分の答えはいつも①不得要領に終わるほかはなかった。いかなる人にいかなる恋をしたらいいかと聞かれるのとたいした相違はないような気がする。時にはこんな返答をすることもある。「自分でいちばん読みたいと思う本をその興味のつづく限り読む。そしていやになったら途中でもかまわず投げ出して，また次に読みたくなったものを読んだらいいでしょう」大根が食いたくなる時はきっと自分のからだが大根の中にあるヴィタミン・エッキスを要求しているのであろう。その時われわれは何も大根を食うことの［ A ］を証明した後でなければそれを食っていけないわけのものではない。また友人のIが大根を食ってよろずの病を癒《い》やし，百年の寿を保つとしても，自分がそのまねをして成功するという保証はついていない。ある本を読んで興味を(ア)シゲキされるのは何かしらそうなるべき必然な理由が自分の意識の水平面下に［ B ］している(イ)ショウコだと思われる。それをわれわれの意識の表層だけに組み立てたあさはかな理論や，人からの入れ知恵にこだわって無理に押さえつけねじ向ける必要はないように思われる。人々の頭脳の現在はその人々の過去の(ウ)リレキの函数である。それである人がある時にAという本に興味を感じて次にBに引きつけられるということが一見いかに不合理で［ C ］に見えても，それにはやはりそうなるべき理由が内在しているであろう。ただそれを正当に認識するには，ちょうど精神分析の大家がわれわれの夢の分析判断を試みるよりもいっそう深刻な分析と総合の能力を要求するであろう。

それだから，ある時にちっとも興味のなかった書物をちがった時に読んでみると非常な興味を覚えることも珍しくない。子供の時にきらいであった塩辛《しおから》が年取ってから好きになったといって，別に子供の時代の自分に義理を立てて塩辛を②割愛するにも及ばないであろう。

〈寺田寅彦『読書法』による〉

(1) (ア)〜(ウ)のカタカナを漢字に直せ。

(2) A〜Cにあてはまる語の組み合わせを1つ選べ。

	A	B	C
①	必然性	潜在	偶然的
②	合理性	潜在	無関係
③	必然性	醸成	無関係
④	合理性	醸成	偶然的

(3) 下線部①，②のここでの意味として最も適切なものをそれぞれ1つずつ選べ。

① ア．得意でないこと　イ．ためにならないこと
　ウ．納得のいかないこと　エ．趣旨の徹底しないこと

② ア．断念する　イ．執着する　ウ．省略する　エ．嫌悪する

(4) 筆者が読書に関して最も重視しているものを文中の言葉を使って，5字で答えよ。

84 ☆

次の文を読んで，後の各問いに答えよ。

これも今は昔，比叡《ひえ》の山に児ありけり。僧たち，宵《よひ》のつれづれに，「いざ，かいもちひせむ」といひけるを，この児心よせに聞きけり。さりとて，し出ださむを待ちて寝ざらむもわろかりなむと思ひて，片方《かたかた》によりて寝たるよしにて，出でくるを待ちけるに，すでにし出だしたるさまにて，ひしめきあひたり。この児，定めておどろかさむずらむと，待ちゐたるに，僧の，「もの申しさぶらはむ。aおどろかせ給へ」といふを，うれしとは思へども，ただ一度にbいらへむも，待ちけるかともぞ思ふとて，いま一声呼ばれていらへむと，c念じて寝たるほどに，「や，d□起こし奉り□。をさなき人は寝入り給ひにけり」といふ声のしければ，あな，わびしと思ひて，いま一度起こせかしと，思ひ寝に聞けば，ひしひしと，ただ食ひに食ふ音のしければ，すべなくて無期《むご》ののちに，「えい」といらへたりければ，僧たち笑ふことかぎりなし。

〈『宇治拾遺物語』による〉

〔注〕かいもちひ —— ぼたもち

(1) 下線部aを口語訳せよ。

(2) 下線部bを漢字を使用して書け。

(3) 下線部cの意味として当てはまるものを選べ。

ア．念仏を唱えて　　イ．がまんして　　ウ．祈りながら

(4) 下線部dは，「お起こし申し上げるな」の意味になる。□に入る語(それぞれひらがな1字)を答えよ。

85 ☆☆☆

次の文を読んで，後の各問いに答えよ。

花は盛りに，月はくまなきをのみ見るもの①かは。雨に向かひて月を恋ひ，たれこめて春のゆくへを知らぬも，なほあはれに情け深し。咲きぬべきほどのこずゑ，散りしをれたる庭などこそ見どころ②多けれ。③歌の詞書《ことばがき》にも，「花見にまかれりけるに，早く散り過ぎにければ」とも，「さることありてまからで」など書けるは，「花を見て」といへるに劣れることかは。花の散り，月のかたぶくを慕ふならひは，さることなれど，ことにかたくななる人ぞ，「この枝，かの枝散りにけり。今は見どころなし。」などは言ふめる。

すべて，月・花をば，さのみ目にて見るものかは。春は家を立ち去らでも，月

の夜は閨の内ながらも思へるこそ，いとたのもしう，をかしけれ。④よき人は，ひとへに好けるさまにも見えず，興ずるさまも⑤なほざりなり。片田舎の人こそ，色濃くよろづはもて興ずれ。花のもとには，ねぢ寄り立ち寄り，あからめもせずまもりて，酒飲み，連歌して，はては，大きなる枝，心なく折り取りぬ。泉には手足さし浸して，雪にはおり立ちて跡つけなど，よろづの物，よそながら見ることなし。

〈『徒然草』による〉

(1)　下線部①「かは」は，文法上の次のいずれの意味を持つか。

ア．感動の助詞　　イ．格助詞　　ウ．疑問の助詞　　エ．反語の助詞

(2)　下線部②「多けれ」について，次の各問いにそれぞれ答えよ。

1．「多けれ」の終止形を示せ。

2．「多けれ」の活用形を示せ。

3．「多けれ」の形になった理由を説明せよ。

(3)　下線部③「歌の詞書」とは何か，説明せよ。

(4)　下線部④「よき人」に対し，作者がよくないと思っている人のことを何とよんでいるか，文中の2ヵ所から抜き出せ。

(5)　下線部⑤「なほざりなり」とは，どんな意味か。次から1つ選べ。

ア．いいかげんである。　　イ．あっさりしている。

ウ．こっけいである。　　エ．礼儀をわきまえている。

オ．すなおな態度である。

(6)　『徒然草』の作者をA群より，成立時期と思われるものをB群より，それぞれ選べ。

【A群】

ア．阿仏尼　　イ．鴨長明　　ウ．飯尾宗祇

エ．救済　　オ．兼好法師

【B群】

a．奈良時代　　b．平安時代　　c．鎌倉時代

d．室町時代　　e．江戸時代

86 ☆☆

次の文を読んで，後の各問いに答えよ。

昔，阿倍仲麻呂といひける人は，もろこしに渡りて，帰り来けるときに，船に乗るべき所にて，かの国人，①うまのはなむけし，別れ惜しみて，かしこのからうたなどしける。②あかずやありけむ，はつかの夜の月出づるまでぞありける。その月は海よりぞ出でける。これを見てぞ，仲麻呂のぬし，「わが国にかかるう

たをなむ，かうやうに別れ惜しみ，喜びもあり，悲しびもあるときにはよむ。」とて，よめりけるうた，

あをうなばらふりさけ見れば　春日なる三笠の山に出でし月かも

〈『土佐日記』による〉

(1)　下線部①「うまのはなむけ」のここでの意味としてあてはまるものを選べ。

ア．送別の宴　　イ．競馬　　ウ．餞別　　エ．うまの合う人々の催し

(2)　下線部②の口語訳としてあてはまるものを選べ。

ア．もっと盛大に行ってほしかったのだろう。

イ．別れが非常に辛かったのだろう。

ウ．名残が尽きなかったのだろう。

エ．部屋の扉が開かなかったのだろう。

(3)　次のうち文中の内容と合致するものを選べ。

ア．阿倍仲麻呂が中国から帰国する時，周囲の皆が悲しんで彼をひきとめた。

イ．阿倍仲麻呂の親友が彼のために，別れの歌を詠んだ。

ウ．阿倍仲麻呂は日本へ帰ることをためらい，迷いの気持ちを歌にした。

エ．阿倍仲麻呂は海から上がる月と三笠の月を重ねて，帰国の思いを歌にした。

87　☆☆☆

次の文を読んで，後の各問いに答えよ。

鶯は，①文《ふみ》などにもめでたきものに作り，聲よりはじめてさまかたちもさばかり②あてにうつくしきほどよりは，九重《ここのへ》のうちに鳴かぬぞいとわろき。人の「さなむある」といひしを「さしもあらじ」と思ひしに，十年《ととせ》ばかりaさぶらひて聞きしに，まことに③さらに音せざりき。さるは，竹近き紅梅もいとよくかよひbぬべき④たよりなりかし。まかでて聞けば，cあやしき家の見どころもなき梅《むめ》の木などには，かしがましきまでぞ鳴く。夜鳴かぬも□ここちすれども，いまはいかがせむ。

〈『枕草子』「鳥は」による〉

(1)　下線部①～④の現代語訳としてあてはまるものを，それぞれア～エから1つずつ選べ。

①　文《ふみ》

ア．手紙　　イ．漢文　　ウ．漢詩　　エ．文章

②　あてに

ア．高貴だ　　イ．優雅だ　　ウ．艶美だ　　エ．かわいらしい

③　さらに

ア．そのうえに　イ．事改めて　ウ．いまさらのように
エ．まったく

④　たより

ア．よりどころ　イ．機会　ウ．消息　エ．縁・便宜

(2)　下線部a「さぶらひて」の場所はどこか。次から1つ選べ。

ア．九重　イ．「人」の家　ウ．あやしき家　エ．作者の家

(3)　下線部b「ぬ」の文法的意味は何か。次から1つ選べ。

ア．完了　イ．強意　ウ．打消　エ．存続

(4)　下線部c「あやしき」と同じ意味で用いられている「あやしき」は次のどれか，1つ選べ。

ア．風雪の中に旅寝するこそ，あやしきまで妙なる心地はせらるれ……

イ．ここかしこの道にあやしきわざをしつつ……

ウ．珍しき鳥，あやしき獣，国に養はず……

エ．あやしきしづの男の声に目さまして……

(5)　空欄部分にあてはまる語句を次から1つ選べ。

ア．いざとき　イ．めざとき　ウ．いぎたなき
エ．あさましき　オ．ありがたき

88 ☆☆

次の文を読んで，後の各問いに答えよ。

大蔵卿ばかり a耳とき人はなし。まことに蚊のまつげの落つるをも，聞きつけたまひつべうこそあり（　　　）。職《しき》の御曹子《みぞうし》の西面《にしおもて》に住みにしころ，大殿《おほとの》の新中将，宿直にて，ものなどいひしに，そばにある人の，「この中将に扇の絵のこといへ」とささめけば，「今，bかの君立ちたまひなむにを」といとみそかにいひ入るるを，cその人だにdえ聞きつけで，「何とか，何とか」と耳をかたぶけ来るに，遠くゐて，「にくし，さのたまはば，けふは立たじ」とのたまひしこそ，いかで聞きつけたまふらむとeあさましかり（　　　）。

〈『枕草子』による〉

(1)　下線部aの意味として，あてはまるものを選べ。

ア．耳が遠い　イ．理解力がある　ウ．耳の感覚が鋭い

(2)　下線部b，cは誰を指しているか。文中から抜き出して答えよ。

(3)　下線部d，eを口語訳せよ。

(4)　文中の（　　　）に共通して使われている単語を選べ。

ア．しか　イ．けり　ウ．き　エ．ける　オ．し

89 ☆

次の上の句に合う下の句をア～オから選べ。

(1) 清水へ祇園をよぎる桜月夜
(2) 死に近き母に添寝のしんしんと
(3) なにとなく君に待たるるここちして
(4) やは肌のあつき血潮にふれも見で
(5) 石崖に子供七人腰かけて

ア．出でし花野の夕月夜かな
イ．さびしからずや道を説く君
ウ．遠田のかはづ天に聞ゆる
エ．河豚を釣り居り夕焼け小焼け
オ．こよひ逢ふ人みなうつくしき

90 ☆☆

次の文を読んで，後の各問いに答えよ。

子貢問《ヒテ》曰《ハク》、「有《リ》下一言《ニシテ》而可《キ》二以《テ》終身行《フ》レ之《ヲ》者上乎《ト》。」子曰《ハク》、「其《レ》恕乎。己《ノ》所《ハ》レ不《ル》レ欲《セ》、勿《カレ》レ施《スコト》二於人《ニ》一。」

(1) 傍線部aは誰のことか。
(2) 傍線部bをわかりやすく説明せよ。
(3) 傍線部cを書き下し文にせよ。

91 ☆

次の詩を読んで，後の各問いに答えよ。

「竹里館」

独《リ》坐《シ》㆓幽篁《ノ》裏《ニ》㆒
弾《ジテ》㆑琴《ヲ》復《タ》長嘯《ス》
深林人不㆑知《ラ》
明月来《タリテ》相《ヒ》□

(1) この詩の形式を答えよ。

(2) この詩の作者名を漢字で書け。

(3) □に入る漢字を次から選べ。

ア．歩　　イ．照　　ウ．輝　　エ．見

92 ☆☆

次の詩を読んで，後の各問いに答えよ。

「涼州詞」　王翰

葡萄《ノ》美酒夜光《ノ》杯
欲《スレバ》㆑飲《マント》琵琶馬上《ニ》催《ス》
酔《ヒテ》臥《スモ》㆓沙場《ニ》㆒君莫《カレ》㆑笑《フコト》
古来征戦幾人《カ》回《ラン》

(1) この詩の作者は盛唐の時代の詩人である。作者と同じように盛唐で活躍した詩人を3人挙げよ。

(2) この詩の形式を答えよ。

(3) 押韻している字をすべて書き出せ。

(4) 傍線部を書き下し文にせよ。

93 ☆

次の俳句，作者，季節の組み合わせが正しいものをすべて選べ。

① 五月雨の降り残してや光堂 －松尾芭蕉 －夏
② 岩はなやここにもひとり月の客 －向井去来 －秋
③ 大の字に寝て涼しさよ淋しさよ －小林一茶 －秋
④ これがまあつひの栖か雪五尺 －与謝蕪村 －冬
⑤ 月天心貧しき町を通りけり －松尾芭蕉 －秋

94 ☆

次の短歌を読んで，後の各問いに答えよ。

a．あしびきの山鳥の尾のしだり尾のながながし夜をひとりかも寝む
b．あかねさす紫野行き標野行き野守は見ずや君が袖振る
c．春過ぎて夏来るらししろたへの衣乾したり天の香具山
d．東の野に炎の立つ見えてかへり見すれば月傾きぬ
e．さびしさにたへたる人の又もあれな庵ならべん冬の山里

(1) 枕詞が使われている歌を3つ選び，枕詞とかかる語を抜き出せ。
(2) aの歌に用いられている序詞を抜き出せ。
(3) dの歌の作者の名前を書け。
(4) a～eの歌のうちで『万葉集』に含まれないものを1つ選べ。

95 ☆☆

次の短歌を読んで，後の各問いに答えよ。

a．うたた寝に恋しき人を見てしより（ A ）てふ物は頼みそめてき
b．さびしさに宿を立ちいでてながむればいづこもおなじ秋の夕暮れ
c．心なき身にもあはれは知られけり鴫立つ沢の秋の夕暮れ
d．見渡せば花も紅葉もなかりけり浦の苫屋の秋の夕暮れ
e．世の中に絶えて（ B ）のなかりせば春の心はのどけからまし

(1) （ A ）（ B ）に当てはまる言葉をそれぞれ書け。
(2) b～dのうち，「三夕の歌」に含まれないものはどれか。
(3) dの歌の作者は『新古今和歌集』の撰者の一人であり，百人一首の編纂も手掛けた人物である。次から選べ。

ア．在原業平　　イ．藤原定家　　ウ．西行　　エ．紀貫之

96 ☆☆

次の短歌を読んで，後の各問いに答えよ。

a．海恋し潮の遠鳴りかぞへては$_{A}$少女となりし父母の家

b．草わかば色鉛筆の赤き粉のちるがいとしく寝て削るなり

c．のど赤き$_{B}$玄鳥ふたつ屋梁にゐて足乳根の母は死にたまふなり

d．$_{C}$不来方のお城の草に寝ころびて空に吸はれし十五の心

e．くれなゐの二尺伸びたる薔薇の芽の針やはらかに春雨の降る

(1)　下線部Ａ～Ｃの読み方を現代仮名遣いで答えよ。

(2)　それぞれの歌の作者を次から選べ。

ア．北原白秋　　イ．石川啄木　　ウ．斎藤茂吉　　エ．与謝野晶子

オ．正岡子規

(3)　次のア～ウは，それぞれどの歌の内容を表しているか。

ア．鮮やかな色彩の対照

イ．生と死の対照

ウ．無心だった少年の頃の思い出

97 ☆

次の中から小林一茶の俳句を選べ。

①　野ざらしを心に風のしむ身かな

②　古池や蛙飛び込む水の音

③　牡丹散りて打ちかさなりぬ二三片

④　夏河を越すうれしさよ手に草履

⑤　雀の子そこのけそこのけお馬が通る

98 ☆☆

次の各俳句の季語と季節を答え，作者をａ～ｅから選べ。

(1)　万緑の中や吾子の歯生え初むる

(2)　名月や池をめぐりて夜もすがら

(3)　菜の花や月は東に日は西に

(4)　桐一葉日当たりながら落ちにけり

(5)　やれ打つな蝿が手を摺り足をする

　a．松尾芭蕉　　b．小林一茶　　c．与謝蕪村

　d．高浜虚子　　e．中村草田男

99 ☆☆

次の俳句を読んで，後の各問いに答えよ。

　a．山路来て何やら$_{\text{A}}$ゆかしすみれ草

　b．春の海$_{\text{B}}$ひねもすのたりのたりかな

　c．草の戸も住み替る代ぞ雛の家

　d．閑かさや岩にしみ入る蟬の声

　e．旅に病んで夢は枯野をかけめぐる

(1)　下線部A「ゆかし」，下線部B「ひねもす」の意味を答えよ。

(2)　cとeの句の季語と季節を書け。

(3)　松尾芭蕉の句ではないものを1つ選べ。

4 文学史

●解答解説P269～274

●傾向と対策　　重要度：B

日本文学史は比較的，出題頻度の高い分野といえる。作者名（作品名）を解答させる形式と，冒頭文から作品，作者を問う形式が多い。『万葉集』『古今和歌集』『新古今和歌集』については撰者，代表歌人，特徴を押さえておきたい。平安時代では『伊勢物語』『土佐日記』『蜻蛉日記』『枕草子』『源氏物語』『更級日記』，鎌倉時代では『方丈記』『平家物語』『徒然草』，江戸時代では，井原西鶴と近松門左衛門の作品についての出題が多い。明治以降では，島崎藤村，森鷗外，夏目漱石，谷崎潤一郎，志賀直哉，芥川龍之介，川端康成の出題が多く，代表作，主義（派）を結びつけて覚えることが大切である。海外の文学の出題頻度はあまり高くないが，ドストエフスキー，トルストイ，魯迅など，代表的な作者と作品については確認しておきたい。

100 ☆

次の各問いに答えよ。

(1)　『徒然草』『大鏡』『方丈記』『枕草子』のうちジャンルの異なるものを1つ選べ。

(2)　(1)の4作品を成立年代順に並べたとき，3番目にくる作品を答えよ。

101 ☆

次の文中の空欄にあてはまる正しい組み合わせを選べ。

（　A　）は最初の勅撰和歌集として醍醐天皇の勅命により撰集された。撰者は（　B　）ら4人があたり，20巻から成る約1,100首の和歌を収めている。歌風は繊細優美で七・五調のなだらかな調子で，歌人には（　B　）以外に（　C　）などがいる。

	A	B	C
(1)	新古今和歌集	大伴家持	小野小町
(2)	古今和歌集	藤原定家	西行
(3)	万葉集	藤原俊成	柿本人麻呂
(4)	古今和歌集	紀貫之	在原業平
(5)	新古今和歌集	紀友則	藤原家隆

102 ☆☆

次の文のうち，鎌倉時代の文学に関する記述としてあてはまるものを選べ。

⑴　古来〈物語の祖《おや》〉といわれ，作り物語の中で最古のものである『竹取物語』は，以後の物語文学を生み出す1つの重要な土台となった。

⑵　賀茂真淵によって書かれた『万葉考』は，『万葉集』研究書の代表作である。

⑶　川柳は俳諧から独立して成立したもので庶民の遊びとして流行した。

⑷　この時期に，仮名文で書かれた歴史的物語として〈歴史物語〉が新たに発生した。『栄花物語』はその先駆となった作品である。

⑸　合戦，戦闘を主題とする軍記物語の代表作である『平家物語』は，平家の興亡を劇的に物語っている。

103 ☆☆

源氏物語に関する次の各問いに答えよ。

⑴　源氏物語の作者を答えよ。

⑵　源氏物語の成立時代を次から選べ。

①　平安時代初期　②　平安時代中期　③　平安時代後期
④　鎌倉時代

⑶　源氏物語について研究した人物は誰か。次から選べ。

①　井原西鶴　②　鴨長明　③　本居宣長　④　松尾芭蕉

104 ☆☆

次の説明文の中で正しいものを選べ。

⑴　『曽根崎心中』は，近松門左衛門作の浮世草子で，元禄16（1703）年に成立した。現世町人の社会的な悲劇を流麗な文章で綴っている。

⑵　『多情多恨』は，幸田露伴が明治29（1896）年に発表した小説で，ここではより深い心理描写がみられ，〈である〉調に成功し，言文一致の文体を完成している。

⑶　『奥の細道』は，松尾芭蕉の代表的な紀行文の1つである。芭蕉は，発句を独立させて，作品としての文学的価値を高め，俳諧における〈不易流行〉の論を確立した。

(4) 『枕草子』は，平安時代中期に清少納言によって書かれた随筆であり，作者の知的な態度が〈もののあはれ〉の文学理念に表れている。

(5) 歌集『みだれ髪』を明治34（1901）年に刊行した与謝野晶子は，この作品で奔放な青春の情熱と官能の美を歌いあげ，浪漫的歌風を築き，アララギ派の歌風に大きな影響を与えた。

105 ☆

次の作品の説明としてあてはまるものをア～オから選べ。

① 懐風藻　② 平家物語　③ 今昔物語集　④ 蜻蛉日記
⑤ 土佐日記

ア．我が国最初の男性によるかな日記。
イ．我が国最初の女流文学日記。
ウ．人生の無常観を根底に，栄枯盛衰を描いた物語。
エ．現存最大の説話集。
オ．現存最古の漢詩集。

106 ☆

次の江戸文学の作品の中で，作品と作者が一致していないものを選べ。

(1) 式亭三馬 ―――― 浮世風呂
(2) 滝沢馬琴 ―――― 椿説弓張月
(3) 上田秋成 ―――― 雨月物語
(4) 井原西鶴 ―――― 東海道中膝栗毛
(5) 近松門左衛門 ―― 女殺油地獄

107 ☆☆

次の組み合わせで誤っているものを選べ。

(1) 坪内逍遙 ―――― 『小説神髄』によって写実主義を主張した。
(2) 与謝野鉄幹 ――― 詩歌評論雑誌「明星」を主宰した浪漫主義詩人・歌人である。
(3) 田山花袋 ―――― 『蒲団』は文壇に自然主義旋風を巻き起こした。
(4) 島崎藤村 ―――― 『破戒』は文壇に浪漫主義文学を確立させた。
(5) 武者小路実篤 ―― 白樺派に属し，代表作に『お目出たき人』などがある。

108 ☆☆

次の作家とその主要作品の組み合わせとして誤っているものを選べ。

(1) 国木田独歩 —— 武蔵野，欺かざるの記，運命

(2) 尾崎紅葉 ——— 金色夜叉，伽羅枕，三人妻

(3) 泉鏡花 ———— 高野聖，婦系図，歌行燈

(4) 永井荷風 ——— あめりか物語，ふらんす物語，すみだ川

(5) 有島武郎 ——— 清兵衛と瓢簞，暗夜行路，小僧の神様

109 ☆☆

次の各問いに答えよ。

(1) 芥川龍之介の『鼻』のモデルになった説話が収められている作品を選べ。

① 古事記　② 今昔物語集　③ 十訓抄　④ 大鏡　⑤ 徒然草

(2) 次の作品のうち，平安時代に書かれたものでない作品をすべて選べ。

① 伊勢物語　② 更級日記　③ 古事記伝　④ 奥の細道
⑤ 十六夜日記

(3) 次の文はある作品の冒頭文である。空欄にあてはまる語句を書け。また，この作品名を答えよ。

「祇園精舎の鐘の声，（　①　）の響きあり。娑羅双樹の花の色，（　②　）のことわりをあらはす。おごれる人も久しからず，ただ春の夜の夢のごとし。たけき者も遂にはほろびぬ，ひとへに風の前の塵に同じ。」

110 ☆☆

次の作家の作品をア～オから，作家に関係の深いことがらをa～eから選べ。

(1) 二葉亭四迷　(2) 志賀直哉　(3) 島崎藤村
(4) 夏目漱石　(5) 幸田露伴

ア.『城の崎にて』　a．擬古典主義
イ.『五重搭』　b．余裕派
ウ.『こころ』　c．白樺派
エ.『浮雲』　d．自然主義
オ.『夜明け前』　e．写実主義

111 ☆☆

近代日本の作家とその代表的な作品の組み合わせとして誤っているものを次から1つ選べ。

(1) 太宰治：『人間失格』『斜陽』『走れメロス』

(2) 有島武郎：『或る女』『生まれ出づる悩み』『カインの末裔』

(3) 井上靖：『しろばんば』『屋根の上のサワン』『あすなろ物語』

(4) 谷崎潤一郎：『細雪』『刺青』『痴人の愛』

(5) 菊池寛：『恩讐の彼方に』『父帰る』

112 ☆☆

次の各文が説明している文学作品をア～オから選べ。

(1) 1匹の毒虫になってしまった平凡な男とその家族の心理を描いた作品。

(2) メキシコ湾に舟を浮かべ1人で漁を続ける老人と，大魚との闘いを描いた作品。

(3) 教育の重圧を車輪にたとえ，神学校を逃げだした少年の懊悩を描いた，著者の自伝的小説。

(4) ゴーギャンを題材に，芸術追求のためにすべてを捨てた天才の苦悩と生き様の物語。

(5) 冤罪で投獄された男が，脱出して富豪となり，自分を陥れた者たちに復讐する物語。

ア．『月と六ペンス』モーム　　イ．『老人と海』ヘミングウェイ

ウ．『変身』カフカ　　エ．『車輪の下』ヘッセ

オ．『モンテ・クリスト伯』デュマ

113 ☆☆☆

次の作家の作品をア～オから，作家に関係の深いことがらをａ～ｅから選べ。

(1) シェークスピア　(2) ハイネ　(3) フローベル

(4) ドストエフスキー　(5) トルストイ

ア．『アンナ・カレーニナ』　ａ．写実主義

イ．『ボヴァリー夫人』　ｂ．白樺派

ウ．『歌の本』　ｃ．島崎藤村

エ．『罪と罰』　ｄ．坪内逍遙

オ．『ジュリアス・シーザー』　ｅ．ロマン主義

114 ☆☆

次の①～⑤の文学作品の説明をア～オからそれぞれ選べ。

① 南総里見八犬伝

② 東海道中膝栗毛

③ 好色一代男

④ 雨月物語

⑤ 玉勝間

ア．江戸時代に書かれた長編小説で，勧善懲悪・因果応報の思想が描かれている。江戸時代後期読本の代表作である。

イ．怪談短編小説。人間の心の中にある執念を怪異現象という非現実世界の中で見事なまでに描き出した作品である。

ウ．男女の恋愛を描いた長編小説で54章から成る。この作品によって浮世草子のジャンルが確立された。

エ．江戸時代後期の滑稽本の代表作である。旅を舞台に失敗談を狂歌を交えて描写している。

オ．江戸時代の随筆の代表作である。作者は国学を大成した人物として著名である。

115 ☆☆

次の各問いに答えよ。

⑴ 次の中から斎藤茂吉の作品を選べ。

① 赤光　② 悲しき玩具　③ 邪宗門　④ 若菜集　⑤ 海潮音

⑵ 『歌よみに与ふる書』は誰の作品か。

① 与謝野晶子　② 北原白秋　③ 正岡子規

④ 三好達治　⑤ 草野心平

⑶ 古代中国において唐の時代に「詩聖」と称され，「春望」という作品で知られている人物を次から選べ。

① 李白　② 白居易　③ 孟浩然　④ 韓愈　⑤ 杜甫

⑷ 次の人物のうち，活躍した時代の異なる者を1人選べ。

① 孔子　② 王維　③ 孟浩然　④ 杜甫　⑤ 李白

116 ☆☆

次の各文は有名な古典文学の冒頭文である。作品名と作者名を漢字で答えよ。

⑴　ゆく河の流れは絶えずして，しかも，もとの水にあらず。

⑵　男もすなる日記といふものを，女もしてみむとてするなり。

⑶　あづまぢの道のはてよりも，なほ奥つかたに生ひいでたる人，いかばかりかはあやしかりけむを……。

⑷　つれづれなるままに日暮らし，硯に向かひて……。

117 ☆

次の文を読んで，後の各問いに答えよ。

「春は（　①　）。やうやう白くなりゆく（　②　）すこしあかりて，むらさき立ちたる雲の細くたなびきたる。

夏は（　③　）。月のころはさらなり。やみもなほ，ほたるの多く飛びちがひたる。また，ただひとつふたつなど，ほのかにうちひかりて行くも（　④　）。雨など降るも（　④　）。」

⑴　空欄にあてはまる語を入れよ。

⑵　この文章はある作品の冒頭文である。作品名と作者名を答えよ。

⑶　次の作品のうち，上記の作品と成立時代の異なるものをすべて選べ。

①　今昔物語集　　②　源氏物語　　③　宇治拾遺物語　　④　土佐日記
⑤　徒然草

118 ☆

次の文を読んで，後の各問いに答えよ。

月日は百代の過客にして行きかふ年もまた旅人なり。舟の上に生涯を浮かべ，馬の口とらへて老を迎ふる者は，日々旅にして旅を栖とす。古人も多く旅に死せるあり。予もいづれの年よりか，片雲の風にさそはれて，漂泊の思ひやまず。

⑴　この文章はある作品の冒頭文である。作品名を答えよ。

⑵　「百代の過客」に見られる思想は何か。次から選べ。

ア．無常観　　イ．風流　　ウ．漂泊　　エ．儒教的思想
オ．もののあはれ

119 ☆☆

次の各文の作品名をａ～ｉから選び，著者を答えよ。

(1)　或日のことでございます。御釈迦様は極楽の蓮池のふちを，独りでぶらぶら御歩きになっていらっしゃいました。

(2)　恥の多い生涯を送って来ました。自分には人間の生活というものが理解できないのです。

(3)　親譲りの無鉄砲で小供の時から損ばかりしている。

(4)　蓮華寺では下宿を兼ねた。瀬川丑松が急に転宿を思い立って，借りることにした部屋というのは，……

(5)　道がつづら折りになって，いよいよ天城峠に近づいたと思う頃，雨脚が杉の密林を白く染めながら，……

ａ．『夜明け前』　ｂ．『坊っちゃん』　ｃ．『こゝろ』
ｄ．『斜陽』　ｅ．『伊豆の踊子』　ｆ．『人間失格』
ｇ．『蜘蛛の糸』　ｈ．『古都』　ｉ．『破戒』

120 ☆☆

次の作品の作者をａ～ｉから選び，作品名を答えよ。

(1)　その頃，と言っても大正四，五年のことで，いまから四十数年前のことだが，夕方になると，決まって村の子供たちは口々に〝しろばんば，しろばんば〟とさけびながら，……。

(2)　禅智内供の鼻と云えば，池の尾で知らない者はない。長さは五六寸あって上脣の上から顋の下まで下っている。

(3)　山椒魚は再びこころみた。それは再び徒労に終わった。何としても彼の頭は穴につかえたのである。

(4)　おどろいたことに馬はサアカス一座の花形だったのだ。人間を乗せると彼は見ちがえるほどイキイキした。

ａ.　森鷗外　ｂ．川端康成　ｃ．志賀直哉
ｄ.　芥川龍之介　ｅ．有島武郎　ｆ．井伏鱒二
ｇ.　安岡章太郎　ｈ．三島由紀夫　ｉ．井上靖

121 ☆☆

次の各文は有名な文学作品を解説したものである。作品名をa～iから選べ。また，(1)～(5)を成立年代順に並べ替えよ。

(1) 本居宣長によって「もののあはれ」の文学と評され，世界最古の長編小説といわれている。

(2) 能の歴史や役者の心得などがまとめられている。

(3) 歌風は「ますらをぶり」，すなわち男性的な素朴な魅力に富んでいる。

(4) 出家した筆者が動乱の世を多方面から描き，全編が無常観に貫かれている。

(5) 編年体で記されている対外向けの歴史書で，六国史のなかでは最初の正史とされている。

a．日本書紀　　b．枕草子　　c．方丈記
d．古今和歌集　e．古事記　　f．竹取物語
g．風姿花伝　　h．万葉集　　i．源氏物語

122 ☆☆

次の各文は有名な文学作品を解説したものである。作品名をa～iから，著者をア～ケから選べ。

(1) 大阪のある商家の四姉妹のそれぞれの生き方を描く。

(2) 下人の心理を追いながら人間のエゴイズムを描く。

(3) 明治維新前後の時代に生きた主人公青山半蔵の半生を描く。

(4) 島流しにされた罪人喜助の話を通して安楽死の問題を提示している。

(5) 伊勢湾に浮かぶ島を舞台に，漁師の新治と船主の娘初江の恋を描く。

a．にごりえ　b．羅生門　　c．高瀬舟
d．風立ちぬ　e．細雪　　　f．潮騒
g．斜陽　　　h．夜明け前　i．暗夜行路
ア．樋口一葉　イ．森鷗外　ウ．三島由紀夫
エ．堀辰雄　　オ．太宰治　カ．芥川龍之介
キ．島崎藤村　ク．志賀直哉　ケ．谷崎潤一郎

123 ☆

次の作者と作品の組み合わせとして正しいものをすべて選べ。

① 夏目漱石 －『草枕』

② 森鷗外 －『和解』

③ 太宰治 －『地獄変』

④ 井伏鱒二 －『山椒太夫』

⑤ 川端康成 －『雪国』

124 ☆☆

小倉百人一首に収められている和歌とその作者の組み合わせとして誤っているものを，次から1つ選べ。

(1) 花の色は移りにけりないたづらに我が身世にふるながめせしまに （小野小町）

(2) 田子の浦にうち出でて見れば白妙の富士の高嶺に雪は降りつつ（山部赤人）

(3) 人はいさ心も知らずふるさとは花ぞ昔の香に匂ひける （菅原道真）

(4) ちはやぶる神代も聞かず竜田川からくれなゐに水くくるとは （在原業平）

(5) ひさかたの光のどけき春の日にしづ心なく花の散るらむ （紀友則）

125 ☆☆

次の（　　）にあてはまる語句を a ～ m から選べ。

(1) 五常とは，（　　）・義・（　　）・智・信のことをいう。

(2) 「三夕の歌」とは，（　　）に載録されている，「秋の夕暮れ」を読み込んだ和歌のことである。

(3) 古典三大随筆といえば，『枕草子』『徒然草』と『（　　）』を指す。

(4) 後世に名を残す有名な歌人でありながら，六歌仙に含まれていないのは，（　　）である。

a．徳　b．礼　c．仁

d．節　e．古今和歌集　f．新古今和歌集

g．百人一首　h．更級日記　i．方丈記

j．笈の小文　k．在原業平　l．寂蓮法師

m．小野小町

126 ☆☆

次のうち，小倉百人一首に収められていない和歌を選べ。

(1)　春過ぎて夏来にけらし白妙の衣干すてふ天の香具山

(2)　玉の緒よ絶えなば絶えねながらへば忍ぶることの弱りもぞする

(3)　天の原ふりさけ見れば春日なる三笠の山に出でし月かも

(4)　秋来ぬと目にはさやかにみえねども風の音にぞおどろかれぬる

(5)　これやこの行くも帰るも別れては知るも知らぬも逢坂の関

127 ☆

次の文を読んで，後の各問いに答えよ。

廻れば大門の見返り柳いと長けれど，お歯ぐろ溝に灯火うつる三階の騒ぎも手に取るごとく，明けくれなしの車の行来に，はかり知られぬ全盛をうらなひて……。

(1)　この作品の名前は何か。

(2)　この作品の作者である樋口一葉が活躍した時代を次から選べ。

①　江戸時代　　②　明治時代　　③　大正時代　　④　昭和時代

(3)　次のうち，樋口一葉の作品でないものを選べ。

①『大つごもり』　②『田舎教師』　③『にごりえ』　④『十三夜』

128 ☆☆

次の①～⑤にあてはまる作家を語群から選び，それぞれ記号で答えよ。

①　柔軟な精神を源に多くの抒情詩を残し，主な詩集として『二十億光年の孤独』がある。

②　『忍ぶ川』で芥川賞を受賞した。

③　プロレタリア文学の代表的作家であり，『蟹工船』を著した。

④　美を最高の価値と考える耽美派の作家で『春琴抄』などの代表作品で知られる。

⑤　歌人斎藤茂吉の息子で『夜と霧の隅で』で芥川賞を受賞した。

〈語群〉

ア．谷川俊太郎　イ．谷崎潤一郎　ウ．高村光太郎　エ．三浦哲郎
オ．永井荷風　カ．大江健三郎　キ．小林多喜二　ク．北杜夫
ケ．太宰治　コ．川端康成

129 ☆☆☆

次のうち，正しいものを選べ。

(1)　『万葉集』は大伴家持らによって編纂されたといわれる，最初の勅撰和歌集である。

(2)　『古今和歌集』を含む，その後の勅撰和歌集を，十三代集とよぶ。

(3)　『新古今和歌集』が成立したころ，六歌仙とよばれる歌人たちが活躍した。

(4)　『万葉集』『古今和歌集』『新古今和歌集』の3つを指して，三代集とよぶ。

(5)　藤原定家が編纂した『小倉百人一首』には『古今和歌集』からの和歌がいちばん多く含まれる。

2

倫理

Open Sesame

1 西洋の倫理

●解答解説P275～276

●傾向と対策

重要度：C

西洋の倫理では，ギリシアの哲学，経験論・合理論などの近代ヨーロッパ思想，実存主義，プラグマティズムなどの現代思想が重要である。出題形式としては，各思想家と著書，言葉，思想的キーワードの組み合わせを問う問題や，説明文に該当する人物名を問う問題が多いため，著名な思想家について，その著書や思想のキーワードなどを確実に把握しておこう。

1 ☆

次の言葉は誰のものであるか答えよ。

(1) 人間は教育によってのみ人間となる

(2) 人間はポリス的動物である

(3) 満足した豚であるよりは不満足な人間である方がよく，満足した愚か者であるよりは不満足なソクラテスである方がよい

(4) 実存は本質に先立つ

(5) 人間は万物の尺度である

2 ☆

次の思想家と著書の組み合わせのうち，正しいものを選べ。

① J. S. ミル――――――――『道徳および立法の諸原理序説』

② レヴィ＝ストロース――――『野生の思考』

③ マルクス――――――――『プロテスタンティズムの倫理と資本主義の精神』

④ ジェームズ――――――――『学校と社会』

⑤ ロールズ――――――――『資本論』

3 ☆

次の思想家とその著書，考え方などの組み合わせとして正しいものを2つ選べ。

① カルヴァン――――『キリスト教綱要』―――予定説
② プラトン―――――『政治学』――――――イデア論
③ デカルト―――――『省察』―――――――帰納法
④ ロック――――――『リヴァイアサン』―――「万人の万人に対する闘争」
⑤ サルトル―――――『存在と無』―――――アンガージュマン

4 ☆☆

次の説明文に該当する人物名をア～コから選び，記号で答えよ。

(1) 「神は死んだ」とし，神に代わるものとして力への意志を体現する超人を理想の主体的人間像であるとした。主著には『ツァラトゥストラはかく語りき』がある。

(2) 「人間は考える葦である」とし，自然の中で最も弱い存在である人間は，考えるところにその尊厳の根拠があるとした。主著には『パンセ』がある。

(3) ドイツ観念論哲学の大成者で，人間の本質を精神と捉え，世界と歴史は精神が自己を展開していく過程であると考えた。主著には『法の哲学』がある。

(4) 人間は快楽を求め苦痛を避ける傾向性をもち，その快苦も数量的に計算できると考え，独自の倫理学を説いた。主著には『道徳および立法の諸原理序説』がある。

(5) 経験論，合理論を総合する批判哲学を樹立し，道徳法則に従う自律的な人格としての人間は目的として尊重されるべきであるとした。主著には『純粋理性批判』『実践理性批判』『判断力批判』がある。

ア．デカルト　イ．ニーチェ　ウ．ベーコン　エ．キルケゴール
オ．ヘーゲル　カ．ベンサム　キ．カント　ク．モンテーニュ
ケ．J. S. ミル　コ．パスカル

5 ☆

ソクラテスについての記述として，正しいものを選べ。

① 最大多数の最大幸福こそ究極の目的であり，善悪の基準であると考え，万人が幸福を享受できる社会を実現すべきだと説いた。

② 真・善・美について自分は何も知らないということを自覚し，善く生きることが人間の徳であると考えた。

③ 疑うことのできない真理を発見するために，まず一切の存在を疑うことからはじめ，そこから近代的自我の発見をもたらした。

④　常に自己を顧みながら真実の自己を求め，ついには自らが罪であることを自覚して神の前に一人立つ主体的な人間を単独者と呼び，これを理想とした。

⑤　人間が道具を発明し使用することで自然を開発し社会を発達させてきたように，知識や学問は人間の行動に役立つ道具にほかならないとした。

6 ☆☆

次の記述の空欄にあてはまる人物名・語句をア～オから選び，記号で答えよ。

イギリスにおける近代思想である経験主義思想は（　A　）に始まった。「知は力なり」とし，そして，一切の偏見を排除して自然現象を忠実に観察・検証し，そこから（　B　）に法則を探り出すことによって知識が得られるとした。この思想は（　C　）にも継承された。彼は，人間の心は白紙のようなもので，観念や知識の起源はすべて経験にあると主張した。

ア．デカルト　　イ．ベーコン　　ウ．ロック
エ．演繹的　　オ．帰納的

7 ☆☆

次の記述のうち，正しいものを選べ。

①　J. S. ミルは，貧困が深刻化するイギリス社会にあって，ベンサムの量的功利主義を批判して快楽に質的差異のあることを主張した。

②　キルケゴールは，「実存は本質に先立つ」とし，人間の本質が先にあるのではなく，人間はまず世界の中に投げ出され，その後に本来的な自分を創造していくと説いた。

③　サン・シモンは，資本主義社会の科学的分析と労働者の歴史的使命を明らかにし，社会主義革命の必然を論じた。

④　プラトンは，事物の本質である形相は，現実の個物である質料に内在するとし，実生活において中庸の徳をもって生きることを説いた。

⑤　カントは，「われ何をか知る」と述べ，偏見や独断を排して柔軟に自己省察を行い，人間性の真実を追究した。

8 ☆☆☆

次のうち，社会契約説を唱えた思想家たちに共通する思想として正しいものを選べ。

① 政府が権力を濫用して，自由で平等な個人の信託に背いた場合には，国民は政府に抵抗することができる。

② 個人は自由で平等であり，各人の生得的な権利は絶対に譲り渡すことのできないものである。

③ 政治社会や国家が成立する以前は，自由で平等な個人間の闘争状態が支配していた。

④ 社会や政治の制度は，自由で平等な個人間で交わされる取り決めに由来するものと考えられる。

⑤ 人間同士の自由で平等な関係は，人々の私利私欲を排除した一般意志に各人が自発的に従うことによってはじめて実現される。

9 ☆☆

次の記述のうち，誤っているものを選べ。

① 実存主義とは，高度化した科学技術や巨大化した社会組織の中で，個性を喪失して日常性の中に埋没している人々に，主体性の回復と本来的自己の発見を説く現代思想である。キルケゴール，ニーチェ，サルトルがその代表者である。

② 人文主義とは，ギリシア・ローマの古典の中に人間性尊重の思想を認め，中世的人間観からの解放を認めた思想である。エラスムス，ピコ＝デラ＝ミランドラ，マキャヴェリがその代表者である。

③ プラグマティズムとは，科学的認識よりも実用性を優先し，日常生活の知恵を基盤とする思想である。パスカル，モンテーニュ，デューイがその代表者である。

④ ドイツ観念論とは，人間の内面的な精神を根本にすえ，その精神の発展の働きによって,歴史や人間のあり方を観念的に把握しようとする思想である。ヘーゲルがその代表者である。

⑤ 功利主義とは，幸福や快楽をもたらすものは善であり，その反対は悪であるとして，功利を物事の是非の判断基準とする実践的な思想である。ベンサムやJ. S. ミルがその代表者である。

2 東洋の倫理

●解答解説P276～277

●傾向と対策　重要度：C

出題率が低い分野ではあるが，東洋の倫理の中では，中国の諸子百家についての出題が多い。各人物の思想のキーワードおよび著書名を問う問題がほとんどであるため，それらを結びつけて覚えておくようにしよう。

10 ☆

春秋・戦国時代に「無為自然」を唱えたのは次のうち誰か。

① 老子
② 墨子
③ 韓非子
④ 孟子
⑤ 荀子

11 ☆☆

次の説明文に該当する人物名を答えよ。

(1) 人間の道徳や社会秩序の基本は家族道徳にあると考え，仁を説いた。
(2) 理気二元論に立ち，敬の心をもって事物の本質を極めることが大切であるとした。
(3) 人間は生まれながらに悪い本性をもつため，規範としての礼で人々を正すべきだと説いた。
(4) 人間は生まれながらに良知をもっているため，知行合一によって善が実現されると説いた。
(5) 人類愛・無差別愛である兼愛を説き，兼愛の心による非戦論を展開した。

12 ☆☆

次の各人物と関係のある言葉をア～オから選び，記号で答えよ。

(1)　本居宣長　　(2)　福沢諭吉　　(3)　西田幾多郎

(4)　荻生徂徠　　(5)　林羅山

ア．天は人の上に人を造らず，人の下に人を造らず。

イ．天は上にあり地は下にあるは天地の礼なり。

ウ．物のあはれをしるといふ事，まづすべてあはれといふはもと，見るものきく物ふるる事に，心に感じて出る，歎息の声にし，今の俗言にも「ああ」といひ，「はれ」という是なり。

エ．純粋経験においてはいまだ知情意の分離なく，唯一の活動であるように，またいまだ主観客観の対立もない。

オ．先王の道は先王の造る所なり。

13 ☆☆☆

日本の思想に関する次の記述の空欄にあてはまる語句・人物名を答えよ。

(1)　賀茂真淵は高く直き心をもった（　A　）が日本人の心情であり，そこから真意を学ぶべきとした。

(2)　（　B　）は，惟神の道と真心を尊ぶ生き方を，日本古来の道と捉えた。

(3)　中江兆民は，ルソーの『（　C　）』を翻訳して『（　D　）』を出し，急進的フランス啓蒙思想を導入した。

(4)　（　E　）は，キリスト教の愛と武士道精神の融合を目指して，新たに愛国心を定義し，日露戦争に反対した。

(5)　和辻哲郎が述べた（　F　）的存在とは，社会性と自我の間で悩む人間性そのものを直視した考え方である。

(6)　吉野作造は，大正デモクラシーの代表的思想家で，（　G　）主義を唱えた。

3
英語

Open Sesame

1 語彙

●解答解説P278～279

●傾向と対策

重要度：B

英単語に関する問題は，発音・アクセント，単語の意味，カタカナ語の英語の綴り，語形変化，単語を英語で説明するもの，同義語・反意語など，出題パターンは様々である。

その中でも特に目立つのは，英文で説明されている単語または語句を答える形式の問題である。このような問題に，慣れておくことが必要である。

単語の知識は多ければ多いほど，他の分野にも役立つ。できるだけ語彙を増やすよう努力しよう。

1 ☆

次の同じ種類の言葉を組み合わせた英単語のうち適切でないものをそれぞれア～エから選べ。

(1) ア．Spring　イ．Summer　ウ．Winter　エ．Christmas

(2) ア．September　イ．October　ウ．Timber　エ．December

(3) ア．Soccer　イ．Tennis　ウ．Ball　エ．Golf

(4) ア．Chinese　イ．Japanese　ウ．Germany　エ．English

(5) ア．Sunday　イ．Monday　ウ．Holiday　エ．Wednesday

2 ☆☆

次の英文が表す単語を書け。

(1) A square cloth which in Japan is used to wrap and carry things.

(2) A person living or located near one another.

(3) Liquid which comes out from the body through the skin to cool it.

(4) A two-wheeled vehicle which one rides by pushing its pedals with the feet.

(5) A popular Japanese food item, typically made by rolling rice into triangular or round shapes.

3 ☆☆

日本の教育制度に関する次のア～ウの説明と，それぞれの名称A～Eの組み合わせとして適切なものを，①～⑤から選べ。

ア．These schools in Japan are usually four years, but medical and dental schools are six years.

イ．These schools are designed to cultivate the necessary knowledge and skills for special vocations. Some of them provide professional education in language, fashion, nursing, cooking and so on.

ウ．These are private educational institutions that supplement regular school study.

A．high schools　B．universities　C．specialized schools

D．IQ tests　E．cram schools

① ア－A　イ－B　ウ－D

② ア－A　イ－C　ウ－E

③ ア－B　イ－A　ウ－E

④ ア－B　イ－C　ウ－E

⑤ ア－C　イ－B　ウ－D

4 ☆☆

次の英文の（　　）にあてはまる語をそれぞれア～オから選べ。

(1) He was speeding once too (　　) and got stopped by the police.

ア．while　イ．much　ウ．often　エ．fast　オ．late

(2) This dress is beautiful to look at, but (　　) to work in.

ア．certain　イ．willing　ウ．unfit　エ．quick　オ．likely

(3) His lecture was drowsy and uninteresting, so we were (　　) in it.

ア．caught　イ．interested　ウ．involved　エ．disappointed

オ．satisfied

(4) This is the hottest summer that we have (　　) for the last ten years.

ア．acquired　イ．experienced　ウ．learnt　エ．described

オ．expired

(5) The riot police are out to (　　　) the demonstrators, so the streets will be quiet again soon.

ア．object　イ．press　ウ．suppress　エ．enlighten
オ．encourage

5 ☆☆

次の英文のうち，apologize の使い方が正しいものを①～⑤から選べ。

① You should apologize her for being late.

② He never apologizes to anyone.

③ I apologized the lady to have mistaken her for my sister.

④ The pianist apologized us his bad performance.

⑤ I will apologize for my colleagues about that mistake.

6 ☆☆

次の経済・社会に関連する略語とその英語の綴りを示したもののうち，正しいものの組み合わせを解答群から選べ。

ア．M＆A：Margin and Acquisition

イ．JIS：Japanese Industrial Standard

ウ．ODA：Overseas Development Assistance

エ．GDP：Gross Direct Product

オ．MBA：Master of Business Administration

【解答群】 ① ア，イ　② ア，ウ　③ ア，エ　④ ア，オ
⑤ イ，ウ　⑥ イ，エ　⑦ イ，オ　⑧ ウ，エ
⑨ ウ，オ　⑩ エ，オ

7 ☆☆

次の掲示用語の意味を，それぞれア～ウから選べ。

(1) No Entry

ア．進入禁止　イ．棄権　ウ．一方通行

(2) Occupied

ア．専用通路　イ．使用中　ウ．満席

(3) Out of Order

ア．故障中　　イ．順不同　　ウ．売り切れ

(4) Post No Bills

ア．チップ不要　　イ．はり紙禁止　　ウ．ゴミ捨て禁止

(5) Off Limits

ア．限界点　　イ．立入禁止　　ウ．入場制限有り

2 文法 I

●解答解説P279〜280

●傾向と対策

重要度：**B**

空欄補充は，長文読解問題の中でも出題され，内容関連や指示語の問題でなければ，単独の空欄補充問題と出題傾向は同じである。つまり，ここで空欄補充問題についてしっかり対策しておけば，長文読解にもある程度は通用する，ということが言える。

構文・熟語からの出題が圧倒的であり，やはり重要なものは暗記をしておく必要がある。その場合，特に前置詞が空欄になっている場合が多いので，覚える際には，前置詞に重点を置くとよい。日本語訳はほとんどの場合ついていない。

8 ☆

次の英文の（　　）にあてはまる語をそれぞれア～エから選べ。

(1) It will not be long (　　) he arrives here.

ア．till　イ．since　ウ．before　エ．when

(2) Be sure to (　　) off TV before going to bed.

ア．get　イ．turn　ウ．fall　エ．take

(3) I am looking forward to (　　) you again.

ア．see　イ．seen　ウ．saw　エ．seeing

(4) He is teaching his child (　　) to ride a bicycle.

ア．what　イ．learn　ウ．how　エ．should

(5) A heavy snow kept us (　　) going to school.

ア．with　イ．in　ウ．from　エ．by

9 ☆☆

次の英文の（　　）にあてはまる語を書け。

(1) No (　　) had he begun to speak than the audience interrupted him.

(2) I (　　) my purse stolen in the train yesterday.

(3) (　　) I you, I wouldn't go there alone.

(4) I could not (　　　) smiling at his little joke.

(5) She is not so (　　　) a singer as an actress.

10 ☆☆

次の英文の(　　　)にあてはまる語をそれぞれ選べ。

(1) It is very kind (　　　) you to help me.

ア. for　イ. of　ウ. to　エ. about

(2) Hurry up, (　　　) you will miss the last train.

ア. and　イ. so　ウ. if　エ. or

(3) It is (　　　) of your business.

ア. none　イ. nothing　ウ. about　エ. such

(4) She (　　　) after poor children with kindness.

ア. takes　イ. goes　ウ. makes　エ. gets　オ. looks

(5) I spend very little money, so I am called an (　　　) person.

ア. economic　イ. economical　ウ. economist　エ. economy

オ. economized

11 ☆☆

次の英文の(　　　)にあてはまる語を書け。

(1) This photograph reminds me (　　　) my childhood.

(2) My father makes (　　　) a rule to get up at five every morning.

(3) I wonder (　　　) it will be fine tomorrow.

(4) Life is compared (　　　) a voyage.

(5) He went to school in (　　　) of his illness.

3 文法Ⅱ

●解答解説P281

●傾向と対策

重要度：C

並べ替え問題に対応するには，頻出構文をいくつか暗記することである。過去の出題例では，不定詞・分詞・動名詞などの準動詞に関連したものや，関係代名詞などの出題がみられる。

出題数はそう多くはないが，構文を知らなければ手も足も出ないし，構文を覚えることは即，他の分野にも役に立つので，おろそかにするわけにはいかない。

12 ☆

次の［　　］内の語を並べ替えて文を作れ。

(1) It is［use, over, crying, milk, no, spilt］.

(2) I know［long, girl, hair, whose, the, is］.

(3) ［wanted, come, you, earlier, to, I］.

(4) Do you know［back, will, when, be, he］?

(5) ［sing, heard, they, to, were］loudly last night.

13 ☆☆

次の［　　］内の語（句）を並べ替えて文を作れ。

(1) 最近の調査によると，学生は昔ほど本を読まない。

［ア．a　イ．students　ウ．according　エ．read　オ．survey
カ．to　キ．recent　ク．less］books.

(2) 年をとればとるほど慎重にならなければならない。

［ア．careful　イ．the　ウ．one　エ．ought　オ．the more
カ．he　キ．older　ク．gets］to be.

(3) 台風のせいで今日は出勤できなかった。

［ア．the　イ．work　ウ．typhoon　エ．me　オ．from
カ．to　キ．going　ク．prevented］today.

(4) 運動会は来週の日曜日に行われる予定だ。

［ア．be　イ．meeting　ウ．is　エ．the　オ．next　カ．held　キ．to　ク．athletic］Sunday.

(5) 毎朝散歩することにしている。

I［ア．a　イ．it　ウ．to　エ．a rule　オ．every　カ．take　キ．make　ク．walk］morning.

4 ことわざ

●解答解説P282

●傾向と対策

重要度：**B**

出題頻度はそれほど高くないが，知っていれば確実に点につながり，知らなければ手が出ない分野である。

出題傾向としては，英語のことわざと同じ意味をもつ日本語のことわざを選ぶものと，英語どうしで同様の意味をもつことわざを選ぶ，というものが主である。

英語の意味（和訳）と日本語のことわざを結びつけて理解し，さらに，同意・類意のことわざも意識して覚えていくとよいだろう。

14 ☆☆

次の各英文に対応する日本のことわざをア～キより選べ。

(1) The early bird catches the worm.

(2) When the cat's away, the mice will play.

(3) A joyful evening may follow a sorrowful morning.

(4) A wonder lasts but nine days.

(5) Too many cooks spoil the broth.

ア．人の噂も七十五日

イ．十人十色

ウ．早起きは三文の得

エ．鬼のいぬ間に洗たく

オ．船頭多くして船山に上る

カ．人間万事塞翁が馬

キ．九死に一生を得る

15 ☆☆

次のことわざに関する問いに答えよ。

(1) 次の（　　　）にあてはまることわざをア～オから選べ。

A：Did you hear that Reiko married that salesman after all ?

B：Really !? I can't believe it ! What made her choose such a man ?

A：Well, there is a saying that (　　　)

ア．Time and tide wait for no man.

イ．It is never too late to mend.

ウ．There is no accounting for tastes.

エ．Necessity is the mother of invention.

オ．Make hay while the sun shines.

(2) 次の a～e の英文が，それぞれの日本語のことわざを表すように，(　　　) にあてはまる語を入れよ。

a．When in Rome, do as the (　　　) do.　郷に入れば郷に従え。

b．Easy come, easy (　　　).　悪銭は身につかない。

c．Out of sight, out of (　　　).　去る者は日々に疎し。

d．Easier (　　　) than done.　言うは易く行うは難し。

e．There's (　　　) place like home.　我が家にまさる所なし。

5 会話

●解答解説P282～285

●傾向と対策

重要度：A

会話問題の出題パターンはほぼ定まっている。一連の流れの会話中の応答文を選ぶものがほとんどで，あとはまれに整序問題や，会話の内容について問う問題などがある。

解法のポイントは，会話の流れをいち早くつかむことが第一である。選択肢の英文の内容も，先に一通り把握しておくとよい。会話独特の表現もある程度知っておく必要がある。

応答文を選ぶ際には，前文で何を問うているか，後の文で何を答えているか，などを参考に，つじつまの合う会話を完成させること。

16 ☆☆

次の会話文の（　　）にあてはまる文をア～オから選べ。

(1) A：Do you mind my using the cellular phone here ?
B：(　　)

ア．Thank you.　イ．My pleasure.　ウ．Not at all.
エ．You're welcome.　オ．Yes, please.

(2) A：Why don't you join us ?
B：(　　), but I have to go now.

ア．Because I don't want to　イ．Yes, I do
ウ．Why, indeed　エ．I'd like to
オ．I'm afraid I can't

(3) A：I saw a hawk alive for the first time ! Have you ever seen (　　) ?
B：No, never.

ア．them　イ．it　ウ．hawk　エ．some　オ．one

(4) A：Is there anything I can do for you ?
B：(　　) Thanks, anyway.

ア．Yes, there is.　イ．Certainly.
ウ．Please do.　エ．I don't think there is.
オ．Will you lend me your ball-point pen?

(5) A : I don't care for greasy food.

B : (　　　) So why don't we go to a Japanese restaurant ?

ア. Yes, it's a greasy restaurant.　　イ. Me, too.

ウ. You should be careful about food.

エ. Where shall we have dinner ?　　オ. Neither do I.

17 ☆☆

AとBがほぼ同じ意味を表すように，あてはまる語を書け。

(1) A : That man is far from intellectual.

B : That man is (　　　) but intellectual.

(2) A : For all his wealth, he is unhappy.

B : He is unhappy (　　　) he is very wealthy.

(3) A : She not only cleaned up our room but prepared a meal for us.

B : (　　　) cleaning up our room, she prepared a meal for us.

(4) A : Your sister kindly drove me home.

B : It was kind (　　　) your sister to drive me home.

(5) A : What is the biggest city but two in Japan ?

B : What is the (　　　) biggest city in Japan ?

18 ☆

次の会話文の(　　　)にあてはまる文をア～カから選べ。

George : Hello, Susan.

Susan : Oh, hello, George. (1)

George : Fine, thank you. How are you ?

Susan : Very well, thank you.

George : (2)

Susan : No, I'm not.

George : John and I are going to see the movie this evening. Won't you come with us ?

Susan : (3) Where are you going to see it ?

George : (4) I'll come to your house at six if you like.

Susan : Good. (5)

George : About nine. I'll see you later, Susan.

ア．That's very nice.

イ．How are you ?

ウ．How do you do ?

エ．We are going to see it at the Yokohama Movie House.

オ．Are you busy today ?

カ．What time will it be over ?

19 ☆☆

Choose the appropriate answer to complete the dialogue.

(1) Does this bus go to Marunouchi ?

ア．Yes, you can.　イ．You're welcome.

ウ．No, thank you.　エ．No, but No. 52 does.

(2) Would you like to have a cup of tea ?

ア．Yes, let's.　イ．Yes, please.　ウ．You will.

エ．That's all right.

(3) What do you say when you're late for school ?

ア．I'm very sorry.　イ．Not at all.　ウ．Thank you.

エ．It's a nice day, isn't it ?

(4) What does a clerk usually say when you go into a store ?

ア．I'm fine, thank you.　イ．I'm sorry.　ウ．You're welcome.

エ．May I help you?

(5) Did you write the letter with a pen or a pencil ?

ア．I did.　イ．I wrote it with a pen.

ウ．Yes, I wrote it with a pencil.　エ．I did it with a pen.

20 ☆☆☆

次の英文はオフィスでの同僚同士の会話である。(　　　)にあてはまる文をそれぞれア～オから選べ。

A：Are you using your personal computer now ?

B：No, not particularly. Why do you ask ?

A：Well, (　1　) My personal computer is out of order.

B：That's too bad. (　2　)

A：I can't start it up. I have two reports to write today, so I will be totally stuck without a personal computer.

B：(　3　)

A：I have to submit both of the reports to the boss by four thirty.

B：(　4　) You should hurry. Here, take the personal computer now.

(1)　ア. because I want to clean up the whole office.
　イ. can I use it just for a while ?
　ウ. it looks like the one I want to buy.
　エ. I'm using it, too.
　オ. would you show me your desk ?

(2)　ア. You should take care.
　イ. The boss will be very angry with you.
　ウ. What can I do for you ?
　エ. Can you fix my personal computer ?
　オ. What's wrong with your personal computer ?

(3)　ア. Where are you stuck ?
　イ. When do you use my personal computer ?
　ウ. Do they want to see your reports ?
　エ. When are they due ?
　オ. I don't know how to write reports.

(4)　ア. Tell the boss about it.
　イ. There are only two hours left.
　ウ. I will return to the office at six.
　エ. Don't worry about your reports any more.
　オ. The boss and I will have dinner together.

21 ☆☆

次の会話文の(　　　)にあてはまる文をア～オから選べ。

(1)　A：Lend me a pen or a pencil.
　B：(　　　)
　A：Either will do.

ア. Do you have anything to write with ?
イ. Who will lend you the pencil ?
ウ. Which do you prefer, a pen or a pencil ?

エ．I cannot do without a pen.

オ．Sorry, I have neither.

(2) A：Don't be late for Ned's party tonight.

B：(　　　)

A：Next to the post office.

ア．I will post the letter for Ned.

イ．What time will the party begin ?

ウ．Who is Ned ?

エ．I just can't wait for the party !

オ．Where is Ned's house ?

(3) A：What's wrong with you ?

B：(　　　)

A：You should wear something warmer.

ア．I have nothing to wear.

イ．You look pale.

ウ．I'm feeling cold.

エ．Someone hit me on the head.

オ．Something is wrong with my cooler.

22 ☆☆☆

次の対話文中の(　　　)にあてはまる語句をそれぞれア～オから選べ。

(1) A：We're going to give a party at my place tonight. Won't you (　　　) us ?

B：That sounds great, but I'm expecting some friends tonight.

ア．come over　イ．gather with　ウ．join　エ．visit to

オ．welcome

(2) A：Where can I (　　　) you, Mr. Yamada ?

B：Please call me at 0427-78-8111.

ア．get　イ．keep　ウ．look　エ．refer to　オ．wait for

(3) A：We're (　　　) to meet at the front gate of our college at four o'clock tomorrow.

B：I see. I'll be there on time.

ア．assumed　イ．imagined　ウ．pretended　エ．supposed

オ．thought

(4) A：I'd like a drink. Have you got a bottle of beer ?
B：No, I'm afraid I haven't. I don't (　　　) for alcoholic drinks.
ア. care　イ. indulge　ウ. like　エ. look　オ. taste

(5) A：Excuse me. Could you tell me where the post office is ?
B：I'm sorry. I'm a (　　　) around here.
ア. dwueller　イ. neighbour　ウ. mailman　エ. policeman
オ. stranger

23 ☆☆

次の電話での会話文を読んで，あとの問いに答えよ。

Customer：Hello. Can I talk to Mr. Samson ?
Secretary：(　1　) May I ask you what you want him for ?
Customer：It's about the system he developed for our company last month.
Secretary：Samson's assistant, Edwin, also worked for your system. I think he can help you. (　2　)
Customer：Yes, please.

(1) (　1　)にあてはまる文をア～エから選べ。
ア. You have the wrong number.
イ. This is Samson speaking.
ウ. Sorry, but the line is busy.
エ. I'm afraid he is absent today.

(2) (　2　)にあてはまる文をア～エから選べ。
ア. He is on another line right now.
イ. Will you hold on a minute ?
ウ. Would you like to talk to him ?
エ. This is a message for Edwin.

24 ☆☆

Choose the appropriate answer to fill in the blanks of the dialogue.
Alice：Good morning, Paul. (　1　)

Paul ：I'm fine today, but I was sick yesterday. I was absent from school.

Alice：Oh, I didn't know that, because I had no class yesterday.

Paul ：(　2　)

Alice：I saw a play at the theater with Margaret.

Paul ：(　3　)

Alice：No. She didn't go with us, but we met her at the theater.

Paul ：(　4　)

Alice：At twelve thirty, and it ended at three thirty.

Paul ：(　5　)

Alice：It was excellent. We enjoyed it very much.

(1)　ア．How do you do ?
　　イ．How are you ?
　　ウ．How is the weather ?
　　エ．Can I help you ?

(2)　ア．Why didn't you go to school yesterday ?
　　イ．How did you go there yesterday ?
　　ウ．Where have you been ?
　　エ．What did you do yesterday ?

(3)　ア．Did you go there by bus ?
　　イ．Did Margaret go with you ?
　　ウ．Did you meet Margaret in the theater ?
　　エ．Who did you go to the theater with ?

(4)　ア．How much did you pay ?
　　イ．How long did it take you to go there ?
　　ウ．When did the play begin ?
　　エ．How did you find it ?

(5)　ア．How was the play ?
　　イ．How about going to the theater ?
　　ウ．How were the players ?
　　エ．Who enjoyed the play most ?

25 ☆☆

次の会話文の(　　　)にあてはまる文を①～⑤から選べ。

A：It was very nice of your family to come and meet me. Thank you very much.

B：（　1　）They were happy to come.

A：I'm sorry I brought so many bags with me. That's why we all couldn't get into the car.

B：（　2　）I wanted to ride the monorail anyway.

A：My guitar was the biggest problem. It took almost as much as a man.

B：Perhaps so, but（　3　）I can hardly wait to hear you play.

A：Don't build up your hopes.（　4　）

① Don't worry about it.

② I'm not so good.

③ Not at all.

④ Sorry to have kept you waiting.

⑤ I'm glad you brought it along.

26 ☆☆

次の会話文を読んで，あとの問いに答えよ。

A：（　1　）I love it. You look very charming in it.

B：I'm glad you like it. I got it through an online auction.

A：（　2　）I can't find anything I like at online auctions.

B：I was lucky, that's all.

(1)　（　1　）にあてはまる文をア～オから選べ。

ア. How do you like that dress ?

イ. This dress is a present for you.

ウ. Where did you buy that dress ?

エ. The dress looks like it.

オ. I got this dress through an online auction.

(2)　（　2　）にあてはまる文をア～オから選べ。

ア. I have no access to the Internet.

イ. Please tell me what an online auction is.

ウ. Do you think it also looks good on me ?

エ. I envy you.

オ. Maybe it's expensive.

6 英文読解

●解答解説P 286～291

●傾向と対策　重要度：A

英文読解の問題においては，文法・発音が多少含まれる場合もあるが，内容に関する出題がかなりの割合を占めている。形式は，選択問題や内容に関する英語の質問に日本語で答えるもの，英文にタイトルをつけるものなどがある。

英文は，日常的なテーマで散文調のものが多くみられ，長さは10行程度である。数多くの他の科目の問題もある中で，ゆっくり読んでいる時間はない。ここでは，まとまった分量の英文の内容をできるだけはやくつかめるようになろう。

27 ☆☆

段落A～Dを正しい順番に並べ替えたものを①～⑤から選べ。

A．Moreover, the national government takes various measures to protect cultural properties by providing subsidies for preservation, repairing, or building disaster-proof facilities.

B．They are invaluable assets for the people of Japan.

C．Throughout our long history until the present day, cultural properties have been created, fostered, and passed down.

D．Under the Law for the Protection of Cultural Properties, the national government thus designates, selects, and registers the most important cultural properties as National Treasures, Important Cultural Properties, Historic Sites, etc. and imposes restrictions on exports and activities that alter their existing state.

① ABCD　② ACDB　③ CBDA　④ DBCA　⑤ DCAB

28 ☆☆

次の英文が説明する語句をそれぞれア～オから選べ。

(1) This is a Japanese-made cushion used when sitting on *tatami*. Square in

shape, it is just large enough for one person. It is usually filled with cotton. Its covering is finished in cloth with all sorts of patterns and pictures.

ア．座椅子　　イ．ふとん　　ウ．枕　　エ．はんてん　　オ．座布団

(2) This is a wooden toy consisting of a wooden stick with one end sharpened, the other end shaped like a dish, and a ball with a hole in it connected to the stick by string. The object is to balance the ball on the dish part and to stick it on the sharp end of the stick. Since the Taisho Period, the shaft has been cross-shaped and has three dish parts in total.

ア．だるま落とし　　イ．竹馬　　ウ．けん玉　　エ．こけし
オ．羽子板

(3) This is a set of two round, flat rice cakes, one large, one small, about 10 − 20 cm in size stack on a stand. At New Year, it is displayed in the alcove and offered to the Shinto and Buddhist deities. Originally it is regarded as a worship offering to the "year-god" (***toshigami***).

ア．お好み焼き　　イ．せんべい　　ウ．雑煮　　エ．紅白まんじゅう
オ．鏡餅

(4) This is the day when the sun reaches the vernal equinox, and the length of the day and night is equal. In Japan, it is designated as a national holiday for venerating nature and cherishing living things. This day, with the three days immediately before and after it, constitutes the period called the spring equinoctial week.

ア．元日　　イ．建国記念の日　　ウ．春分の日　　エ．みどりの日
オ．秋分の日

(5) This is a miniaturized potted plant and tree for aesthetic appreciation and is an art form unique to Japan. The pine tree is cited as typical, but all sorts of other plants and trees are nurtured. The branches are diligently pruned and wire is sometimes wrapped around the trunk and branches to shape them to the desired configuration.

ア．日本庭園　　イ．盆栽　　ウ．生け花　　エ．山水画　　オ．林業

29 ☆☆

次の英文を読んで，あとの問いに答えよ。

More than 40 percent of Americans consider themselves shy. Shyness is very common in children, teens, and adults.

Overcoming shyness takes time and effort, says Renee Gilbert, a psychologist and shyness expert. Taking small steps is the key to becoming more and more comfortable in new social situations. She says it worked for her.

"When I started to get (A) being shy, I decided to do little steps at a time," Gilbert says, recalling the small steps she took years ago, including (B) smiling and saying hi to people. Once she became comfortable with that, she took a step toward her next goal : striking up conversations with clerks in grocery stores.

"I set new goals as New Year's (C) each year and raised the bar every year," Gilbert says. "Shyness is not the sort of thing that most people overcome overnight. Take baby steps, and if you're not succeeding, just make your steps smaller, and try again."

(1) (A)～(C)に入る最も適切な語をア～カから選べ。ただし，同じ語を2度以上用いてはならない。

ア．practicing　イ．denying　ウ．up

エ．over　オ．resolutions　カ．presents

(2) 英文の内容と一致するものをア～オから1つ選べ。

ア．アメリカ人は外交的なので，人見知りを恥とみなす傾向がある。

イ．人見知りを克服するには，今までと変わった環境に身を置いてみるとよい。

ウ．Gilbertは，あまりに人見知りだったので，食料品店へ買物に行くこともできなかった。

エ．Gilbertは毎年少しずつ高い目標を設定して，人見知りを克服した。

オ．ほとんどの人は人見知りの克服をあきらめてしまう。

30 ☆☆

次の英文を読んで，あとの問いに答えよ。

Newspapermen 〔as, are, they, exactly, tell, proud, facts, to, the〕 happened. The importance of writing only what is true is something they have learned from the beginning. For this reason, very often a newspaperman will study a story several times before he writes it in his newspaper as being true.

To do all this, a person must be able not only to write well, but also he must love his job. There are, however, many good reasons for being a journalist.

(1) 下線部の語を並べ替えて，意味の通る文にせよ。

(2) 上の文の内容と一致するものをア～オから選べ。

ア. 新聞記者の使命は事実を徹底的に調査し，正確に報道することである。

イ. 新聞記者に必要なのは仕事を愛することであって，文章がうまいことではない。

ウ. 新聞記者は，初めに教えてもらった通りにすれば，重要なことが書ける。

エ. 新聞記者が初めに教えてもらうのは，本当のことだけを書くのでは十分ではないということである。

オ. ジャーナリストになるとたくさん良いことがあるので，必ず仕事が好きになる。

31 ☆☆

次の英文を読んで，あとの問いに答えよ。

The saltiness of ocean water comes from the minerals in it.

As streams flow over the land surface, they take out some of its minerals. The one that comes out most easily is salt (sodium chloride). Streams also pick up compounds of magnesium, calcium, and potassium. When water from the land finally flows into the ocean, it carries these minerals with it. But when the water evaporates, it leaves the minerals behind. About 75 percent of the mineral material is salt. And so the ocean becomes saltier all the time.

Scientists estimate that there are enough minerals in the ocean to make a solid layer nearly 65 meters (185 feet) thick over the entire seafloor.

(問) 上の文で，海水が塩からいことの原因とされているのは，次のうちどれか。

ア. 川の流れが地表から最も吸収し易い鉱物質が塩分で，水が流れるにつれてその塩分濃度が次第に上がっていくからである。

イ. 川の流れが地表から吸収する塩分は，海では水が蒸発しても海水中に残るからである。

ウ. 地表や海底に含まれる鉱物質の 75 パーセントが塩分だからである。

エ. 水は地表から塩分以外の鉱物質も吸収するが，それらは皆海岸に厚い層となって堆積してしまい，塩分ほど海水に溶けないからである。

オ. 科学者の計算によると，海水中の塩分は海底で 65 平方メートル分の堆積となるほどもあるからである。

32 ☆☆

次の英文を読んで，あとの問いに答えよ。

Early one morning, an old woman was walking up a narrow and steep mountain road. She had a big basket full of potatoes on her back. She was going to sell them in the town.

Suddenly a man on a bicycle came toward her. On seeing her, the man got off and walked the bicycle, in order to let her pass. She stopped to say, "Thank you" to him, and saw a wallet on the road. "□" She shouted to the man, and when he came back, she handed the wallet to him. "You dropped this, didn't you ?" "Oh, it is very kind of you !" They parted cheerfully.

After several minutes, a girl on a motorbike came toward her. The girl ran so fast that the old woman had to jump to one side of the road. Almost all the potatoes fell down on the road.

The old woman shouted to the girl, "□" The girl came back and said,"Oh, thank you. What did I drop ? My money or what ?" The old woman said, "Yes. You dropped a heart to others."

(1) □に共通して入る適切な文をア～オから選べ。

ア．Be careful !

イ．Watch your step !

ウ．Come back !

エ．What did you drop ?

オ．Where are you going ?

(2) 本文の内容と一致するものをア～オから選べ。

ア．老女は町でじゃがいもを買ってきた。

イ．山道は危険なので男は自転車から降りた。

ウ．老女は少女の落とした財布を拾ってやった。

エ．男は老女にじゃがいもをもらった。

オ．老女は少女の思いやりのなさを非難した。

33 ☆☆

空欄にあてはまる語をア～クから選べ。

Learning to play music is linked to improved academic test scores. More than 200 second graders were studied. Some were trained on piano keyboard and math software. Others used only the software. After six months, the piano players scored higher on math tests. It seems that making music taps into parts of the brain (1) with reasoning, say researchers.

Musical middle and high school students score well too. The College Entrance Examination Board (2) students having no music background with student musicians. Students in music programs scored 63 points higher on verbal and 44 points higher on math.

UCLA examined the test scores of 25,000 students in grades 8 to 12 over a period of 10 years. Researchers (3) that students with a high interest in instrumental music scored higher in math knowhow than did others.

ア．involved	イ．located	ウ．caught	エ．compared
オ．used	カ．found	キ．employed	ク．studied

34 ☆☆☆

次の英文の空欄にあてはまる語をア～ソから選べ。

The relationship between employer and employee is filled with the same spirit of indifference. The word "employer" contains the whole story: the owner of capital employs another human being as he "(①)" a machine. They both use each other for the (②) of their economic interests; their relationship is one in which both are (③) to an end. It is not a relationship of two human beings who have any interest in the other outside of this mutual usefulness. The same instrumentality is the rule in the (④) between the businessman and his customer. The customer is an object to be manipulated,not a concrete (⑤) whose aims the businessman is interested to satisfy. The attitude toward work has the quality of instrumentality; the modern manufacturer is not primarily interested in what he produces; he produces essentially in order to make a (⑥) from his capital investment, and what he produces depends essentially on the market which promises that the investment of capital in a certain branch will prove to be profitable.

（Erich Fromm 著 "Escape from Freedom" より抜粋・一部改）

ア．profit	イ．loss	ウ．economy	エ．pursuit
オ．attitudes	カ．tool	キ．means	ク．relationship
ケ．risk	コ．instrument	サ．buys	シ．employs
ス．produces	セ．difference	ソ．person	

35 ☆☆

次の英文を読んで，あとの問いに答えよ。

The system of higher education in the United States differs from $_{\text{A}}$its counterparts in Europe in certain ways. In the United States, there is a nationwide assumption that students who have completed secondary school should have at least two years of university education. Hence, a great number of “junior colleges” and “community colleges” have $_{\text{B}}$sprung up to provide two years of undergraduate study, in contrast to the traditional universities and colleges, where a majority of students complete four years of study for a degree.

Universities that provide four-year study courses are either privately funded foundations or are state or city foundations $_{\text{C}}$(heavily, support, for, on, depend, government, that, the, financial). Private universities and colleges are funded largely by tuition charges levied on students. The individual state governments fund the nation’s highly developed system of state universities, which ensure the provision of higher education for the vast majority of those willing and academically qualified to receive such education.

(1) 下線部Aは何を指すか。日本語で答えよ。

(2) 下線部Bを書き換えたものとして最も適切なものをア～オから選べ。

ア．grown　　イ．been prohibited　　ウ．given up
エ．come into existence　　オ．flourished

(3) 下線部Cが「財政支援を政府に大きく依存している」の意味になるように（　　）内の語を並べ替えたとき，6番目にくる語は何か書け。

(4) 英文の内容と一致するものをア～オから1つ選べ。

ア．米国では，中等教育を修了してから大学へ進学するかどうかは州によって異なる。

イ．昔は二年制のコミュニティカレッジが一般的だったが，四年制の大学も増えてきている。

ウ．四年制大学の大部分は公立であり，国の費用で運営されている。

エ．私立大学も国の支援を受けているので，学生から授業料を取らない。

オ．米国では州立大学が発達しており，多くの学生に高等教育を提供している。

36 ☆☆

Read the following and answer the questions.

Japanese food is popular now in the United States. Most major American cities have several Japanese restaurants. ***Sushi*** is especially popular, particularly on the coasts, where seafood is fresh and plentiful. Americans are attracted not only to the colorful combinations of the ***sushi***, (　1　) also to the lively atmosphere created by the sushimen, who greet customers by calling out '***Ira-shaimase*** !'

Besides ***sushi***, many Americans also enjoy other Japanese dishes. They like, (　2　), ***soba***, ***sukiyaki***, and ***tempura***. Most recently, Americans have even adopted ***tofu***. ***Tofu*** is very popular among the health conscious, who eat ***tofu*** ice cream and ***tofu***-burgers. If you have a chance, you should try a ***tofu***-burger. It is very different.

(1) Choose the appropriate mark to fill in the blank (　1　).

ア. and　　イ. but　　ウ. then　　エ. or

(2) Choose the appropriate mark to fill in the blank (　2　).

ア. however　　イ. therefore　　ウ. as usual　　エ. for instance

(3) Choose the appropriate mark for the title of the article above.

ア. ***Sushi*** restaurants in America.

イ. Japanese food in America.

ウ. ***Tofu*** is good for health.

エ. Japanese food and American food.

(4) Why is ***Sushi*** popular on the coasts ? Answer in Japanese.

(5) (ア) What does It mean and (イ) from what is It different ? Answer in Japanese.

37 ☆☆

次の文章を読んで，あとの各問いに答えよ。

Some people think they have an answer to the problems of automobile crowding and air pollution in large cities. Their answer is the bicycle, or "bike".

In a great many cities, hundreds of people ride bicycles to work every day. In New York City, some bike riders have even formed a group called Bike for a Better City. (a) They say that if more people ride bicycles to work, there will be fewer automobiles in the center of the city, and then less dirty air from car engines. For several years (b) this group has been asking the city government to help bicycle riders. For example, they want the city to paint special lanes — for bicycles only – on some of the main streets because when bicycle riders must use the same lanes as cars, there may be accidents. Bike for a Better City feels if there are special lanes, more people will use bikes.

(1) 下線部(a), (b)はそれぞれ何を指すか。本文中の語句で答えよ。

(2) Bike for a Better City とは何を求める人の集まりであるのか，日本語で答えよ。

(3) Bike for a Better City の人達は，(ア)ニューヨーク市に具体的には何を求めているのか，また，(イ)それはなぜか。

38 ☆☆

次の英文のテーマを表しているものを①～⑤から選べ。

What do you do if you would like to try a homestay overseas to improve your foreign-language skills and experience a different culture, but you lack time and money ? One answer may be to do a similar program without ever leaving Japan — an option offered by a growing number of organizations.

In August last year, Remi Kusakari enjoyed a three-day homestay program with one of her friends at an American family's home in Atsugi, Kanagawa Prefecture.

"Although I was still in Japan, I was able to lead a genuine American life,"the 21-year-old unemployed woman recalled.

"We had fun watching a U. S. movie while eating popcorn and discussing each other's lifestyles until late at night", Kusakari said. "We laughed all day long during the three-day stay."

The language school arranges homestay programs mainly with American families living in Tokyo and Kanagawa Prefecture. "By staying with native-speaking instructors, participants can learn about eating habits, culture and customs. Even over such short periods, they can have a meaningful cross-cultural exchange," said L. E. C. President Yuri Aoki.

① 海外でのホームステイ

② 外国人との交流

③　新しい英語の学習法
④　日本国内でのホームステイ・プログラム
⑤　在日米国人のライフスタイル

39 ☆☆

次の文章を読んで，あとの問いに答えよ。

A good dictionary is a guide to usage just like a good map tells you the nature of the terrain over which you may want to travel. It is not the function of the dictionary-maker to tell you how to speak, any more than it is the function of the map-maker to move rivers or rearrange mountains or fill in lakes. A dictionary should tell you what is commonly accepted usage and wherein different classes of speakers or regions differ in their use of the language.

(問) この文にタイトルをつけるとしたらどれがよいか選べ。
①　The Difference between a Map and a Dictionary
②　The Function of a Dictionary
③　The Usage of a Language
④　A Good Map and a Good Dictionary
⑤　How to make a Dictionary

40 ☆☆☆

次の英文を読んで，あとの問いに答えよ。

Most geographers estimate that $_{A}$Everest is growing at a half centimeter per year due to the plate collision that has been occurring for the last 40 to 50 million years as the Indian plate pushes into the Eurasian plate. But in 2015 a $_{B}$devastating earthquake struck the region, and ever since then geographers have been intrigued by the possibility that the mountain's height has changed by several centimeters or more, a notable amount in geologic terms. A slightly more powerful earthquake hit the region in 1934 and is believed (　C　) the mountain by nearly two feet. Additionally, there is the $_{D}$persistent question of whether to include the fluctuating blanket of snow and ice—which can add 10 feet or more to the mountain's elevation—or just to (　E　).

(1)　下線部Aを和訳せよ。

(2) 下線部B，Dとほぼ同じ意味の語を，ア～コから選べ。

ア．small　イ．infinite　ウ．strong　エ．continuing
オ．unexpected　カ．interesting　キ．destructive　ク．difficult
ケ．widespread　コ．expanded

(3) （　C　）にあてはまる語句をア～オから選べ。

ア．that it lowered　イ．to lower　ウ．lowered
エ．for lowering　オ．to have lowered

(4) （　E　）が「雪や氷の下にある岩の最高点までを測定する」という意味になるよう，次の単語を適切に並べ替えよ。

the, and, up, point, measure, rock, ice, highest, of, beneath, to, snow

4
音楽
Open Sesame

1 音楽一般

●解答解説P292

●傾向と対策

重要度：**C**

楽典は，強弱記号，音符や休符の長さ，速度記号，演奏順序を表す記号，調号など，小学校，中学校で習ってきた程度の知識を問う問題が出題されやすい。舞曲の種類，オーケストラの楽器分類に関することも出題されている。民族音楽や音楽史にも関連するので，基礎知識として覚えよう。

1 ☆

次の楽譜は何調か選べ。

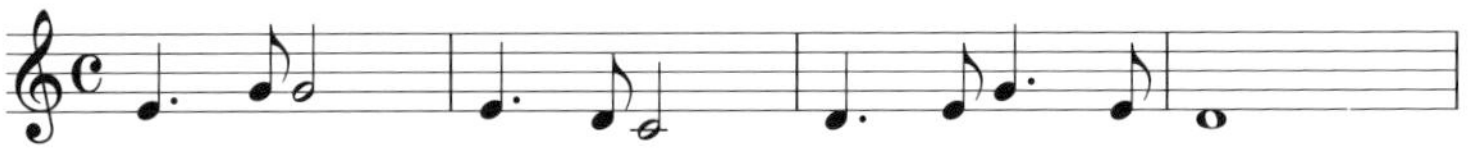

①　ハ長調　　②　ニ長調　　③　ホ長調　　④　ヘ長調　　⑤　ト長調

2 ☆

次の音楽用語（記号）とその意味の組み合わせとして，正しいものをすべて選べ。

①　Moderato　―― 中ぐらいの速さで
②　ritardando　―― だんだん速く
③　***mf***　―― 少し強く
④　*D.C.*　―― 𝄋にもどる
⑤　>　―― だんだん弱く

3 ☆

次の舞曲に関する記述として，正しいものを選べ。

①　メヌエットは，フランスに起こった3拍子の中ぐらいのテンポの舞曲である。
②　ポロネーズは，ドイツやオーストリアに起こった4拍子の速いテンポの舞

曲である。

③　ボレロは，フランスに起こった2拍子の中ぐらいのテンポの舞曲である。

④　ポルカは，イタリアに起こった3拍子の緩やかなテンポの舞曲である。

⑤　ワルツは，ポーランドに起こった4拍子の自由なテンポの舞曲である。

4 ☆☆

次の文は，それぞれ何について述べてあるか選べ。

ア．死者の冥福を祈るために歌われる礼拝用の音楽で，カトリック教会のミサ曲の一種である。

イ．元来夕暮れに窓辺で，思慕する恋人や貴人のために演奏される声楽曲，および器楽曲である。

ウ．複数の楽章で構成され，オーケストラで演奏される楽曲である。ソナタ形式の楽章を含むことが多い。

エ．物語的な内容をもち，速度や曲想の変化の激しいものが多い器楽曲であり，狂詩曲とも訳される。

オ．歌曲のような様式をもつロマン派のピアノ曲である。

①　交響曲　　②　レクイエム　　③　ラプソディ

④　無言歌　　⑤　セレナード

5 ☆☆

次の木管楽器・金管楽器・弦楽器・打楽器の組み合わせとして，正しいものを選べ。

	木管楽器	金管楽器	弦楽器	打楽器
①	ピッコロ	フルート	ヴィオラ	ティンパニ
②	テューバ	トロンボーン	チェロ	マリンバ
③	オーボエ	ユーフォニューム	チェンバロ	シンバル
④	イングリッシュ・ホルン	ホルン	コントラバス	ハープ
⑤	クラリネット	トランペット	ヴァイオリン	ヴィブラフォン

6 ☆

混声四部合唱で歌うとき，声の種類を音域の高い順に並べよ。

①　ソプラノ　　②　バス　　③　テノール　　④　アルト

2 民族音楽

●解答解説P293

●傾向と対策

重要度：C

日本の郷土の伝統音楽の出題は少ないが，受験する県の民謡と民俗芸能（祭りなど）は必ず押さえておくこと。また，世界の諸民族の音楽においては，代表的な音楽，楽器とその地域をもう一度確認し，学習しておこう。

7 ☆

次の日本の民謡と都道府県名の組み合わせとして，誤っているものを選べ。

① 『ソーラン節』 —— 北海道
② 『よさこい節』 —— 高知県
③ 『斎太郎節』 —— 宮城県
④ 『五木の子守歌』 —— 沖縄県
⑤ 『貝殻節』 —— 鳥取県

8 ☆☆

次の楽器名をそれぞれ選べ。

ア．

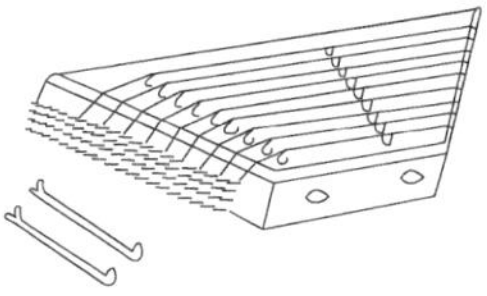

イ．

ウ．

エ.
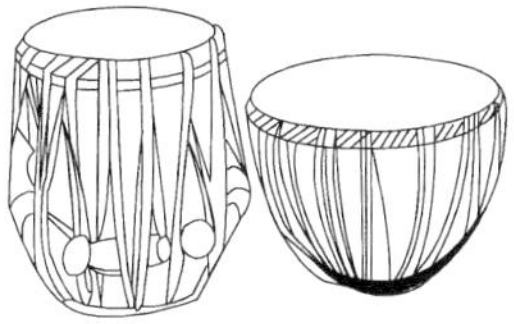

オ.
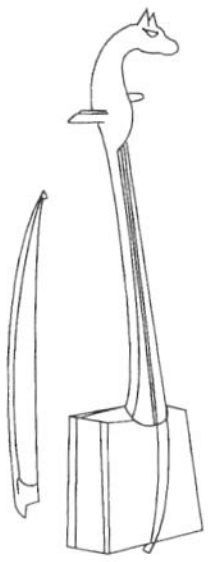

① タブラー・バーヤ　② サントゥール　③ 馬頭琴
④ シタール　⑤ ウード

9 ☆☆

次の世界の音楽に関する記述ア～オと名称 A～E の組み合わせとして，適切なものを選べ。

ア．アルゼンチンのブエノスアイレスで形成された舞踊音楽で，キューバのハバネラやスペインの舞曲などが混じり合った2拍子のリズムが特徴である。

イ．ヨーロッパのアルプス地方やチロル地方で発達した独特な歌唱法や民謡で，歌詞は〝ヨールレイホー〟など響きやすい言葉が多い。

ウ．アメリカ南部のアフリカ系アメリカ人の生活から生まれた音楽で，後のジャズやロックの基盤となった。歌詞は主に恋愛や苦悩を歌っている。

エ．スペイン南部のアンダルシア地方の歌と踊りとギターが一体となった音楽で，手拍子や掛け声を伴いながら行う。

オ．フランス語による世俗歌曲で，パリを中心とした文芸酒場などで歌われたものが発展した。歌詞が物語になっていることが特徴である。

A．ブルース　B．タンゴ　C．ヨーデル
D．シャンソン　E．フラメンコ

① ア－B　イ－C　ウ－A　エ－E　オ－D
② ア－B　イ－E　ウ－C　エ－D　オ－A
③ ア－C　イ－D　ウ－B　エ－E　オ－A
④ ア－C　イ－A　ウ－E　エ－D　オ－B
⑤ ア－C　イ－E　ウ－A　エ－B　オ－D

3 西洋音楽史

●解答解説P293～294

●傾向と対策

重要度：**B**

音楽の問題の大半が西洋音楽史からの出題であり，そのほとんどがバロックからロマン派の音楽の中から出題されている。まず，バロック→古典派→ロマン派の流れをつかむこと。そして，後期ロマン派の時代に現れた国民楽派，さらに印象派の特徴をつかむこと。また，各時代様式の作曲家と代表作を覚えることが最も重要である。

10 ☆

次のうち，音楽史上古典派に属する作曲家を3人選べ。

① モーツァルト　② ショパン　③ ヴィヴァルディ
④ リスト　⑤ ベートーヴェン　⑥ J.S.バッハ
⑦ シューベルト　⑧ ハイドン

11 ☆☆

次の作曲家ア～オを古い時代順に並べたものとして，正しいものを選べ。

ア．ドビュッシー
イ．ベートーヴェン
ウ．ヘンデル
エ．ワーグナー
オ．チャイコフスキー

① イ→ウ→ア→エ→オ
② イ→ウ→オ→エ→ア
③ ウ→イ→ア→オ→エ
④ ウ→イ→エ→ア→オ
⑤ ウ→イ→エ→オ→ア

12 ☆☆

次の作曲家とその出身国，代表作品の組み合わせとして，正しいものを選べ。

① シューベルト —— オーストリア —— 歌曲『魔王』
② グリーグ —— ノルウェー —— 交響詩『フィンランディア』
③ ヴェルディ —— イタリア —— オペラ『蝶々夫人』
④ ブラームス —— ドイツ —— 楽劇『トリスタンとイゾルデ』
⑤ ウェーバー —— フランス —— オペラ『魔弾の射手』

13 ☆

次の作品名ア～オと作曲家 A～E の組み合わせとして，正しいものを選べ。

ア．オペラ『フィガロの結婚』
イ．ピアノ組曲『展覧会の絵』
ウ．オラトリオ『救世主《メサイア》』
エ．交響曲第6番『田園』
オ．バレエ音楽『火の鳥』

A．ベートーヴェン
B．モーツァルト
C．ストラヴィンスキー
D．ヘンデル
E．ムソルグスキー

① ア－B　イ－C　ウ－D　エ－E　オ－A
② ア－B　イ－E　ウ－A　エ－D　オ－C
③ ア－B　イ－E　ウ－D　エ－A　オ－C
④ ア－D　イ－E　ウ－B　エ－A　オ－C
⑤ ア－E　イ－B　ウ－D　エ－A　オ－C

14 ☆

次の楽譜の旋律が含まれている作品名を選べ。

① 交響詩『前奏曲』
② オペラ『ウィリアム・テル』
③ 管弦楽組曲『アルルの女』
④ 管弦楽曲『ボレロ』
⑤ 協奏曲集『和声と創意の試み』

15 ☆

次の楽譜の作品名を選べ。

① 交響曲第1番『巨人』
② 交響曲第5番『運命』
③ 交響曲第6番『悲愴』
④ 交響曲第9番『新世界より』
⑤ 交響曲第94番『驚愕』

16 ☆☆

次の記述に適する作曲家をそれぞれ選べ。

ア．オーストリアの作曲家で，古典派を代表する音楽家のひとりである。幼い頃から優れた音楽的才能を示し，「神童」とよばれる。代表作には，オペラ『魔笛』，セレナード『アイネ・クライネ・ナハトムジーク』などがある。

イ．フランスの作曲家で，進歩的な画家や詩人などの影響を受け，音楽における印象主義という新しい技法を創始，確立した。代表作には，交響詩『海』，管弦楽曲『牧神の午後への前奏曲』などがある。

ウ．ポーランド出身のロマン派を代表する作曲家である。幻想や憂愁などの詩情をピアノで表現し，数多くのピアノ曲を作り，「ピアノの詩人」とよばれる。代表作には，ピアノ曲『小犬のワルツ』『英雄ポロネーズ』などがある。

エ．ドイツの作曲家で，バロック音楽を集大成したことから「音楽の父」とよばれる。各地の教会や宮廷に勤め，教会音楽と器楽曲を数多く残した。代表作には，『小フーガ ト短調』『ブランデンブルク協奏曲』などがある。

オ．ロシアの作曲家で，ロマン派を代表する音楽家のひとりである。ロシア的な要素を取り入れながらも，西欧的な作風を反映させた。代表作には，バレエ音楽『白鳥の湖』，交響曲第6番『悲愴』などがある。

① ショパン　② モーツァルト　③ J.S.バッハ
④ チャイコフスキー　⑤ ドビュッシー

17 ☆☆

次の作曲家に関する記述として，誤っているものを選べ。

① ヴィヴァルディは，バロックを代表する作楽家である。

② ベートーヴェンもドヴォルザークも，ともに9曲の交響曲を作曲した。

③ ハイドンは，オーストリアの作曲家で，生涯に交響曲を100曲以上作曲し，「交響曲の父」とよばれる。

④ Ｊ.Ｓ.バッハとヘンデルは，同じ年に生まれた作曲家である。

⑤ チャイコフスキーは，ロシア五人組とよばれる作曲家たちのひとりである。

18 ☆☆☆

次の西洋音楽史に関する記述と各時代（様式）の組み合わせとして，正しいものを選べ。

ア．ソナタ形式が確立され，交響曲や協奏曲，ソナタなどの作品が多く書かれた。

イ．電子楽器が考案され音素材が多様化し，新しい音楽を作る傾向が強くなった。

ウ．リラ，キタラという弦楽器や，アウロスという管楽器が用いられていた。

エ．主観的な感情表現を重視するようになり，無言歌などのピアノ曲や交響詩などの標題音楽が盛んになった。

オ．多声音楽が高度に発展し，オペラやオラトリオという劇音楽が生まれた。

A．古代・中世　B．バロック　C．古典派

D．ロマン派　E．近代・現代

	ア	イ	ウ	エ	オ
①	A	E	B	D	C
②	B	E	C	D	A
③	C	E	A	D	B
④	D	C	B	E	A
⑤	E	C	A	B	D

4 日本音楽史

●解答解説P295

●傾向と対策

重要度：B

日本音楽史は，日本の歴史と深く関わっている。大陸音楽の伝来と日本化，日本の音楽の発達の流れは，その時代背景とともに押さえておくこと。明治以降の音楽については，教科書で取り上げられている曲を中心に，作曲者と代表作を覚えておこう。

19 ☆☆

次の文は，日本の音楽についてである。空欄にあてはまる語句を選べ。

日本の音楽の歴史は，（　A　）が中国大陸から朝鮮半島を経て渡ってきた頃からはっきり歴史に残るようになった。室町時代には，観阿弥・世阿弥父子によって（　B　）が大成された。江戸時代になると，町人の文化が栄え，箏曲や（　C　）などが隆盛した。（　C　）と演劇，舞踊が結びついたものが（　D　）である。明治時代になると，文明開化とともに西洋音楽が移入され，大正時代の初めには（　E　）が日本初の交響楽団の設立に力を注ぎ，我が国の音楽を発展させた。今日様々な音楽が聴かれるが，伝統の継承とともに新しい動きも生じている。

①　宮城道雄　②　能楽　③　三味線音楽　④　山田耕筰
⑤　雅楽　⑥　歌舞伎　⑦　尺八音楽　⑧　舞楽

20 ☆☆

次の各問いに答えよ。

(1) 「義太夫節」に用いられる楽器を選べ。

①
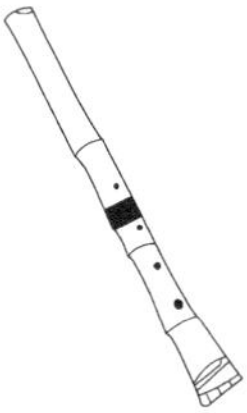
②
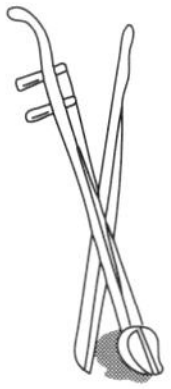
③
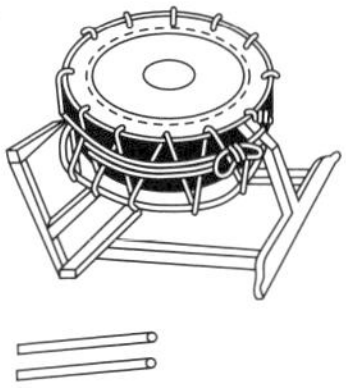

④
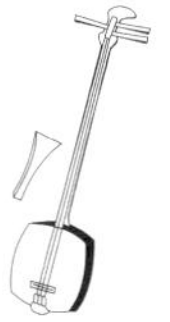
⑤
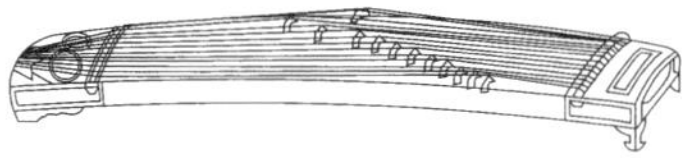

(2) 『平家物語』を語る音楽で，伴奏として使用する楽器を選べ。

①
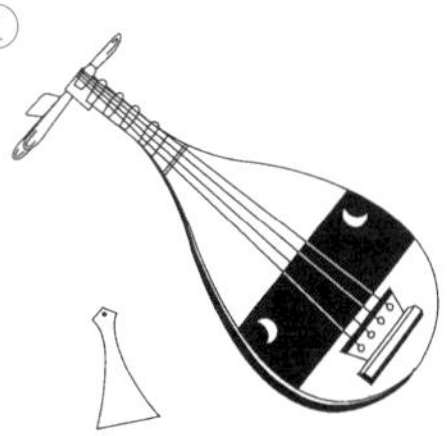
②

③
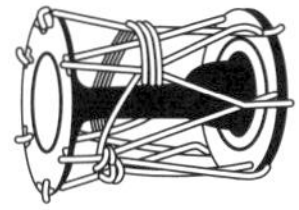

④
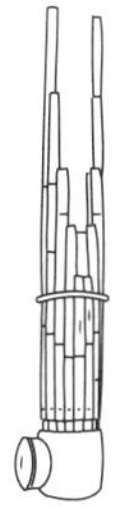
⑤
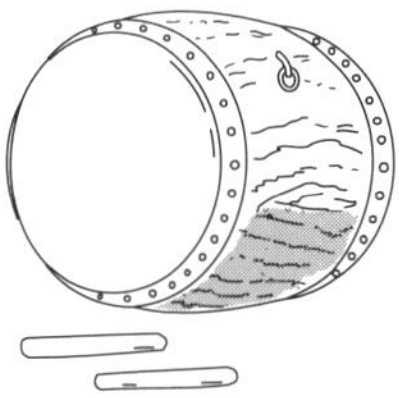

21 ☆

次の作曲者と作品の組み合わせとして，誤っているものを選べ。

① 中山晋平 —— 『カチューシャの唄』

② 宮城道雄 —— 『春の海』

③ 成田為三 —— 『からたちの花』

④ 下総皖一 —— 『かくれんぼ』

⑤ 武満徹 —— 『ノヴェンバー・ステップス』

22 ☆☆

次の組み合わせのうち，誤っているものをすべて選べ。

① この曲は，江間章子作詞，團伊玖磨作曲である。

② この曲の作曲者は，滝廉太郎である。

③ この曲の作曲者は，『おぼろ月夜』，『春がきた』も作曲している。

④ この曲の作曲者と同じ時代にヨーロッパではモーツァルトが活躍した。

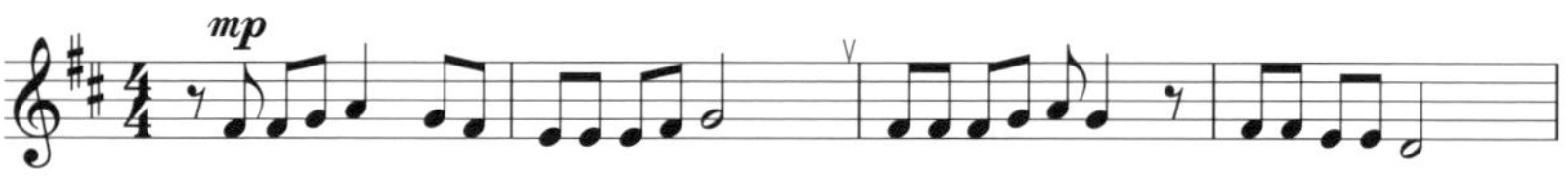

⑤ この曲は，島崎藤村の詩をもとに作曲された。

5 総合

●解答解説P296

●傾向と対策

重要度：B

本試験においては，大問として楽典や音楽史などが総合的に出題される場合が多くみられる。ここでは，そうした出題形式に慣れておこう。

23 ☆

次の各問いに答えよ。

(1) 次のリズム譜の空欄に，拍子に合うように音符を1つ入れる場合，正しいものを選べ。

① 8分音符　② 付点8分音符　③ 4分音符
④ 付点4分音符　⑤ 16分音符

(2) 次の楽譜を演奏すると何小節になるか選べ。

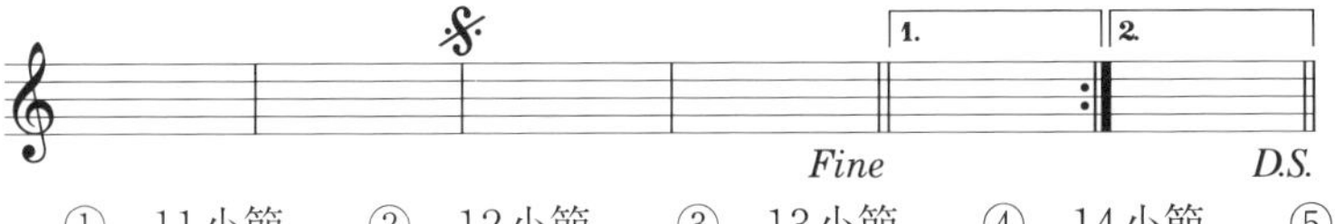

① 11小節　② 12小節　③ 13小節　④ 14小節　⑤ 15小節

(3) 次の調号でつくられる長調を選べ。

① ハ長調　② ニ長調　③ ホ長調　④ ヘ長調　⑤ ト長調

24 ☆

次の楽譜を見て，各問いに答えよ。

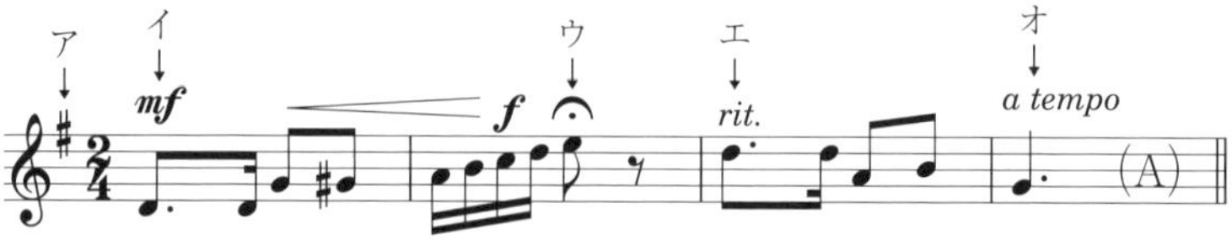

(1) ア～オの記号の名称（読み方）と意味をそれぞれ選べ。

① フェルマータ　② だんだん遅く　③ シャープ
④ 少し強く　⑤ もとの速さで　⑥ ア・テンポ
⑦ 半音上げる　⑧ メッゾ・フォルテ　⑨ リタルダンド
⑩ その音符をほどよくのばす

(2) この曲は何調か選べ。

① ハ長調　② ヘ長調　③ ト長調　④ イ短調　⑤ ニ短調

(3) 空欄Aにあてはまる休符を選べ。

① 　② 　③ 　④ 　⑤ 

25 ☆☆

次の諸外国に伝わる打楽器と名称の組み合わせとして，正しいものを選べ。

ア.
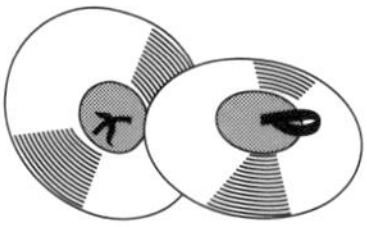

イ.

ウ.

エ.
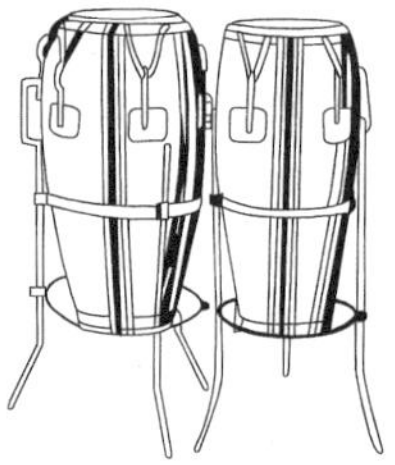

オ.

A. マリンバ　B. シンバル　C. 銅鑼
D. コンガ　E. ボンゴ

	ア	イ	ウ	エ	オ
①	B	D	C	A	E
②	B	E	A	D	C
③	C	D	A	B	E
④	E	B	D	A	C
⑤	E	D	A	B	C

26 ☆☆

次の楽譜を見て，各問いに答えよ。

ア.

イ.

ウ.

エ.

⑴　ア～エの作品名を選べ。

①　『アイーダ』　　②　『春の海』　　③　『六段の調』

④　『小フーガ ト短調』

⑵　ア～エの作曲者を選べ。

①　八橋検校　　②　J.S.バッハ　　③　宮城道雄　　④　ヴェルディ

⑶　ア～エの演奏形態を選べ。

①　パイプオルガンの独奏　　②　箏と尺八の二重奏　　③　オペラ

④　箏の独奏

27 ☆☆☆

次の楽譜は，スメタナが作曲した曲の一部である。各問いに答えよ。

(1) 次の文の空欄にあてはまる語句を選べ。

この曲は，（　A　）に生まれたスメタナの作品で，（　B　）曲からなる連作交響詩（　C　）の第2曲（　D　）である。（　D　）は，（　A　）語で（　E　）という。祖国の伝統や美しい自然を題材に，川の流れや人々の生活の様子など，様々な情景が表現されている。

①　ロシア　　②　チェコ　　③　5　　④　6
⑤　エルベ　　⑥　ドナウ　　⑦　モルダウ　　⑧　ブルタバ
⑨　『我が生涯』　　⑩　『我が祖国』

(2) 次のオーケストラで使われる楽器名をそれぞれ選べ。

ア．
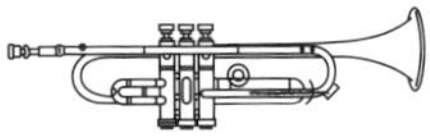

イ．

ウ．
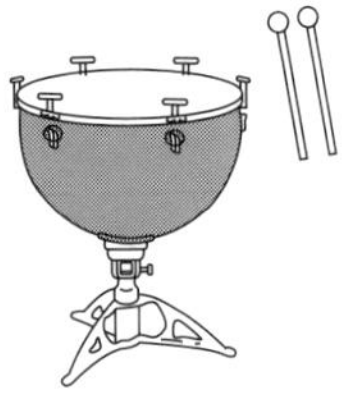

エ．
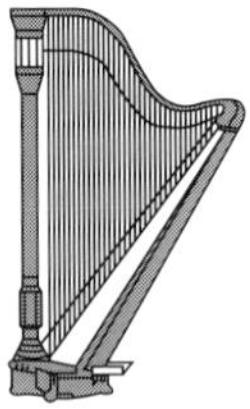

オ．

①　フルート　　②　トランペット　　③　ティンパニ
④　ヴァイオリン　　⑤　ハープ

(3) この曲のように，祖国の民謡や民話，風景などを取り入れ，民族主義に根ざした音楽を作った作曲家たちは，どのようによばれているか。

①　フランドル楽派　　②　印象派　　③　ウィーン古典派

④　バロック　　　　　⑤　国民楽派

28 ☆☆

次の①～⑤のグループの中で，異なる分野の語句が1つ含まれているものを選べ。

①〈　　作曲家　　〉ベートーヴェン，杵屋六三郎，ケージ，武満徹
②〈　　指揮者　　〉カラヤン，バーンスタイン，小澤征爾，小林研一郎
③〈　木管楽器　　〉フルート，オーボエ，クラリネット，ファゴット
④〈世界の諸民族の音楽〉ガムラン，フラメンコ，シャンソン，ジャズ
⑤〈　日本の伝統音楽　〉浄瑠璃，能楽，歌舞伎，京劇

29 ☆☆

次の①～⑤のグループは，日本の伝統芸能に関する語句を並べたものである。異なる分野の語句が1つ含まれているものを，①～⑤から選べ。

①〈　平曲　〉語り物，琵琶，徒然草，平家物語
②〈　能楽　〉猿楽，観阿弥，世阿弥，風姿花伝
③〈三味線音楽〉浄瑠璃，義太夫節，地歌，長唄
④〈　箏曲　〉八橋検校，筑紫流，平調子，越天楽
⑤〈尺八音楽〉普化宗，本曲，外曲，鹿の遠音

30 ☆☆

次の楽譜は，文部省唱歌『ふるさと』の一部である。各問いに答えよ。

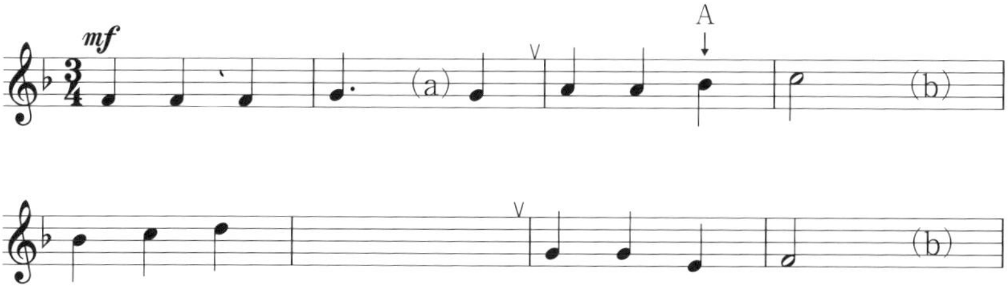

(1)　この曲の作詞者と作曲者の組み合わせとして，正しいものを選べ。

① 林柳波 作詞 / 下総皖一 作曲
② 武島羽衣 作詞 / 滝廉太郎 作曲
③ 高野辰之 作詞 / 岡野貞一 作曲
④ 江間章子 作詞 / 中田喜直 作曲
⑤ 島崎藤村 作詞 / 大中寅二 作曲

(2) この曲の作曲者の他の作品を選べ。

① 『浜辺の歌』　② 『早春賦』　③ 『椰子の実』
④ 『もみじ』　⑤ 『花』

(3) 楽譜の6小節めにあてはまる旋律を選べ。

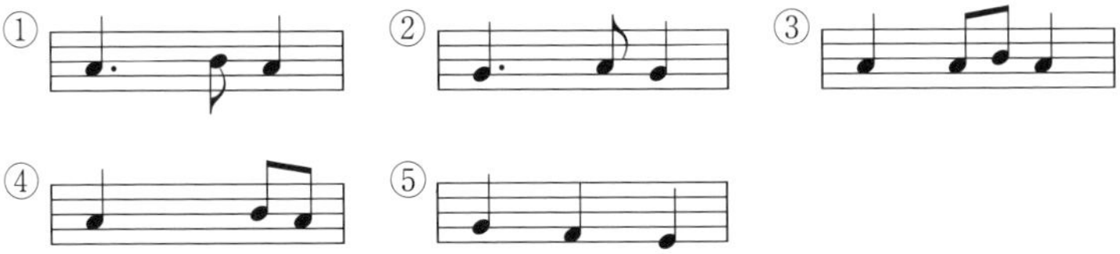

(4) 楽譜の空欄にあてはまる組み合わせとして，正しいものを選べ。

a　b

①
②
③
④
⑤

(5) 楽譜中 A の音を鍵盤楽器で演奏するとき，押さえる鍵盤を選べ。

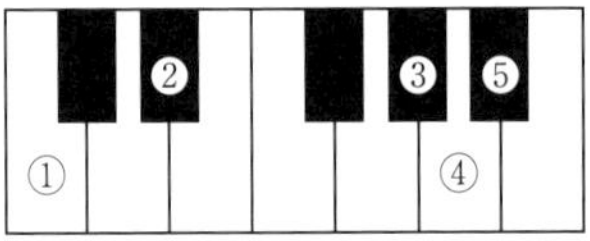

5

保健体育

Open Sesame

1 保健

●解答解説P297～299

●傾向と対策

重要度：C

一般教養の中では出題頻度の低い分野ではあるが，心肺蘇生法の手順や応急手当の処置の仕方については出題されやすい。実際に教師となったときにも必要な知識であるため，最低限の知識は把握しておく必要がある。また，生活習慣病，エイズなどの感染症，喫煙，薬物乱用などについても押さえておこう。

1 ☆

次の文は厚生労働白書の一文であるが，空欄（　A　）～（　C　）にあてはまる語句を答えよ。

厚生労働省では，2000（平成12）年から生活習慣の改善などに関する目標を盛り込んだ「21世紀における国民健康づくり運動」（「（　A　）」）を開始し，一次予防の観点を重視しながら健康増進を図るための国民運動を進めてきた。その間，2003（平成15）年には，（　B　）法が施行され，2011（平成23）年からは，幅広い企業連携を主体とした取組みとして「（　C　）」を開始するなど，様々な取組みを進めてきた。2024（令和6）年度からは，「（　A　）（第二次）」の取組み結果などを踏まえて，「（　A　）（第三次）」を開始する予定である。

2 ☆☆

生活習慣病に関する記述として，正しいものを選べ。

①　生活習慣病は，我が国の死亡原因の約3割を占めている。
②　我が国の死因の第1位は，脳血管疾患（脳卒中）である。
③　高血圧は，カロリーのとりすぎや運動不足，肥満などが関係している。
④　糖尿病は，塩分のとりすぎやストレスなどが関係している。
⑤　心疾患（心臓病）は，動物性脂肪や塩分のとりすぎ，運動不足やストレスなどが関係している。

3 ☆

次の説明文にあてはまる食中毒をおこす細菌を，ア～カからそれぞれ選び，記号で答えよ。

(1) 腸管内でベロ毒素を産出し出血性腸炎をおこす。熱に弱く75℃で1分以上加熱することにより死滅する。

(2) 魚介類の表面につきやすい。生で食べるときには真水でよく洗うようにする。

(3) 乳製品や卵製品，肉類の中に存在するが，熱に弱く加熱すると死滅する。

ア．ボツリヌス菌　　イ．サルモネラ菌　　ウ．ブドウ球菌
エ．病原性大腸菌　　オ．腸炎ビブリオ　　カ．カンピロバクター

4 ☆

次の組合せのうち，誤っているものを選べ。

① 重症急性呼吸器症候群 ―― SARS
② ヒト免疫不全ウイルス ―― HIV
③ O-157 ―― PTSD
④ 性感染症 ―― STD
⑤ 院内感染 ―― MRSA

5 ☆

エイズに関する記述として，誤っているものを選べ。

① エイズ患者とは，HIVが体内に入ってその抗体ができた人のうち，免疫機能が低下し，日和見感染症などが発病した人のことをいう。
② HIVの潜伏期間は個人差はあるが，数ヵ月から10年と長い。
③ HIVの感染経路として最も多いのは，性行為による感染である。
④ HIVに感染した場合，急激に免疫力が低下し，すぐに自覚症状が現れる。
⑤ HIVは感染力が弱く熱や消毒にも弱いため，普段の生活で感染することはなく，また蚊やダニに刺されても感染することはない。

6 ☆

喫煙に関する次の記述の空欄にあてはまる語句を答えよ。

たばこの煙には多種多様な有害物質が含まれており，例えば，（　A　）には末梢血管を収縮させ，血圧を上昇させる作用がある。また，（　A　）には依存性があるため，いったん喫煙を始めるとやめることが難しくなり，喫煙が継続する要因となる。

有害物質は，喫煙者が吸う（　B　）よりも，たばこの点火部から立ち昇る（　C　）に多く含まれている。そのため，非喫煙者は喫煙者の近くにいるだけで有害物質を含む両方の煙を吸わされることとなり，これを（　D　）という。

7 ☆

たばこの有害物質に関する記述として，誤っているものを選べ。

① たばこには，人間の体に悪い影響を与える物質が200種類以上含まれている。

② タールは，健康な細胞をがん細胞に変化させ，増殖させる。

③ ニコチンは，血管を収縮させるため，心臓や血管の病気にかかりやすくなる。また依存性がある。

④ 二酸化炭素は，血液中のヘモグロビンと結合し酸素の運搬を妨害するため，細胞が酸素不足となり心臓に負担がかかる。

⑤ シアン化物は，組織呼吸を妨げたり，気道の線毛を破壊したりする。

8 ☆

次の物質についての特徴をア～ウからそれぞれ選び，記号で答えよ。

(1) 大麻

(2) シンナーなどの有機溶剤

(3) 覚せい剤

ア．中枢神経を興奮させる作用があり，乱用すると気分が高揚して，疲労がとれたように感じる。

イ．中枢神経を抑制させる作用があり，急激に酩酊状態となり，大量に摂取すると，呼吸困難に陥り死に至る。

ウ．中枢神経を抑制させる作用があり，感覚が異常となり，幻覚や妄想が現われる。

9 ☆

一次救命措置について，誤っているものを選べ。

① 傷病者の胸と腹部の動きを観察し，呼吸の有無を確認する。

② 救急隊が到着次第，速やかにAEDを使用できるように傷病者の側に用意しておく。

③ 胸骨圧迫は，強く，速く，絶え間なくすることが重要である。

④ 未就学の小児に対してはAEDを使用する場合に，小児用電極パッドがないときは，成人用電極パッドを代用する。

⑤ 心肺蘇生で口対口の人工呼吸がためらわれる場合は，胸骨圧迫のみを実施する。

10 ☆☆☆

次は心肺蘇生について説明したものである。空欄にあてはまる語句を答えよ。

心肺蘇生において，成人の胸骨圧迫は，約（　A　）cm沈むまでしっかり圧迫する。ただし，（　B　）cmを超えない。また，胸骨圧迫のテンポは，毎分（　C　）回～（　D　）回の速さで行う。

11 ☆☆

けがや急病の応急手当についての記述として，誤っているものを2つ選べ。

① 足首を捻挫したので，すぐに患部を冷やして固定し，安静にした。

② 鼻血が出たので，出血を抑えるために顎を上にあげ，頭を後ろにそらせた。

③ 脳貧血をおこしたので，足を高くし，衣服をゆるめ，毛布をかけて保温した。

④ 突き指をしたので，すぐに指を引っ張り，関節を固定して冷やした。

⑤ 過換気（過呼吸）症候群の発作がおこったので，気持ちを落ち着かせ，ゆっくりと呼吸させるようにした。

12 ☆☆

熱中症に関する記述として，誤っているものを選べ。

① 熱中症とは，熱けいれん，熱疲労，熱射病などの症状の総称である。

② 熱中症が発生した場合の共通の応急手当として，まず，涼しく風通しのよい場所に移し，風を送って体を冷やすことが大切である。

③　熱射病の場合には，積極的に体の冷却を行い，患者の体温を下げるようにする。

④　熱射病の場合には，手当をするとともに早急に医療機関に運ぶ必要がある。

⑤　吐き気がある場合には，積極的に水分補給をする。

2 スポーツ

●解答解説P299～300

●傾向と対策

重要度：C

オリンピック開催の前後には，そのオリンピックの詳細についての問題が出題されている。その他，各スポーツ独特の用語やルールについての出題がみられる。一般常識として幅広く知っておくとよいだろう。

13 ☆☆

トレーニングや運動に関する記述として，正しいものを選べ。

① ハイポキシアトレーニングは，酸素濃度の低い高所でトレーニングを行うもので，持久力の向上を目的としている。

② インターバルトレーニングは，いくつかの運動を組み合わせ，運動と運動の間に休憩をとらずに一連の運動を続けて行うもので，総合的な体力づくりを目的としている。

③ ストレッチングは，筋肉に一定の負荷を与えることによって，筋持久力の向上を目指すトレーニングである。

④ サーキットトレーニングは，運動と不完全休息を交互に繰り返すトレーニング方法であり，持久力の向上を目的としている。

⑤ クーリングダウンは，激しい運動後の心拍数を安定させるとともに，集中力などの精神的要因を高める効果がある。

14 ☆☆☆

スポーツの歴史やルールに関する記述として，正しいものを選べ。

① バレーボールは，テニス用のネットを張り，バスケットボールを使ってサーブを打ったのが始まりとされている。現在はラリーポイント制がとられ，サーブ権をもったチームがラリーに勝つ，あるいは相手側に反則があった場合，1点の得点が与えられる。

② バスケットボールは，冬季に室内で行える球技としてアメリカで考案されたスポーツである。プッシングやホールディングといった身体接触によるファウルをテクニカルファウルといい，相手チームにフリースローが2個与えられる。

③ ソフトボールは，野球から生まれたスポーツで，「インドアベースボール」「プレーグラウンドボール」などとよばれた頃もあった。正式試合においては，7イニング終了時に同点の場合，8イニング目からタイブレーカーにより勝敗が決まるまで試合を続ける。

④ サッカーの原型は，中世からイギリスで行われてきたフットボールであるといわれている。ボールが攻撃側プレーヤーに最後に触れ，ゴールラインを越えて外に出たときはコーナーキックが与えられる。

⑤ ハンドボールは，ドイツなどで行われていた女子のフットボールタイプの競技「ミントネット」がその前身だとされている。1チームは，5人のコートプレーヤーと1人のゴールキーパーからなる。

15 ☆

次の各スポーツで1チームの競技人数が誤っているものをすべて選べ。

① ソフトボール —— 9人
② サッカー —— 11人
③ ハンドボール —— 5人
④ アメリカンフットボール —— 15人
⑤ バスケットボール —— 5人
⑥ バレーボール —— 6人
⑦ ラグビー —— 11人

16 ☆

次のうち，サッカーの反則でないものはどれか。

① ハンドリング　② ファウルチャージ　③ トラベリング
④ ホールディング　⑤ オフサイド

17 ☆☆

バスケットボールに関する次の各問いに答えよ。

(1) 次の防御方法をそれぞれ何というか。

ア．マークする相手を決めずに，プレーヤーが協力しあって，ボールを中心に決められた場所を守る方法。

イ．それぞれが防御する相手を決めて，1対1の形で守る方法。

(2) 次のうち，バイオレーションに該当するものをすべて選べ。

① ブロッキング　② ダブルドリブル　③ アウトオブバウンズ
④ チャージング　⑤ イリーガル・ユース・オブ・ハンズ

18 ☆

次のうち，バレーボールの反則でないものはどれか。

① フォアヒット　② ダブルコンタクト　③ アウトオブバウンズ
④ プッシング　⑤ ペネトレーションフォールト

19 ☆☆

オリンピックに関する記述として，正しいものを選べ。

① 近代オリンピックの提唱者は，IOCのサラマンチ元会長である。
② 近代オリンピックの最初の大会は，アムステルダムで開催された。
③ 日本選手が初参加したのは，1912年のストックホルム大会である。
④ 今まで同じ場所で2度開催されたことはない。
⑤ 日本選手が初めて金メダルを獲得したのは，1964年の東京大会である。

20 ☆

オリンピックに関する次の各問いに答えよ。

(1) 2020（2021）年夏季オリンピックの開催地を答えよ。
(2) 2022年冬季オリンピックの開催地を答えよ。
(3) 2024年夏季オリンピックの開催地を答えよ。

21 ☆☆

スポーツの競技会に関する記述として，誤っているものを選べ。

① パラリンピックは，身体障害者による国際総合競技大会であり，夏季・冬季オリンピック終了後，同じ開催地で同じ競技場を使って行われる。

② インターハイは，全国の高校生・中学生の総合競技大会で，高等学校体育連盟および中学校体育連盟が中心となり，2年に1度開催される。

③ 国民体育大会は，毎年開催される日本の総合スポーツ大会で，最多得点を獲得した都道府県には天皇・皇后杯が授与される。

④ メジャートーナメントとはゴルフの4大大会のことで，全英オープン，全米オープン，全米プロ，マスターズがある。

⑤ サッカーのワールドカップは，4年に1度開催されるサッカー世界選手権で，2018年はロシア，2022年はカタールで開催された。2026年はアメリカ・カナダ・メキシコの3ヵ国で開催される予定である。

22

国際テニス連盟が定める4大大会の開催国として，誤っているものを1つ選べ。

① イギリス　② アメリカ　③ フランス
④ スペイン　⑤ オーストラリア

6
美術

Open Sesame

1 日本美術史

●解答解説P301～302

●傾向と対策

重要度：C

日本美術史の中から出題されているものは，絵画に関するものが最も多く，作品名・作家・それらに関連する時代を答えさせるものが中心となる。また，出題される時代については，奈良時代以降は，ほとんどすべての時代が扱われているので，時代の特徴をきちんと整理して学んでおかなければならない。

さらに日本美術史の内容と，西洋美術史の内容を関連させて，互いに影響し合ったことがらを覚えておくことと，他の芸術領域とのつながりにも注意する必要がある。

1 ☆☆

次の人物に関する説明をア～ケから，その時代をa～fからそれぞれ選び，記号で答えよ。

(1) 狩野永徳

(2) 東洲斎写楽

(3) 雪舟

(4) 俵屋宗達

(5) 喜多川歌麿

(6) 葛飾北斎

(7) 歌川(安藤)広重

ア．浮世絵版画において独自の人物表現をし,役者絵に優れた作品を残した。

イ．似絵の代表的作品「源頼朝像」の作者と伝えられている。

ウ．絵巻物「鳥獣戯画」の作者と伝えられている。

エ．破墨法を用い,墨の線と濃淡をよく生かして優れた自然の描写を行った。

オ．金箔地に獅子を描いた障壁画「唐獅子図屛風」が有名である。

カ．京都建仁寺の「風神雷神図屛風」が代表的作品となっている。

キ．大首絵により当時の美人の姿を描いた。

ク．日本の自然を叙情的に表現した新しい風景版画をつくった。

ケ．大胆な構図と強烈な個性で独自の風景版画を描き，「富嶽三十六景」が有名である。

a．平安時代　b．鎌倉時代　c．室町時代
d．安土・桃山時代　e．江戸時代　f．明治時代

2 ☆☆☆

日本の近代絵画の代表的作品「読書」について，各問いに答えよ。

(1) この作品の作者名を次から選び，記号で答えよ。

ア．黒田清輝　イ．浅井　忠　ウ．岸田劉生　エ．青木　繁

(2) この絵の特徴として妥当なものを選べ。

① 明るい色彩で，室内の雰囲気が自然に表現されている。
② 暗い室内から人物が浮き上がるように，劇的な構図を用いている。
③ 単純化された人物の動きが目立つような表現を行っている。
④ 暗い，重々しい雰囲気が表現され，人間の内面が表されている。

(3) この作者は，フランスで美術を学び，ある派の影響を受けているが，その派の名前を次から選び，記号で答えよ。

ア．立体派　イ．ロマン派　ウ．印象派　エ．野獣派

3 ☆☆

次の作品について，各問いに答えよ。

(1) この作品の作者名を次から選び，記号で答えよ。

ア．狩野永徳　イ．俵屋宗達　ウ．尾形光琳　エ．菱川師宣

(2) この作品の作者が属する流派を答えよ。

4 ☆

次の作品の作者をア～カからそれぞれ選び，記号で答えよ。

(1)

(2)

(3)

(4)

(5)

(6)

ア．高村光雲　　イ．高村光太郎　　ウ．葛飾北斎　　エ．歌川（安藤）広重
オ．黒田清輝　　カ．菱川師宣

5 ☆

次の作品を，年代の古いものから順に並べ替えよ。

A．風神雷神図屏風
B．東海道五十三次「庄野」
C．秋冬山水図
D．生々流転
E．鳥獣戯画

6 ☆☆☆

次の記述の空欄にあてはまる人物名を答えよ。

江戸時代には，民衆の風俗を描いた浮世絵が発達した。まず（　A　）が民衆の風俗を描いた版画を制作し，美術史上新たな領域を開いた。浮世絵は18世紀半ばに（　B　）が錦絵とよばれる多色刷り版画を考案して以降，一層普及し，美人画で有名な（　C　），独特の役者絵で知られる（　D　），風景版画を制作した葛飾北斎や歌川（安藤）広重などが現れた。

7 ☆☆☆

次の文を読んで，各問いに答えよ。

明治時代になると，西洋画が日本に紹介され，多くの優れた画家が現れた。浅井忠らにより日本最初の洋画団体である明治美術会が創立され，つづいて黒田清輝らにより白馬会が創立された。日本画についても，岡倉天心や（　A　）らにより設立された日本美術院を中心に，日本画の革新運動が進められた。1907年には文部省により文展が開設され，日本画・洋画ともに作品発表の場となった。文展によるグループに対抗して，高村光太郎や（　B　）らによるフューザン会や，梅原龍三郎や安井曽太郎らを中心とする二科会なども結成された。

(1)　空欄にあてはまる人物名の組み合わせとして，正しいものを選べ。

	A	B
①	横山大観	菱田春草
②	横山大観	岸田劉生
③	青木　繁	菱田春草
④	青木　繁	岸田劉生

(2)　下線部の梅原龍三郎の作品を次から選び，記号で答えよ。

ア.「紫禁城」　　イ.「麗子像」　　ウ.「海の幸」　　エ.「金蓉」

2 西洋美術史

●解答解説P302～304

●傾向と対策

重要度：**B**

西洋美術史では，まず，代表的作家及び作品について問われることが多く，次いで，時代や様式の変遷についての出題が見られる。作家名や作品名を覚えることはもちろんであるが，時代や様式を示す代表的なものとして，建築についても把握しておかなければならない。

また，1つの芸術様式，例えばバロックを取り上げた問題の中で，音楽分野のこと，文学分野のこと，そして美術分野のことというように，様々の分野と関連させた問題も出されている。人々の生活と意識を基盤にした芸術運動としてとらえることが大切である。

8 ☆

次の文のうち，ロマネスク様式の建築とゴシック様式の建築の特徴を述べたものをそれぞれ選べ。

a．ピサ大聖堂のように，厚い石壁を壁画で飾り，窓は小さく，アーチを用いているのが特徴である。

b．ヴェネツィアのサン＝マルコ聖堂などの大円蓋（ドーム）とモザイク壁画を特徴とする。

c．窓が大きく，尖塔やステンドグラスのある高く美しい聖堂をもつ。

d．貴族や富豪の間のサロン文化を背景に，軽快で華麗，優美な居室や寝室がつくられた。

9 ☆☆

次の建物の建築様式をア～オからそれぞれ選び，記号で答えよ。

(1)

(2)

(3)

ア．ロマネスク　　イ．ルネサンス　　ウ．ゴシック
エ．ビザンツ　　オ．ロココ

10 ☆☆☆

次の文を読んで，各問いに答えよ。

14世紀のイタリアでは，古代ギリシア・ローマの文化を理想とする文芸復興の動きがおこった。この動きはルネサンスとよばれ，多くの巨匠が現れた。15世紀から16世紀にかけてルネサンスは最盛期を迎え，絵画技法として（　　　）が確立された。

(1) 空欄にあてはまる語句を次から選び，記号で答えよ。
　ア．点描画法　　イ．遠近法　　ウ．テンペラ画
(2) 下線部に関して，この時代に制作された作品をすべて選び，記号で答えよ。

ア

イ

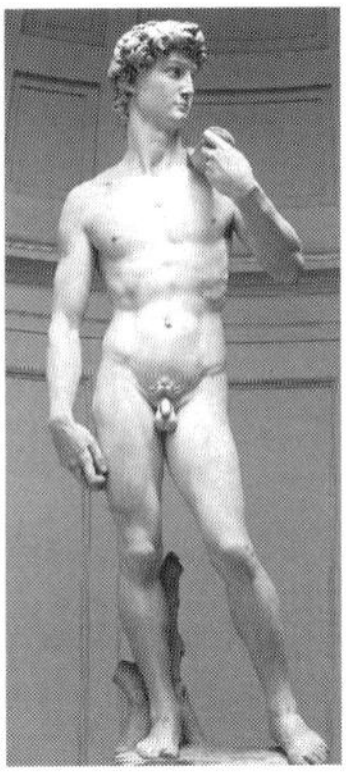

ウ　　　　エ　　　　オ

11 ☆☆

次の人物とその作品，流派の組み合わせとして，誤っているものを選べ。

① ピカソ…………アヴィニョンの娘たち……キュビスム
② モネ……………睡蓮……………………印象派
③ フェルメール……真珠の耳飾りの少女………後期印象派
④ マティス…………赤い室内…………………フォーヴィスム
⑤ ミレー……………晩鐘……………………自然主義

12 ☆☆

次の流派にあてはまる人物名をア～ケからそれぞれ選び，記号で答えよ。

(1) 古典主義　(2) ロマン主義
(3) 自然主義　(4) 印象派
(5) 新印象派　(6) 後期印象派
(7) フォーヴィスム　(8) シュールレアリスム
(9) エコール・ド・パリ

ア．コロー　イ．セザンヌ　ウ．ダヴィド
エ．スーラ　オ．ジェリコー　カ．ルノワール
キ．ダリ　ク．ルオー　ケ．モディリアーニ

13 ☆

次の作品の作者を，ア～コからそれぞれ選び，記号で答えよ。

(1)

(2)

(3)

(4)

(5)

ア．モネ　　イ．ボッティチェリ　　ウ．ルノワール
エ．ターナー　　オ．ドガ　　カ．ドラクロワ
キ．レンブラント　　ク．ミレー　　ケ．ベラスケス
コ．ダヴィド

14 ☆☆

ルネサンスの美術に関する記述として，誤っているものをすべて選べ。

① レオナルド＝ダ＝ヴィンチの作品には「最後の審判」「洗礼者ヨハネ」などがある。

② ルネサンス文化の代表的保護者は，メディチ家である。

③ イタリアの画家ボッティチェリは15世紀に多くの絵画を制作した。

④ ミケランジェロは，ルネサンス初期の人で，「春」が有名である。

⑤ ラファエロの作品には「アテネの学堂」がある。

15 ☆☆

次の語句の説明としてあてはまるものをア～オからそれぞれ選び，記号で答えよ。

(1) バロック

(2) ルネサンス

(3) ロココ

(4) ゴシック

ア．19世紀終わりから20世紀初めにかけて，ヨーロッパで広がった芸術様式で，植物を思わせるような曲線が特徴である。

イ．16世紀後半から18世紀初めにかけて流行した様式で，「ゆがんだ真珠」の意味である。

ウ．18世紀のフランスの装飾様式で，曲線過多の渦巻や唐草模様が特徴的である。

エ．13世紀から15世紀の美術様式で，高い尖塔の教会建築が特徴的である。

オ．14世紀頃，イタリアにおこり，次いで全ヨーロッパへ広がった芸術上，学問上の革新運動である。

16 ☆

次の作品のうち，ロダンの作品を選び，記号で答えよ。

ア

イ

ウ

エ

17 ☆

「水浴」「サント・ヴィクトワール山」などの作品で知られる画家で,「自然はすべて円筒形, 円錐形, 球形などの基本形におきかえることができる」として,「近代絵画の父」といわれた人物を次から選び, 記号で答えよ。

ア. ゴッホ　　イ. ルノワール　　ウ. セザンヌ
エ. ゴヤ　　オ. ゴーガン

18 ☆☆

20世紀になると, 多くの主義主張が画家たちの中でみられるようになった。次の説明にあてはまる流派の名前をア～エからそれぞれ選び, 記号で答えよ。

(1) ものを前や横からみて, これを分解して1つの画面に再構成して表現した。
(2) 大胆な色彩と単純化されたフォルム, 動的な筆致が特徴的である。
(3) 人の心の奥底に潜む意識や, 現実をはるかに越えた空想の世界を表現した。
(4) パリに集まる画家たちのうち, 流派や主張に関わりなく自分達の作品を発表した。

ア. シュールレアリスム　　イ. エコール・ド・パリ
ウ. キュビスム　　エ. フォーヴィスム

19 ☆☆

西洋の画家に関する記述として，正しいものを選べ。

① ゴッホは，晩年は非西洋的イメージを求めてタヒチへ移住し，「ひまわり」など平面的で鮮やかな色彩を多く使った独自の画風を生み出した。

② ルノワールは，明るく柔らかな色彩で子どもや女性などの人物画を多く描き，「ムーラン・ド・ラ・ギャレット」などの作品で知られる。

③ ドガは，外光がもたらす光の効果を表現することを追求し，「積み藁」と「睡蓮」など同じような構図を描く連作も多く制作した。

④ ゴーギャンは，円筒・球・円錐を基本の形とし，キュビスムの誕生に大きな影響を与えた。代表作に「アルルの跳ね橋」がある。

⑤ マティスは，日本の浮世絵に触れ，その斬新な構図に感銘を受け，歌川（安藤）広重の「名所江戸百景」を模写した。

20 ☆☆☆

次の作品について，各問いに答えよ。

(1) この作品の作者を次から選び，記号で答えよ。

ア．シャガール　　イ．ムンク　　ウ．ユトリロ　　エ．ルオー

(2) この作品の作者に関する記述として，正しいものを選べ。

① 人間の持つ葛藤や不安を作品に反映させようとした。

② 小路や教会などのパリの風景を多く描いた。

③ 視覚混合の技法を用い，新印象主義を確立した。

④ 対象を解体し再構成するキュビスムの手法を確立した。

3 美術理論

●解答解説P305

●傾向と対策

重要度：C

問題の内容は，基本的に中学校で行っている実技の内容からの問題がほとんどである。しかし，自分自身で経験していない製作や方法，道具について出題される場合もあると思われるので，専門的な言葉も含めて全般的に学習しておく必要がある。

出題される内容の領域についてみると，デザインの領域に関する問題が最も多く，版画と工芸に関するものが続いている。これらの領域では，専門用語が多くみられ，その言葉と意味を正しく理解しておかなければならない。

21 ☆☆

次の語句の説明としてあてはまるものをア～エからそれぞれ選び，記号で答えよ。

(1) シルクスクリーン
(2) ドライポイント
(3) リトグラフ
(4) 木版画

ア．平版の一種で，水と油が反発する性質を利用している。
イ．孔版画の一種である。
ウ．凸版形式を代表する版画である。
エ．凹版の直接法で，線や点を使った細密な表現ができる。

22 ☆

彫刻刀に関する記述として，正しいものを選べ。

① 丸刀は，広い部分を彫ったり，ぼかした感じを表現したりするときに使う。
② 平刀は，鋭く細かい線を彫るときに使う。
③ 三角刀は，丸い線ややわらかい線を彫るときに使う。
④ 切り出し刀は，輪郭線や細かい線，文字などを彫るときに使う。

23 ☆

色に関する記述として，正しいものを選べ。

① 黄色は最も明度が高い。

② 色の三要素は，色度・彩度・明度である。

③ 色料の三原色は，シアン・マゼンタ・イエローである。

④ 彩度の高い色は明度も高い。

⑤ 無彩色とは，黒と白のみである。

24 ☆☆

次の文にあてはまる語句をア～ケからそれぞれ選び，記号で答えよ。

(1) 明度のみをもつ色。

(2) よく似た色相の純色を，隣どうしに並べた色の環。

(3) ある色とある色を混合した結果，明度が高くなる混合。

(4) ある色とある色を混合した結果，明度・彩度が低下していく混合。

(5) こまを回すと色が混ざってみえること。

(6) 織物や点描画などを遠くからみると，色が混ざってみえること。

ア．加算混合　イ．減算混合　ウ．回転混合　エ．併置混合
オ．補色混合　カ．色立体　キ．無彩色　ク．色相環
ケ．純色

25 ☆

次は焼き物の制作過程を示したものである。空欄にあてはまる順番として正しいものを選べ。

粘土を練る→成形する→（　　　）→釉薬を塗る→本焼き

① 乾燥させる→絵柄をつける→素焼き

② 乾燥させる→素焼き→絵柄をつける

③ 素焼き→絵柄をつける→乾燥させる

④ 素焼き→乾燥させる→絵柄をつける

⑤ 絵柄をつける→素焼き→乾燥させる

7

数学

Open Sesame

1 数と式

●解答解説P306～309

●傾向と対策

重要度：A

文字式の計算や式の値，平方根，集合の要素の個数についての問題がよく出題されている。そのほとんどが容易に解ける問題であり，また，方程式や関数といった他の分野でも活用する，最も基礎的な内容でもあるため，確実に解けるようにしておく必要がある。

1 ☆

次の式を計算せよ。

(1) $(-a^2b)^2 \times (-2ab^2)^3 \div (-6ab)^2$

(2) $\frac{5}{2}xy \div \left(-\frac{3}{4}x^2y\right) \div \frac{1}{2}xy^2$

2 ☆

$x=-\frac{1}{6}$，$y=4$ のとき，$(-3xy)^2 \div (-3xy^2) \times 2y^2$ の値を求めよ。

3 ☆

次の式を計算せよ。

(1) $(a+2b)^2+3(a-b)(a-3b)$

(2) $(2x-3y+5)(2x-3y-5)$

4 ☆

次の式を因数分解せよ。

(1) $x^2y-5xy-6y$

(2) x^2-y^2+2y-1

(3) $(x-4)(x+5)+8$

5 ☆☆

$x + y = 3$, $xy = 1$ のとき，次の式の値を求めよ。

(1) $x^2 + y^2$ (2) $2x^2 - 3x + 4 - 3y + 2y^2$

6 ☆☆

$x + \frac{1}{x} = 3$ のとき，次の式の値を求めよ。

(1) $x^2 + \frac{1}{x^2}$ (2) $x^3 + \frac{1}{x^3}$

7 ☆☆

整数 Aを6で割ると3余り，整数 Bを6で割ると4余る。$A + B$, ABをそれぞれ6で割った余りを求めよ。

8 ☆

252の正の約数の個数を求めよ。

9 ☆☆

6で割ると 5 余り，8で割ると7余るような2桁の自然数はいくつあるか。

10 ☆

次の式を計算せよ。

(1) $\sqrt{20} - \sqrt{5} + \sqrt{45}$

(2) $\sqrt{27} + \sqrt{6} \times \frac{4}{\sqrt{2}}$

(3) $(\sqrt{3} - 1)^2 - \frac{6(\sqrt{3} - 1)}{\sqrt{3}}$

11 ☆

次の式を計算せよ。

$$\frac{\sqrt{5}-\sqrt{3}}{\sqrt{5}+\sqrt{3}}-\frac{\sqrt{5}+\sqrt{3}}{\sqrt{5}-\sqrt{3}}$$

12 ☆☆

$x=\frac{\sqrt{6}+\sqrt{2}}{4}$，$y=\frac{\sqrt{6}-\sqrt{2}}{4}$ のとき，x^2-y^2の値を求めよ。

13 ☆☆

$\sqrt{208-16m}$ が整数となる自然数mはいくつあるか。

14 ☆☆☆

$2\sqrt{7}$の整数部分をa，小数部分をbとするとき，a^2+2bの値を求めよ。

15 ☆

50人の生徒のうち，運動部に所属している者が22人，文化部に所属している者が25人，いずれの部にも所属していない者が10人いる。これらの生徒のうち，運動部，文化部の両方に所属している者が何人いるか求めよ。

16 ☆☆

1から100までの整数のうち，次のような数の個数を求めよ。

(1)　3でも5でも割り切れる数

(2)　3または5で割り切れる数

(3)　3で割り切れるが，5で割り切れない数

17 ☆

a，bの演算$\circ$を，$a\circ b=\frac{2ab}{a+b}$と定めるとき，$(6\circ 2)\circ 3$を求めよ。

2 方程式と不等式

●解答解説P310～313

●傾向と対策

重要度：A

数学のうち最も出題率の高い分野であり，特に，一次方程式や連立方程式を利用した文章問題が圧倒的に多い。速さ，食塩水の濃度，過不足に関する問題というように出題のパターンは決まっているため，その解法をマスターした上で類題をこなし，問題を見たらすぐに対応できるようにしておこう。

18 ☆

次の方程式を解け。

(1) $8x-5=3(4x+1)$

(2) $4(x-1)=\dfrac{5x-1}{3}+2x$

19 ☆

一の位の数字が3である2桁の整数がある。この整数の十の位の数字と一の位の数字を入れ替えてできる数は，もとの数より9大きくなる。もとの数を求めよ。

20 ☆

12km離れたA町からB町へ行くのに，行きは平均4km/時で歩いた。往復の平均の速さを6km/時にしたい。帰りは平均でどのくらいの速さにすればよいか。

21 ☆☆

一定の速さで走っている電車が，長さ175mの鉄橋を渡り始めてから渡り終わるまでに18秒かかり，長さ730m のトンネルに入り始めてから通り抜けるまでに55秒かかった。この電車の長さを求めよ。

22 ☆

10％の食塩水と5％の食塩水を混ぜて，8％の食塩水400gを作りたい。それぞれ何gずつ混ぜればよいか。

23 ☆

8％の食塩水200gに，水320gと食塩を加えると10％の食塩水ができた。加えた食塩の量を求めよ。

24 ☆

みかんを何人かに分けるのに，一人に3個ずつ配ると5個余り，4個ずつ配ると3個足りなくなる。子どもの人数とみかんの個数を求めよ。

25 ☆

次の方程式を解け。

(1)　$x^2 + 3x - 10 = 0$

(2)　$x^2 - 4x + 2 = 0$

(3)　$9x^2 - 12x + 4 = 0$

26 ☆

2次方程式$x^2 + ax + 2 = 0$の1つの解が$x = 2$であるとき，aの値と，もう1つの解の値を求めよ。

27 ☆

縦3m，横10mの長方形の花壇がある。この花壇の縦と横をそれぞれ同じ長さだけのばして，面積がもとの2倍になるようにするとき，何mずつのばせばよいか。

28 ☆

連立方程式$15x-3y=4a$，$2x+y=a$で，$x=\dfrac{1}{3}$が解のとき，定数aの値を求めよ。

29 ☆

ある生徒が家から学校までの1.6kmを，はじめは毎分160mの速さで走り，途中からは毎分80mの速さで歩いて15分かかった。この生徒が走っていた時間を求めよ。

30 ☆☆

濃度の異なる食塩水A，Bが500gずつある。これをそれぞれ200gずつ混ぜ合わせたら10％の食塩水ができた。また，Aの残りのほうへ150gの水を混ぜたら，Bと同じ濃度になった。混ぜ合わせる前のA，Bそれぞれの濃度を求めよ。

31 ☆

次の不等式を解け。

(1)　$4(x-7)<-5(2-x)$

(2)　$2x^2-3x+1\geqq 0$

32 ☆

鉛筆を兄は40本，弟は9本持っている。兄が持っている鉛筆のうち何本かを弟にあげても，兄の残りの本数がもらった後の弟の本数の3倍より多くなるようにするとき，兄は弟に最大何本の鉛筆をあげることができるか。

33 ☆☆

$|x-2|<4$を満たす整数xの個数を求めよ。

3 関数

●解答解説P313～318

●傾向と対策

重要度：C

数学全体からすると出題率は低く，他の分野と比較して高校レベルの内容まで出題される分野である。しかし，基本的な事項を押さえておけば対応できる問題も多いため，類題をこなし，問題に応じた解法を身に付けておくことが大切である。

34 ☆

次の直線の式を求めよ。

(1) 2点(1, −2)，(4, 4)を通る直線

(2) 直線$y = \frac{1}{2}x + 1$と平行で，点(−2, −2)を通る直線

(3) 2点A(−1, 3)，B(3, 5)を結ぶ線分ABの垂直二等分線

35 ☆☆

座標平面上で，$x - 2y = 0$，$3x + 2y = 0$，$x + y - 3 = 0$の3つの直線で囲まれた三角形の面積を求めよ。

36 ☆

2直線$3x - 2y = 7$，$x + ay = 5$が，点(1, p)で交わるとき，pとaの値をそれぞれ求めよ。

37 ☆

yはxの2乗に比例し，$x = -2$のとき，$y = -1$である。xが3から5まで変化するときの変化の割合を求めよ。

38 ☆

$y = x^2$と$y = 2x + 3$の2つのグラフの交点を求めよ。

39 ☆

点$(-1,\ 7)$を頂点とし，点$(1,\ 3)$を通る放物線をグラフとするxの2次関数を求めよ。

40 ☆

放物線$y = 2x^2 - 4x + 8$を，次のものに関して対称移動した放物線の方程式を求めよ。

(1)　x軸　　(2)　y軸　　(3)　原点

41 ☆☆

2 次関数$y = x^2 - 3x + 1$ の最小値を求めよ。

42 ☆☆

2次関数 $y = 5x^2 + 2x + 3$において，定義域を$-2 \leqq x \leqq 2$としたとき，最大値と最小値を求めよ。

43 ☆☆☆

xの2次関数$y = ax^2 - 2a^2x + 7a$が最大値6をとるとき，aの値を求めよ。

44 ☆☆☆

定義域を$-2 \leqq x \leqq 1$とする2次関数$y = ax^2 + 2ax + b$の最大値が10，最小値が-2のとき，定数a，bの値を求めよ。

45 ☆☆☆

2つの実数x, yが$x^2+2y^2=4$を満たすとき，$2x+y$の最大値と最小値を求めよ。

46 ☆☆

関数$f(x)=x^2-2mx+2m+8$のグラフがx軸と異なる2点で交わるとき，mの値の範囲を求めよ。

47 ☆☆☆

放物線$y=-2x^2-6x-3$と直線$y=mx+5\ (m>0)$が接するとき，mの値と接点のx座標を求めよ。

4 図形

●解答解説P318～323

●傾向と対策

重要度：A

全体的に出題率が高い分野であり，特に，円の性質，相似と比，三平方の定理を利用した平面図形や立体図形についての問題が多くみられる。問題を解く際，それらの基本的な事項のうち，どの項目をどのように利用するかということがポイントとなる。そのため，基礎的な知識をきちんと理解した上で類題をこなし，問題を見てすぐに解法が浮かぶよう訓練しておく必要がある。

48 ☆

△ABCの∠Cの外角を∠ACEとし，∠Bの二等分線と∠ACEの二等分線の交点をDとするとき，∠BDCの大きさを求めよ。

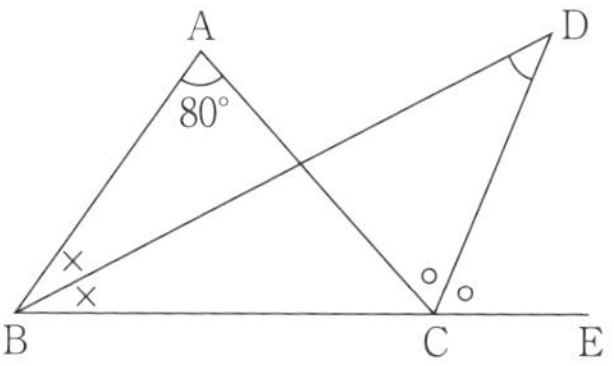

49 ☆

正十八角形の1つの内角と1つの外角の大きさを求めよ。

50 ☆☆☆

右の図は，1辺の長さが10cmの正方形である。次の各問いに答えよ。

(1) 弧AFの長さを求めよ。

(2) 斜線部Sの面積を求めよ。

(3) 斜線部Tの面積を求めよ。

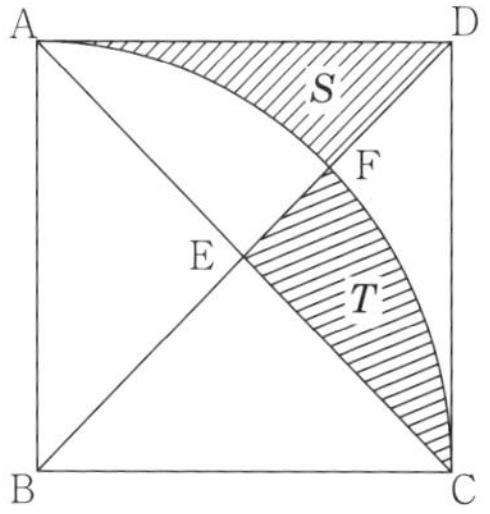

51 ☆

右の図で，4点A，B，C，Dは円Oの円周上にあり，BDは直径，∠BOC＝70°，AB//OCとなっている。このとき，∠BAC，∠ADBの大きさをそれぞれ求めよ。

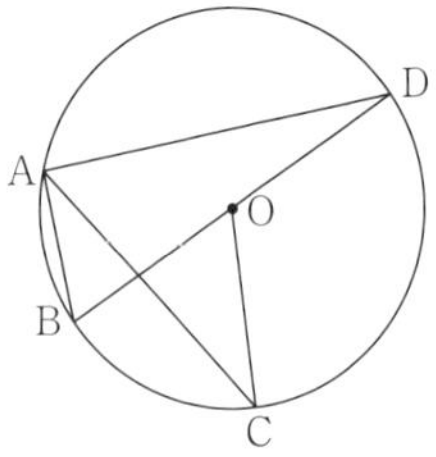

52 ☆☆

右の図で，AP，BPは半径3cmの円Oの接線で，A，Bは接点である。また，Qは弧AB上にとった点である。次の各問いに答えよ。

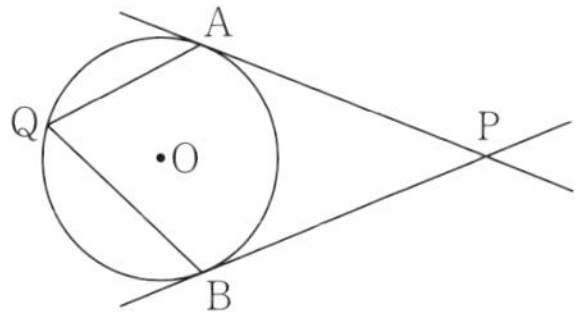

(1) 円周角∠AQBに対する$\overset{\frown}{\mathrm{AB}}$の長さが，円Oの周の長さの$\frac{2}{5}$のとき，∠AQBの大きさを求めよ。

(2) ∠AQB＝a°とするとき，∠APB の大きさをa°を使って表せ。

(3) ∠AQB＝4∠APBのとき，∠AQBに対する$\overset{\frown}{\mathrm{AB}}$の長さを求めよ。

53 ☆☆

右の図で，△ABCの辺BC上に，BD：DC＝1：2となる点Dをとる。ADの中点をMとし，BMの延長とACの交点をEとする。このとき，AE：EC の比を求めよ。

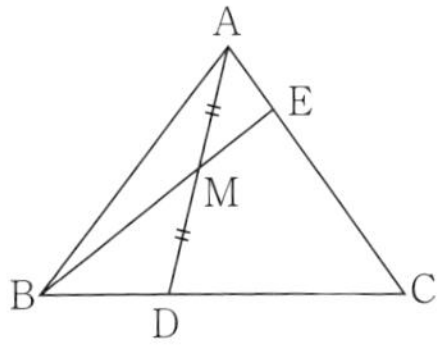

54 ☆

右の図のように，△ABCの辺AB，AC上にそれぞれ点D，Eをとり，BC//DE，AD：DB＝2：1とする。△ADEの面積が$8\mathrm{cm}^2$のとき，△ABCの面積を求めよ。

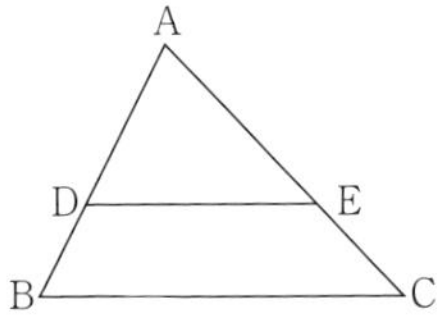

55 ☆☆

右の図のように，平行四辺形ABCDがあり，辺ADの中点をM，対角線BDと線分CMの交点をPとする。△PMDの面積が$3cm^2$のとき，四角形ABCMの面積を求めよ。

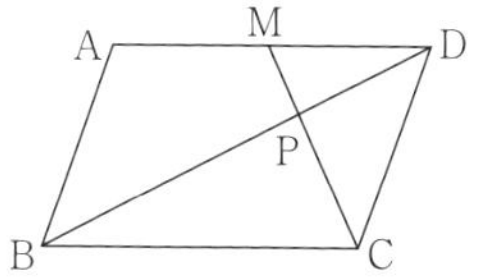

56 ☆☆

直角三角形の斜辺が17cm，他の1辺が8cmであるとき，次の各問いに答えよ。

(1) この三角形の面積を求めよ。

(2) 直角の頂点と斜辺との距離を求めよ。

57 ☆

右の図の三角形ABCの頂点AからBCにひいた垂線ADの長さを求めよ。

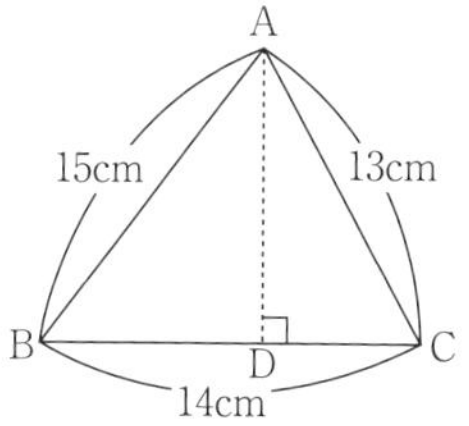

58 ☆☆☆

右の図で，AC = 1cm，BC = 3cmとし，DEはA，Bを中心とし，点Cで外接する2円の共通接線である。このとき，次の各問いに答えよ。

(1) ∠ABEの大きさを求めよ。

(2) 斜線部分の面積を求めよ。

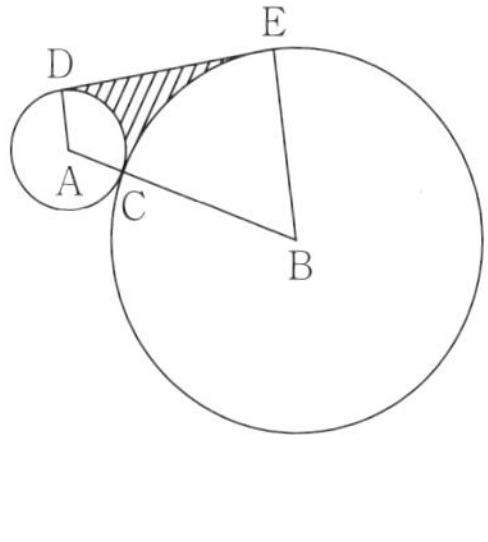

59 ☆☆

1 辺の長さが6cmの立方体を頂点D，B，Eを通る面で切りとったとき，その切断面の面積を求めよ。

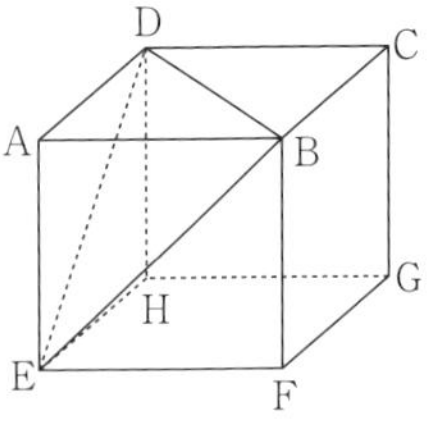

60 ☆

底面の半径5cm，母線の長さ13cmの円すいの体積を求めよ。

61 ☆☆

右の図のような高さ30cmの円すいの容器がある。この容器に20cmの高さまで水を入れたとき，次の各問いに答えよ。

(1) 水面の円の半径を求めよ。

(2) この水の体積は，容器の容積の何倍か。

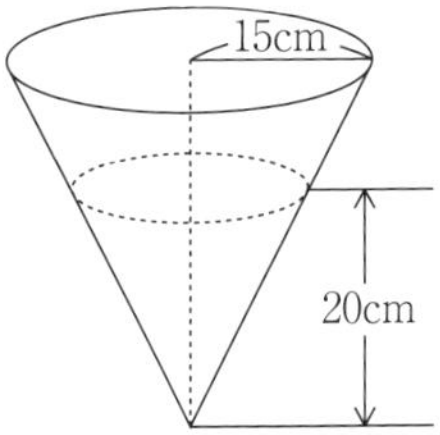

62 ☆☆☆

右の図の円すいにおいて，ABは母線で3cm，BCは底面の直径で2cm，点Dは母線AC上にあって，CD＝1cmである。次の各問いに答えよ。

(1) この円すいの表面積を求めよ。

(2) 点Bからこの円すいの側面を通って点Dにいたる最短距離を求めよ。

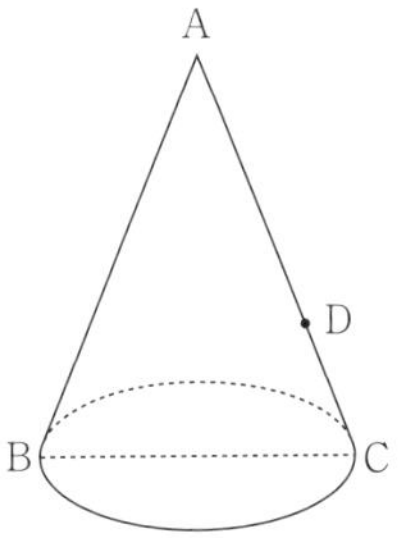

63 ☆

相似な2つの円すい A，Bがあり，AとBの表面積の比が3：8とする。Aの体積を$9cm^3$とするとき，Bの体積を求めよ。

5 確率

●解答解説P324～326

●傾向と対策

重要度：A

出題頻度が高い分野であるが，それほど難解な問題は少なく，基本公式を正しく適用できれば解ける問題がほとんどである。サイコロを複数使った問題，数字やカードを並べる問題，袋から玉を取り出す問題というように出題パターンが決まっているため，それらの解法をマスターしておくことが重要となってくる。

64 ☆

8人の生徒の中から，兼任を認めないで，部長，副部長を1人ずつ選出する方法は全部で何通りあるか。

65 ☆☆

1，2，3，4，5，6 の番号の書かれたカードが1枚ずつ，合計6枚のカードがある。この中から4枚のカードを取り出して4桁の自然数をつくるとき，全部で何個の数ができるか。また，その中に奇数は何個あるか。

66 ☆☆☆

6個の数字0，1，2，3，4，5の中から，異なる3個の数字を用いてできる3桁の整数は全部で何個あるか。また，そのうち5の倍数は何個あるか。

67 ☆☆

A，B，C，D，Eの5人が横1列に並ぶとき，AとBとが隣り合う並び方は全部で何通りあるか。

68 ☆

「RAKKASAN」の8文字を一列に並べる方法は全部で何通りあるか。

69 ☆

右の図のように4本の平行な直線に5本の平行な直線が交わっている。これらの平行線で囲まれてできる平行四辺形は全部で何個あるか。

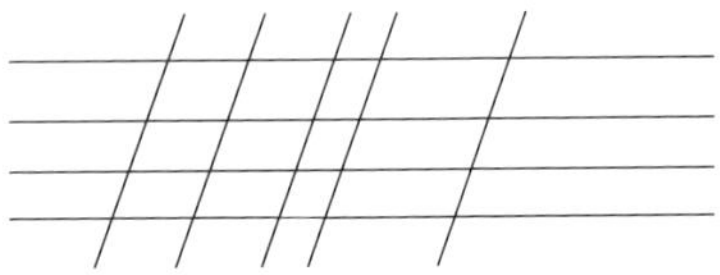

70 ☆☆

右の図のような道路がある。このとき，次の最短経路は全部で何通りあるか。

(1)　AからBへ行く経路

(2)　AからBへ行く経路のうち，PとQをともに通る経路

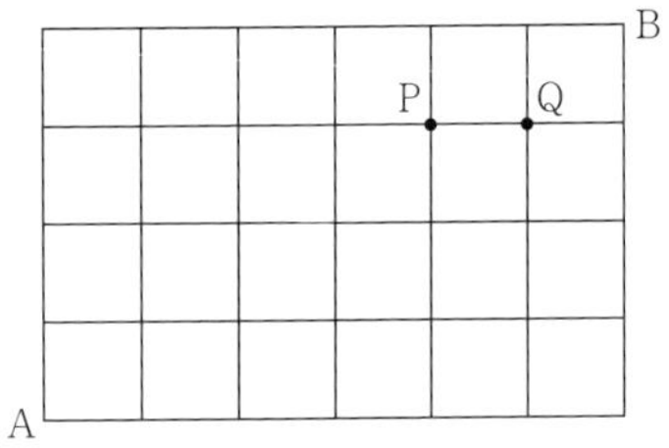

71 ☆

男子6人，女子4人の合計10人がいる。次のような選び方は全部で何通りあるか。

(1)　男女の区別なく3人を選ぶ

(2)　男子2人，女子2人を選ぶ

72 ☆☆

2個のサイコロを同時に投げるとき，次の確率を求めよ。

(1)　目の積が6である確率

(2)　目の和が6の倍数である確率

73 ☆☆☆

3個のサイコロを同時に投げるとき，次の確率を求めよ。

(1) 少なくとも1個は6の目が出る確率

(2) 3個の目の積が偶数である確率

74 ☆☆

6人が1列に並ぶとき，特定の2人が隣り合う確率を求めよ。

75 ☆☆

箱の中に赤球が6個，白球が4個入っている。この中から3個を同時に取り出すとき，少なくとも1個が白球である確率を求めよ。

6 データの分析

●解答解説P327～330

●傾向と対策

重要度：**B**

相対度数や，平均値・中央値・最頻値などを求める問題が多く出題される。データそのものが与えられている場合だけではなく，度数分布表やヒストグラムなどの形で与えられている場合も，これらの数値を求められるようにしておこう。また，箱ひげ図や散布図の出題もあるので，これらの内容もおさえておく必要がある。

76 ☆

次の表は，40人の生徒の体重をまとめたものである。下の各問いに答えよ。

体重〔kg〕	人数〔人〕	相対度数
以上　未満 44～48	2	0.05
48～52	4	0.10
52～56	14	x
56～60	y	z
60～64	8	0.20
64～68	2	0.05
計	40	1.00

(1)　64kg以上68kg未満の階級の階級値を求めよ。

(2)　表のx，y，zの値を求めよ。

77

次の表は，生徒20人の5点満点の小テストの結果をまとめたものである。平均値が2.8点のとき，xとyの値を求めよ。

得点〔点〕	0	1	2	3	4	5	計
人数〔人〕	1	2	4	x	y	1	20

78

20人のクラスAと30人のクラスBで数学のテストが行われた。クラスAの平均点が75点，クラスBの平均点が65点であったとき，クラスAとBを合わせた平均点は何点か。

79

次の8個のデータの平均値，中央値を求めよ。

6　4　9　11　8　4　5　1

80

次の表は，ある1か月の最高気温について，まとめたものである。下の各問いに答えよ。

最高気温〔℃〕	日数〔日〕
以上～未満 5～10	1
10～15	6
15～20	6
20～25	10
25～30	7
計	30

(1)　平均値を求めよ。ただし，小数第2位を四捨五入し，小数第1位まで答えよ。

(2)　中央値はどの階級に含まれるか。

(3)　最頻値を求めよ。

81

次のヒストグラムは，受験生25人が受験する学校の数をまとめたものである。受験する学校の数について，平均値，中央値，最頻値を求めよ。

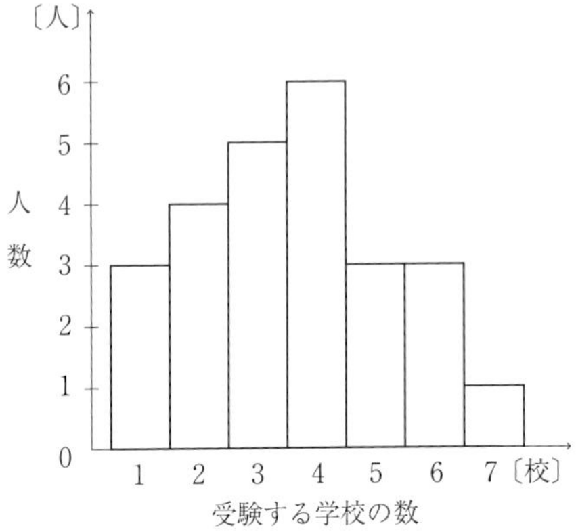

82

次のヒストグラムは，あるサッカーチームの15試合について，各試合の得点数をまとめたものである。このヒストグラムに関する記述として誤っているものを下の①～⑤から1つ選べ。

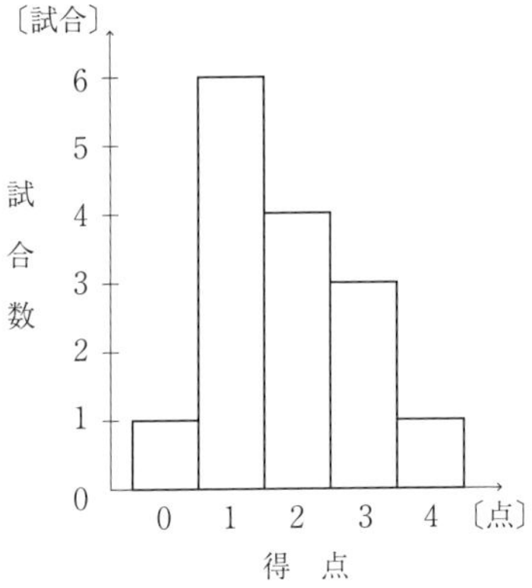

① 範囲は4点である。

② 最頻値は1点である。

③ 中央値は1.5点である。

④ 第1四分位数は1点である。

⑤ 平均値は1.8点である。

83

次の16個のデータについて，箱ひげ図をかけ。

1　3　4　6　6　7　7　9　11　12　13　13　15　15　16　16

84

次の箱ひげ図A，Bは，下のヒストグラム①～④のうち，どれを用いて作図したものか答えよ。

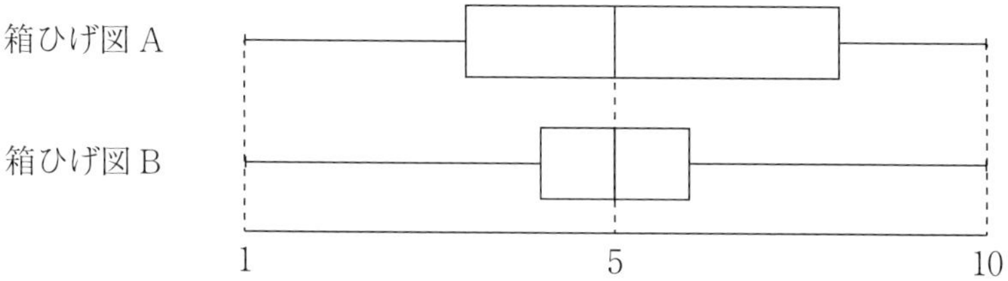

①

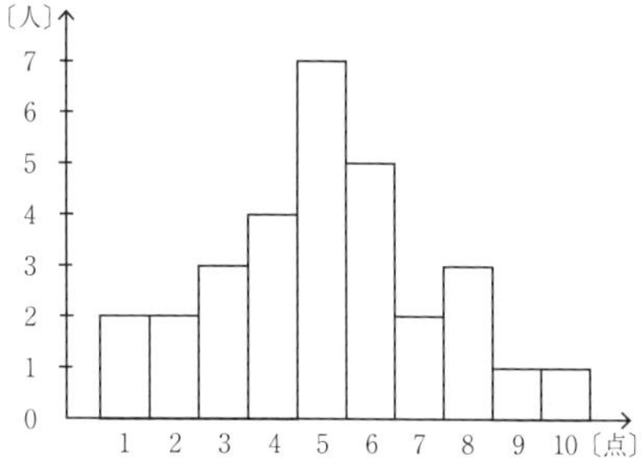

②

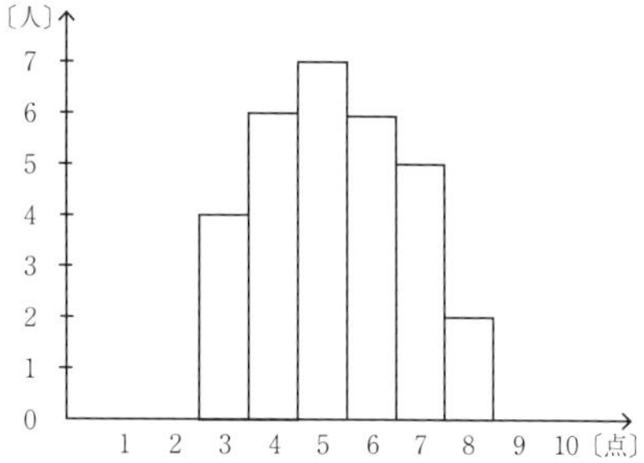

③

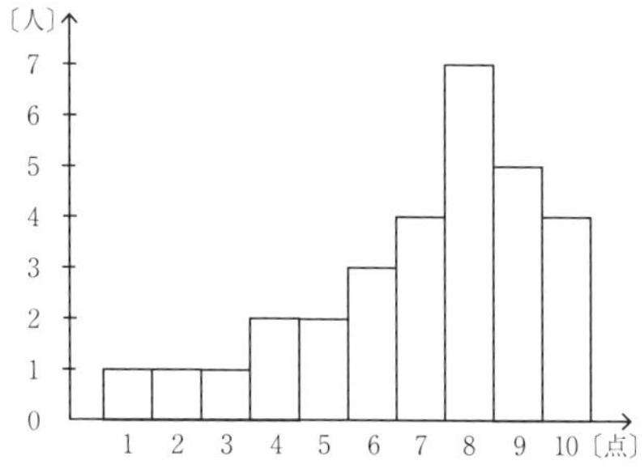

④

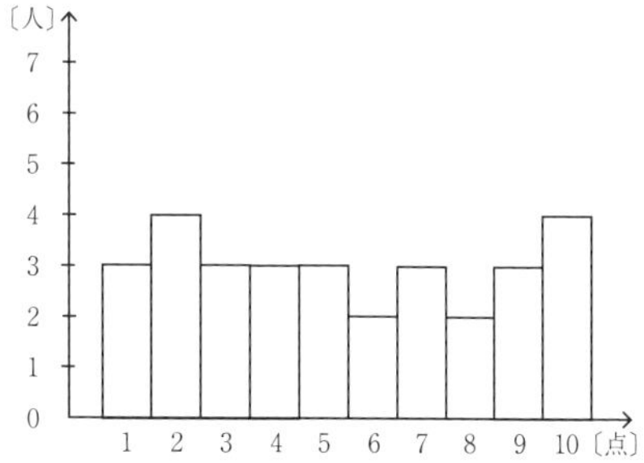

85

次の10個のデータについて，分散と標準偏差を求めよ。

7　11　15　10　4　13　11　8　12　9

86

次の散布図ア，イの相関係数として，最も近いものを下の①～④からそれぞれ1つずつ選べ。

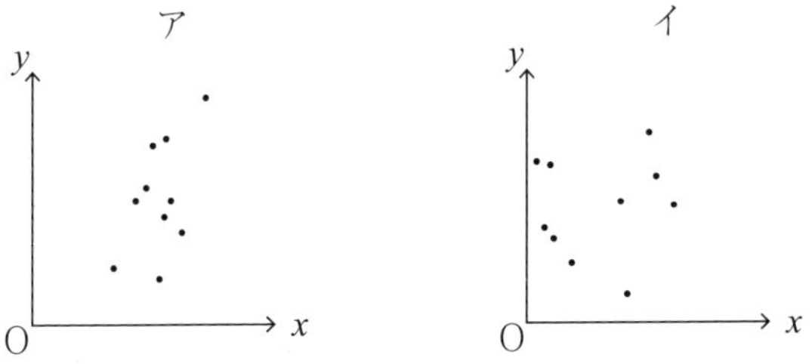

①　－0.9　　②　－0.5　　③　0.1　　④　0.5

87

次の散布図は，あるクラスの生徒について，数学のテストの得点を横軸，理科のテストの得点を縦軸にとったものである。この散布図から読み取れる内容として，正しいものを下の①～⑤から2つ選べ。

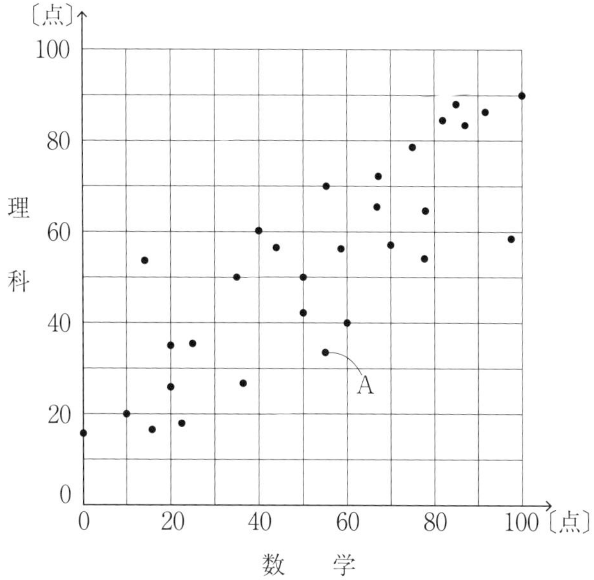

① 数学の得点が高いほど，理科の得点も高くなる傾向がある。
② 数学のテストの得点が80点以上の者は5人いる。
③ 理科のテストが20点以下の者は，数学のテストも20点以下である。
④ 数学のテストの得点の散らばりは，理科のテストの得点の散らばりより大きい。
⑤ Aさんは，数学の得点より理科の得点が30点以上高い。

7 数列

●解答解説P330～331

●傾向と対策

重要度：**B**

三角数・四角数を利用した応用問題や，等差数列の一般項や和を求める問題が出題されている。公式にあてはめれば解ける問題ばかりなので，基本公式を確実に覚え，使いこなせるようにしておこう。また，公式を使わずとも解ける問題もあるため，その規則性に着眼できるよう類題をこなしておく必要がある。

88 ☆

碁石を1列目に1個，2列目に2個とピラミッド型に置いていく場合，25列目まで並べると，碁石の数は全部で何個になるか。

89 ☆

等差数列1，5，9，13，…の第100項を求めよ。

90 ☆

初項3，公差5の等差数列について，次の各問いに答えよ。

(1) 第15項を求めよ。

(2) 初項から第10項までの和を求めよ。

91 ☆☆

第3項が10，第8項が50となる等差数列の初項から第10項までの和を求めよ。

92 ☆

$\frac{1}{1\times 2}$，$\frac{1}{2\times 3}$，$\frac{1}{3\times 4}$……で表される数列の初項から第 35 項までの和を求めよ。

93 ☆☆

一辺の長さが1cmのブロックを次の図のように並べたとき，24回目のブロックの周りの長さはいくらか。

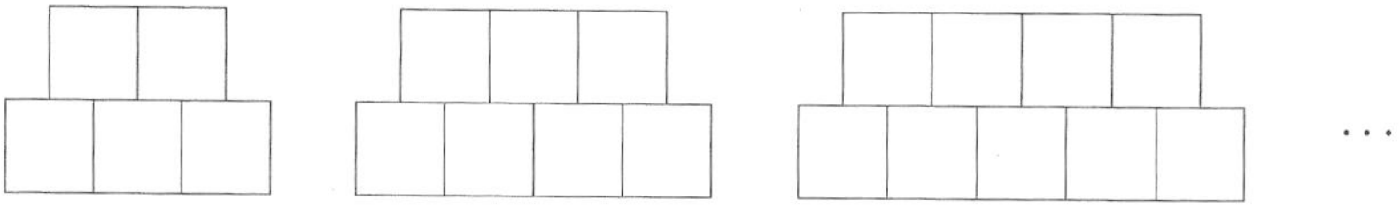

1回目　　2回目　　3回目　　4回目

8

物理

Open Sesame

1 力の働き

●解答解説P332～334

●傾向と対策

重要度：**B**

力の分解とつり合い，バネの伸び，圧力と浮力についての計算問題が出題されている。一見，難しそうな問題にもみえるが，実際には中学レベルの知識で対応できる問題がほとんどであるため，基本事項を確認した上で問題をこなし解法を身に付けておくようにしよう。

1 ☆☆

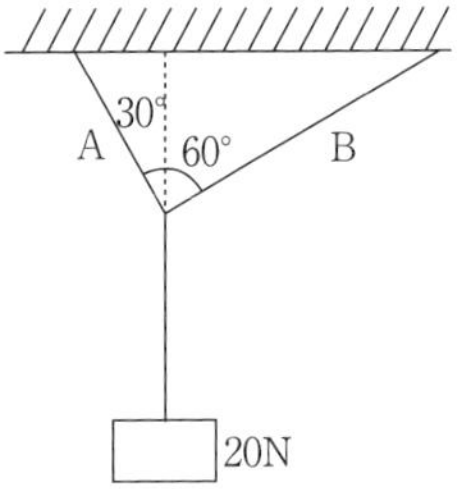

右の図のように，天井から2つの糸AとBでつるされた20Nのおもりがある。糸A，Bにかかる張力を求めよ。ただし，$\sqrt{3}=1.73$とし，糸の質量は考えないものとする。

2 ☆

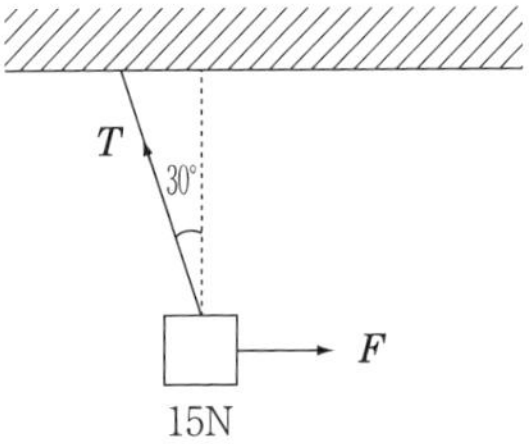

天井から質量が無視できる軽い糸でつるした重さ15Nの荷物を，水平方向にFの力で引いて，ひもが鉛直方向と30°の角をなす位置で静止させた。糸が引く張力Tと，水平方向の力Fの大きさを求めよ。ただし，$\sqrt{3}=1.73$とする。

3 ☆

次の図のように，つり合っているてこがある。Aのおもりは何gか。ただし，棒及びひもの重さは考えないものとする。

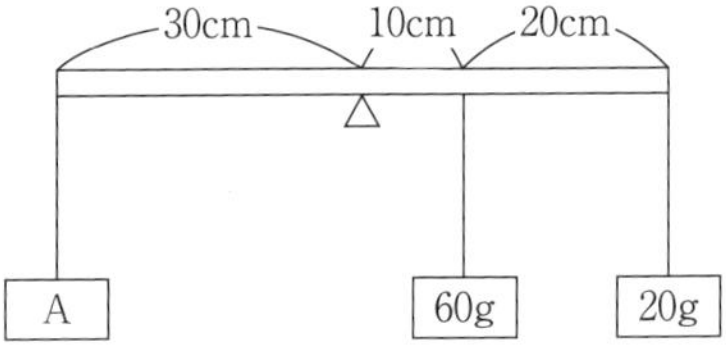

4 ☆☆

次の図1に示すような性質をもつバネA，Bを用いて，力の働きについて調べた。これについて，次の各問いに答えよ。ただし，バネの重さは考えないものとする。

⑴　図2のとき，バネAの伸びは何cmか。

⑵　図3のとき，バネAの伸びとバネBの伸びを合わせると12cmであった。つるしたおもりの重さは何Nか。

図1

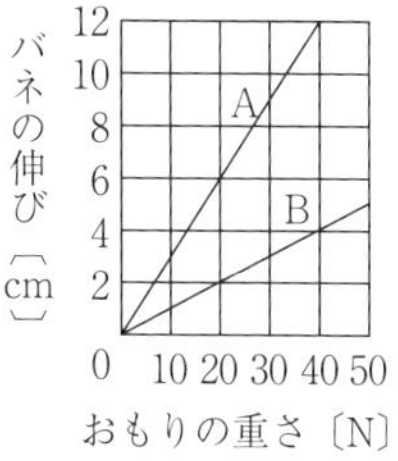

図2

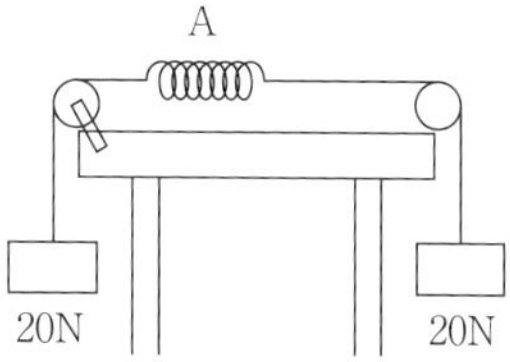

図3

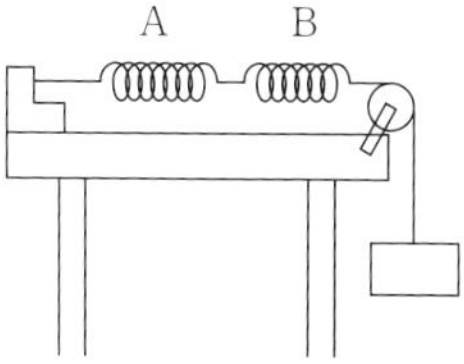

5 ☆☆

次の図1は，2種類のバネA，Bのそれぞれに，おもりをつるしたときのおもりの質量とバネの伸びとの関係を示したものである。これについて，次の各問いに答えよ。ただし，バネの質量は考えないものとする。

⑴　バネA，Bを図2のようにつないでおもりをつるしたところ，2本のバネの伸びの和は12cmであった。このおもりの質量は何gか。

⑵　図3のように，100gのおもりをつるしたバネAと，ある質量のおもりをつるしたバネBをつないだところ，バネBの伸びは2cmであった。バネAの伸びは何cmか。

図1

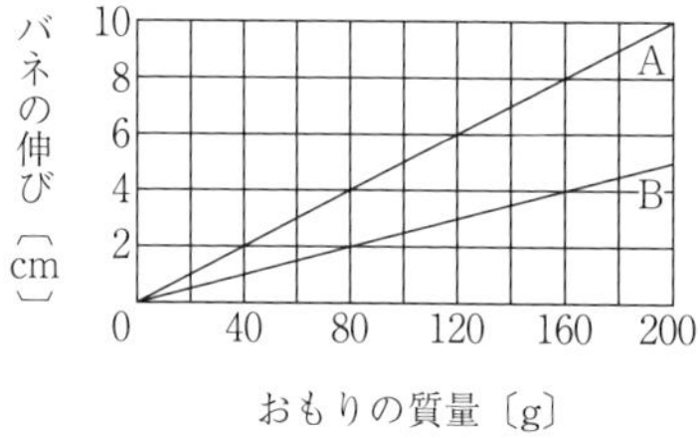

図2

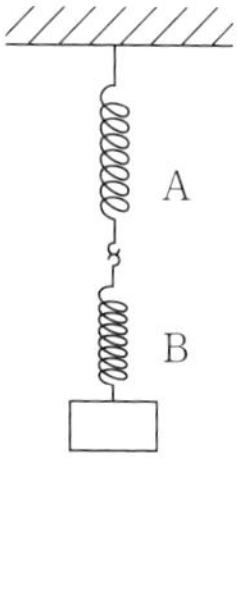

図3

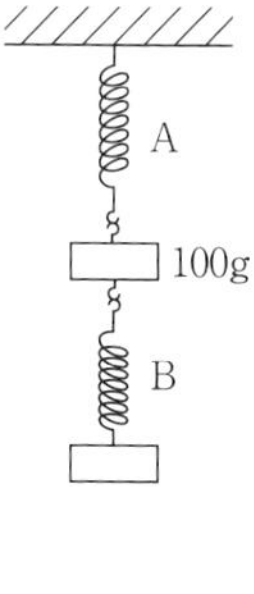

6 ☆☆☆

自然長60cmのバネの一端に糸をつけ，図1のように摩擦のない滑車を通して質量24kgのおもりを取り付けたところ，バネは30cm伸びた。これと同じバネ2本をA，Bとし，図2のようにMkgのおもりを取り付けたところ，Bのバネが20cm伸びた。おもりの質量Mを求めよ。

図1

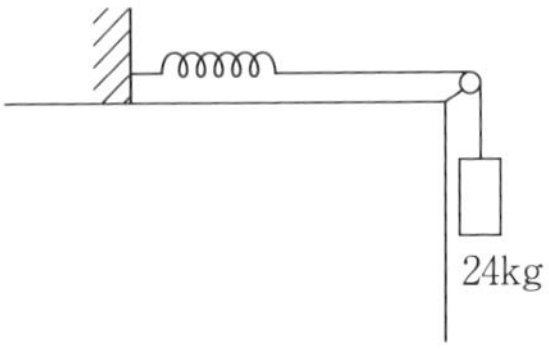

図2

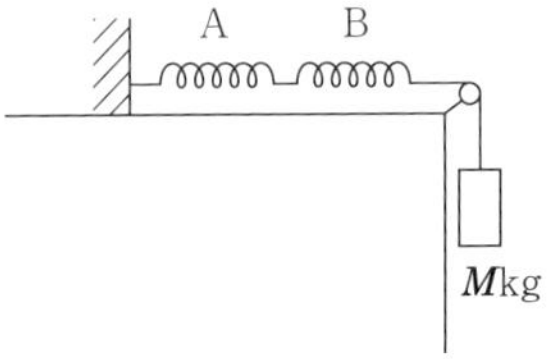

7 ☆☆

次の図のA～Dの方法で，質量4.8kgの物体を40cm鉛直上方にゆっくり手で引き上げた。動滑車の質量は0.20kgで，輪軸の輪と軸の直径の比は4：1である。これについて，次の各問いに答えよ。ただし，ひもの質量や滑車の摩擦は考えないものとし，重力加速度を$10m/s^2$とする。

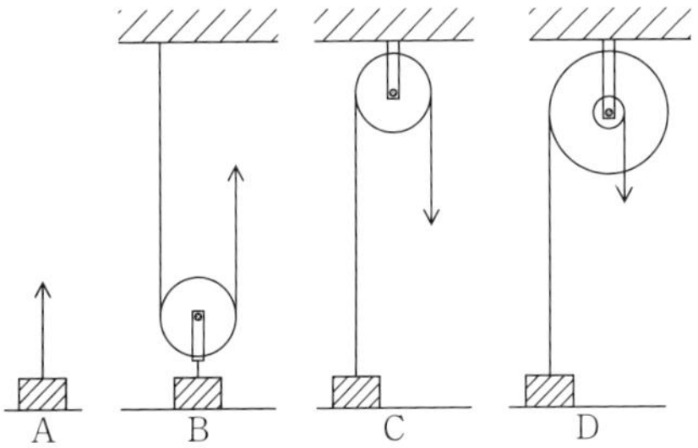

(1) 物体を最も小さい力で引き上げることができるのは，A～Dのうちどれか。
(2) Bで物体を40cm引き上げるために，手がする仕事は何Jか。
(3) Dで物体を40cm引き上げるために，手がする仕事は何Jか。

8 ☆

図のような3辺が0.3m，0.4m，0.5mで，1200Nの直方体がある。これについて，次の各問いに答えよ。

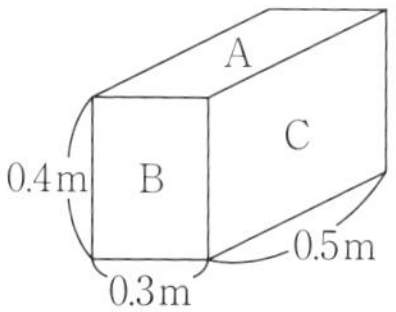

(1) 面Cを下にして置くとき，面にかかる圧力の大きさを求めよ。

(2) この物体をやわらかいスポンジの上に置くとき，A～Cのどの面を下にして置くと，最もスポンジが沈むか。

9 ☆☆☆

断面積12cm^{2}の円筒がある。この円筒をたてにし，右の図のように，下端に質量200g，面積22cm^{2}の円板をあてがい，水を入れた水槽の深さ40cmのところまで沈めて手を離しても円板は落ちなかった。これについて，次の各問いに答えよ。ただし，重力加速度を9.8m/s^2，水の密度を1.0g/cm^{3}とする。

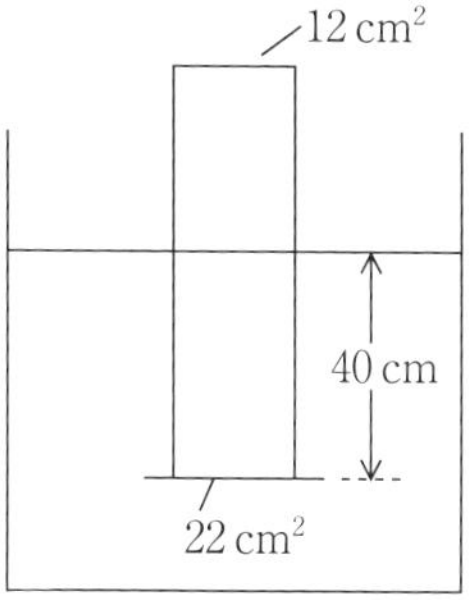

(1) 円筒の上から砂を少しずつ入れていくと，砂を何N入れたとき，円板が円筒から離れて落ちるか。

(2) 円筒をゆっくり引き上げていくと，円板の深さが何cmになったとき，円板が円筒から離れて落ちるか。

10 ☆☆

ビーカーに水を入れ，台ばかりでその重さを測ったら10.0Nであった。重さ4.00Nのガラス球をバネばかりにつるし，右の図のようにビーカーの水中に完全に入れたところ，バネばかりは2.00Nを示した。これについて，次の各問いに答えよ。ただし，重力加速度を10m/s^{2}とする。

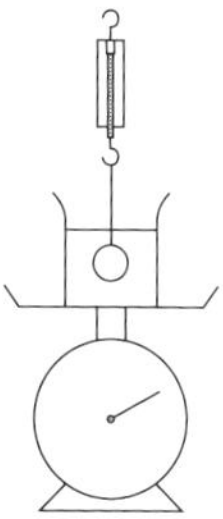

(1) ガラス球が受けている浮力の大きさを求めよ。

(2) 台ばかりの示す値は何kgか。

2 力と運動

●解答解説P335～337

●傾向と対策

重要度：**B**

等速直線運動や等加速度直線運動についてグラフを用いた問題や，自由落下，鉛直投げ上げ投射などといった物体の落下運動についての計算問題が出題されている。出題されるパターンはほぼ決まっているため，基本事項を押さえた上で類題をこなし，それぞれの公式をすぐに使えるようにしておこう。

11 ☆☆

右の図は，電車がA駅を出てからB駅に着くまでの速さと経過時間の関係を示している。これについて，次の各問いに答えよ。

(1) 発車後40秒間の加速度は何m/s^2か。

(2) A駅から1.2kmの地点を電車が通るのは，発車何秒後か。

(3) 両駅間の距離は何kmか。

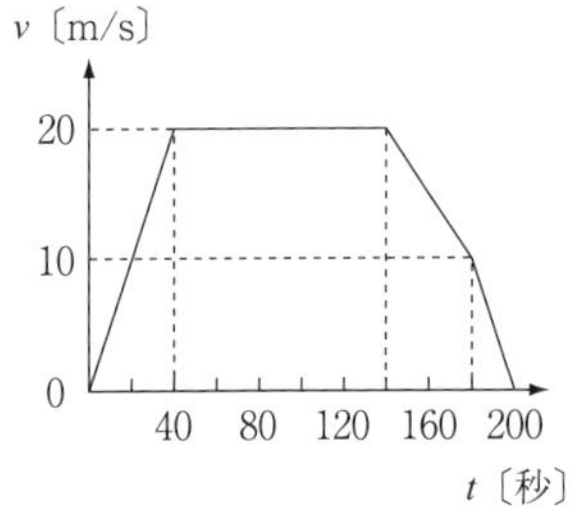

12 ☆

なめらかな水平面上に静止している物体に，一定の力を加えると物体は等加速度直線運動をする。このとき，物体の速度と移動距離を表したグラフとして，正しいものはそれぞれどれか。ただし，横軸はいずれも時間をとっている。

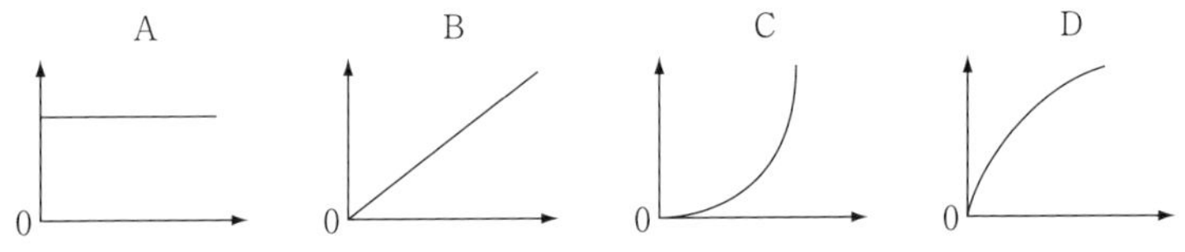

13 ☆

20m/sの速さで走っていた自動車が，一定の大きさの加速度で30m/sの速さになるまで加速した。この間に自動車が100m進んだとすると，このときの加速度の大きさは何m/s^2か。

14 ☆

速度5m/sで走っているある物体が，$2m/s^2$の一定の加速度で速さを増していった。これについて，次の各問いに答えよ。

(1) 加速し始めてから5秒後の速さは何m/sか。

(2) その間の移動距離は何mか。

15 ☆☆

20m/sの速さで運動をしている質量4.0kgの物体に，ある力を加えて2.0秒間で停止させた。加えた力の大きさは何Nか。

16 ☆

橋の上から小石を自由落下させたところ，小石は3秒後に水面に達した。これについて，次の各問いに答えよ。ただし，重力加速度を$9.8m/s^2$とする。

(1) 小石を落とした場所の高さは水面から何mか。

(2) 水面にぶつかるときの速さは何m/sか。

17 ☆☆

高さ24.5mのビルの屋上から，小物体を19.6m/sの初速度で真上へ投げ上げた。これについて，次の各問いに答えよ。ただし，重力加速度を$9.8m/s^2$とする。

(1) 小物体の最高点の高さは，地上から何mか。

(2) 地面に達するまでの時間は何秒か。

(3) 地面に達するときの小物体の速さは何m/sか。

18 ☆☆

水面からの高さ19.6mのところから水平方向に小石を投げたところ，小石は水平距離で39.2m先の水面に落ちた。小石の初速度の大きさと，水面に落ちるときの水面との角度を求めよ。ただし，重力加速度を$9.8\mathrm{m/s^2}$とする。

19 ☆

斜め上向きに投げ出された小石が軌道の頂点に達するまでの時間が1.5秒であったとすれば，この小石が投げ出された点と同じ高さになるまでの時間は何秒か。

20 ☆☆

地上28mのビルの上から，鉛直下向きに小石を初速度4.2m/sで投げ下ろした。これについて，次の各問いに答えよ。ただし，重力加速度を$9.8\mathrm{m/s^2}$とする。

(1) 小石が地面に達するのは何秒後か。

(2) 小石が地面に達するときの速さは何m/sか。

(3) 同じ高さから，同じ大きさの初速度で真上に投げ上げる。小石が地面に達するのは何秒後か。

(4) (3)のとき，小石が地面に達する速さは何m/sか。

3 エネルギー

●解答解説P338～340

●傾向と対策

重要度：C

「物理」の中では，出題数が少ない分野ではあるが，力学的エネルギー保存の法則や仕事，仕事率についての出題がみられる。基本的な知識として公式を覚えておけば解ける問題も多いため，それらの公式を使いこなせるようにしておこう。

21 ☆

重さ12Nの物体を机にそって水平に50cm押すとき，4.0Nの力が必要であった。このときの仕事の大きさは何Jか。

22 ☆

右の図のように，3つの動滑車を使って4Nのおもりを引き上げた。ひもを引いて，おもりを引き上げるのに必要な力は何Nか。ただし，ひもや滑車の質量，摩擦は考えないものとする。

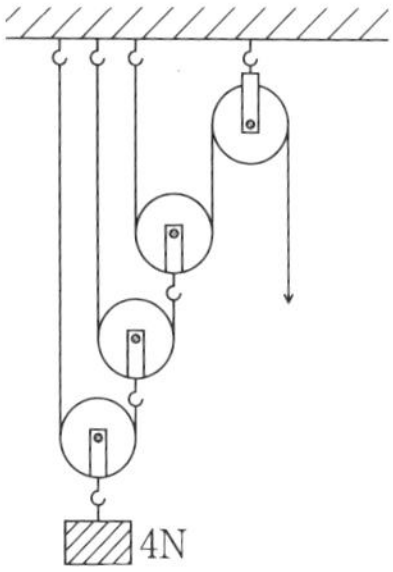

23 ☆☆

水平と30°の傾きをなし，摩擦力が無視できる斜面がある。これについて，次の各問いに答えよ。ただし，重力加速度を9.8m/s^2とする。

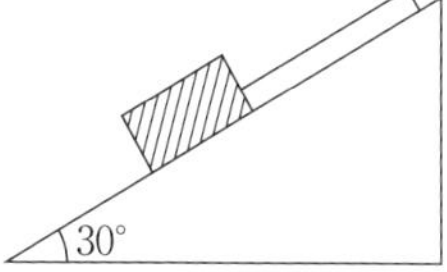

(1) 斜面上に質量0.10kgの物体を置き，ひもで上向きに支えて物体を斜面上に静止させたとき，ひもが物体を引く力は何Nか。

(2) この物体を，人がひもを引き斜面にそって10m引き上げるとき，人のする仕事を求めよ。

24 ☆

200Nの物体を10秒間で鉛直方向に15m持ち上げたときの仕事率は何Wか。

25 ☆☆

傾き30°のなめらかな斜面上で，質量10kgの荷物を斜面にそって10mだけ引き上げるのに5秒を要した。このときの仕事率は何Wか。ただし，重力加速度を10m/s^{2}とする。

26 ☆

質量1.0×10^3kgの自動車が72km/hの速さで走るとき，自動車がもつ運動エネルギーは何Jか。

27 ☆

質量20kgの物体を基準点から高さ10mまで持ち上げたとき，物体のもつ重力による位置エネルギーは何Jか。ただし，重力加速度を9.8m/s^{2}とする。

28 ☆☆

高さ25mの塔の上から水平方向に20m/sの速さで小球を投げ出した。地面に達したときの速さを力学的エネルギー保存の法則を用いて求めよ。ただし，重力加速度を10m/s^{2}とする。

29 ☆

右の図のAの位置から静かに手を放し，振り子の運動をさせた。これについて，次の各問いに答えよ。ただし，空気抵抗はないものとする。

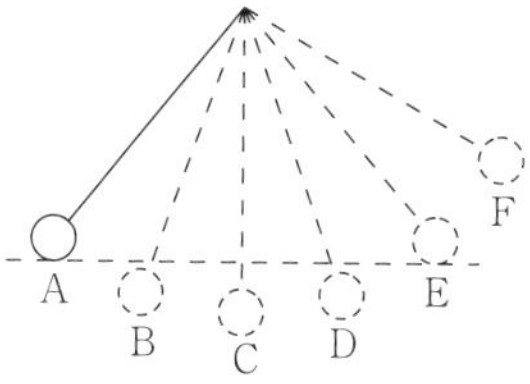

(1) この振り子は，右へ最大どこまでふれるか。B～Fから選び，記号で答えよ。

(2) この振り子の速さが最大になる場所はどこか。B～Fから選び，記号で答えよ。

(3) 振り子が1往復する時間を短くするためにはどうすればよいか。次のア～カから選び，記号で答えよ。

ア．糸の長さを長くする　イ．糸の長さを短くする　ウ．おもりを重くする
エ．おもりを軽くする　オ．振れ幅を大きくする　カ．振れ幅を小さくする

30 ☆

20℃の水150gと60℃の水250gを混ぜると，水温は何℃になるか。ただし，水の比熱は4.2 J/（g・K）とする。

31 ☆

150gの鉄のかたまりの温度を20℃から100℃まで上げるのに，4800Jの熱量が必要であった。鉄の比熱は何J/（g・K）か。

4 光と音

●解答解説P340～341

●傾向と対策

重要度：**B**

光の性質と凸レンズによってできる像，音の性質について出題されている。これらについては，日常的に見聞きする現象であるため，理解しやすいと思われる。基本的事項を把握した上で，問題に慣れておくようにしよう。

32 ☆

右の図で，AOは水面への入射光線である。水面で反射する光線と水中へ進む光線との道すじをB～Kからそれぞれ選び，記号で答えよ。

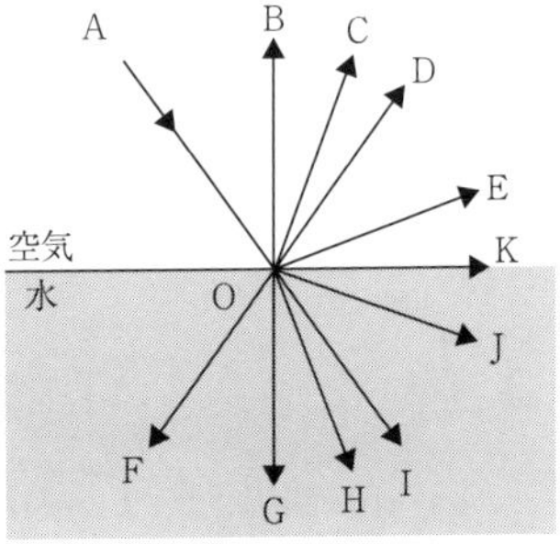

33 ☆☆

次の図のように，凸レンズを通してろうそくを見た。これについて，次の各問いに答えよ。

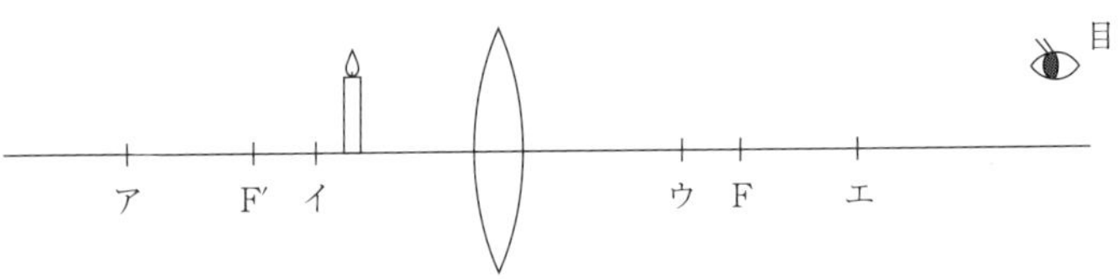

(1) レンズを通してろうそくを見たとき，物体はどの位置にあるように見えるか。ア～エから選び，記号で答えよ。

(2)　レンズを通して見るろうそくは，レンズで屈折した光がそこからくるように見える像である。このような像を何というか。

(3)　(2)の像は実際の像と比較して，大きいか，小さいか。

(4)　この原理を利用している観察器具を1つ挙げよ。

34 ☆

次の音に関する記述のうち，正しいものを選べ。

①　音の大小は，音波の振動数のみによる。

②　音の高低は，音波の振幅による。

③　弦を強く張ったり，弦を細くしたりするほど音は低くなる。

④　音源が遠ざかっていくときには，実際より低い音に聞こえる。

⑤　ドップラー効果は，音源が移動することによって，音波の振幅が大きく，あるいは小さく観測される現象である。

35 ☆

雷の稲光が見えてから，5秒後に雷の音が聞こえた。雷までの距離は何mか。ただし，音速は340m/sとする。

5 電磁気

●解答解説P341～344

●傾向と対策

重要度：**A**

「物理」の中で，最も出題数の多い分野である。特に，オームの法則を用い電流・電圧・抵抗の大きさを求める問題，消費電力を求める問題が頻出している。重要公式をはじめとして基本事項をしっかり押さえ，解法を確実に身に付けておく必要がある。

36 ☆

5Ωの抵抗と10Ωの抵抗を直列につなぎ，右の図のような回路を作った。点Aを流れる電流は0.3Aである。これについて，次の各問いに答えよ。

(1) 点Bを流れる電流の大きさは何Aか。

(2) 5Ωの抵抗にかかる電圧は何Vか。

(3) 電源Eの電圧は何Vか。

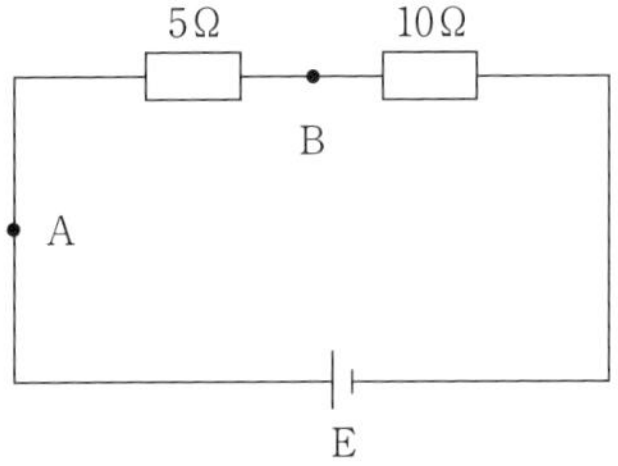

37 ☆

右の図1は，抵抗の大きさが異なるA，Bの抵抗器を並列につなぎ，電圧と電流の関係を調べたときの回路である。また，図2は，A，Bそれぞれの電圧と電流の関係を示したグラフである。これについて，次の各問いに答えよ。

(1) 電源の電圧が6Vのとき，a点，b点を流れる電流の大きさは何Aか。

(2) 抵抗器A，抵抗器Bの抵抗の大きさは何Ωか。

(3) 図1のcd間の抵抗の大きさは何Ωになるか。

図1

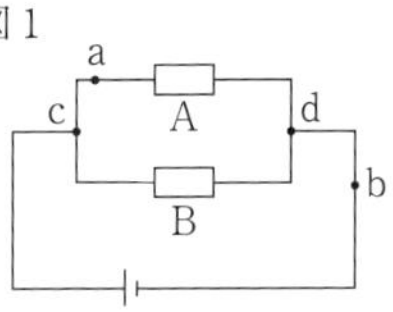

図2

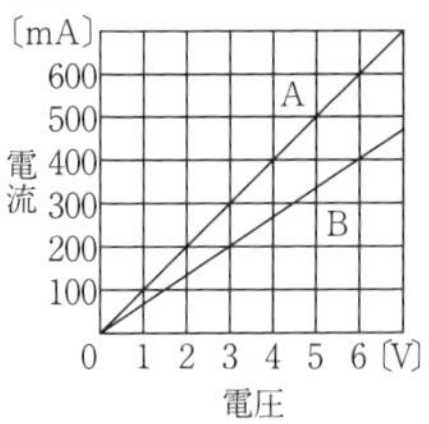

38 ☆☆

100V用の40Wと60Wの電球を，右の図のように直列と並列に接続し，それぞれに100Vの電圧を加えた。これについて，次の各問いに答えよ。

(1)　図のア～エの電球のうち，最も明るいのはどれか。

(2)　エの電球の抵抗は何Ωか。

(3)　イの電球に流れる電流の大きさは何Aか。

(4)　図1の回路全体の電力は何Wか。

(5)　図2の回路に4時間電流を流した。その間に消費された電力は何Whか。

図1

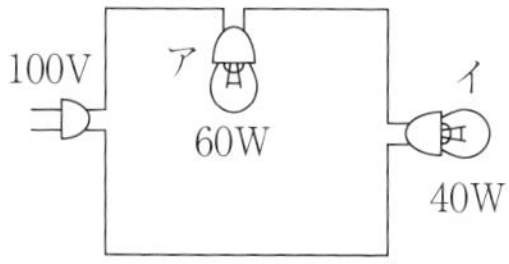

図2

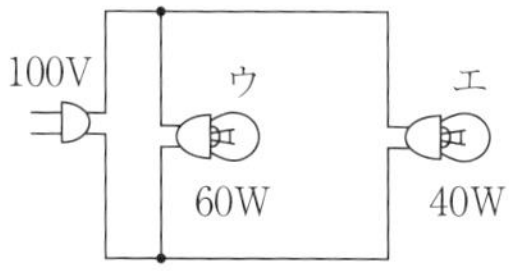

39 ☆

電熱線に5.0Vの電圧をかけると，2.0Aの電流が流れた。このときの消費電力は何Wか。

40 ☆☆

抵抗20Ωの電熱線について，次の各問いに答えよ。

(1)　この電熱線に100Vの電圧を加えて電流を流したときの消費電力は何Wか。

(2)　この電熱線に80Vの電圧を加えて電流を流すと，消費電力は(1)の消費電力の何倍か。

41 ☆☆

100V用－800Wの電気ストーブについて，次の各問いに答えよ。

(1)　この電気ストーブを100Vの電源につないで使うと，何Aの電流が流れるか。

(2)　この電気ストーブの電気抵抗は何Ωか。

(3)　この電気ストーブを100Vの電源につないで使ったとき，1秒間に発生する熱量は何Jか。

42 ☆☆

図のように，18Vの電源に3Ωの電熱線Aと6Ωの電熱線Bを直列につなぎ，それぞれを20℃の水100gの入ったビーカーに入れて，電流を5分間流した。これについて，次の各問いに答えよ。

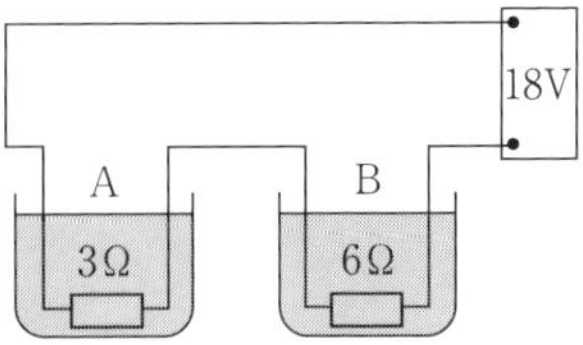

(1) 電熱線Aの発熱量は何calか。

(2) 電熱線Aの入ったビーカーの水の温度は何℃上昇するか。

43 ☆☆

図のように，コイルに検流計をつなぎ，棒磁石を出し入れしたときに流れる電流を調べた。これについて，次の各問いに答えよ。

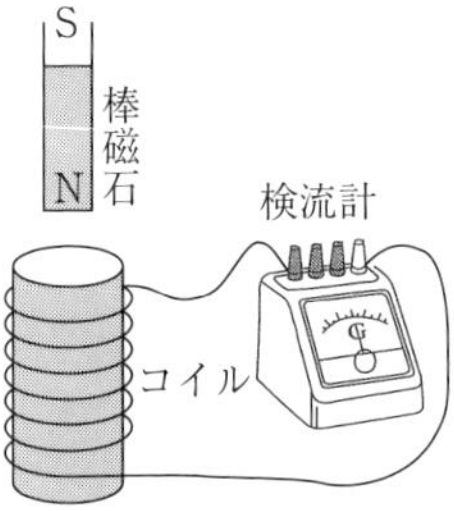

(1) 図のように棒磁石を出し入れすると，検流計の指針が左右に振れて電流が流れたことがわかった。このような現象を何というか。

(2) 図のようにコイルに棒磁石のN極を入れるとき，検流計の指針は右に振れた。N極を出すとき，指針は左右のどちらに振れるか。

(3) コイルに入れた棒磁石のS極をコイルから出すとき，検流計の指針は左右のどちらに振れるか。

(4) 図のコイルを巻き数の多いものに取り替えて，棒磁石のN極を近づけると，コイルを流れる電流の強さはどのようになるか。

44 ☆☆☆

図のような回路がある。AB間に6.0Vの電圧をかけたとき，各抵抗を流れる電流の大きさを求めよ。

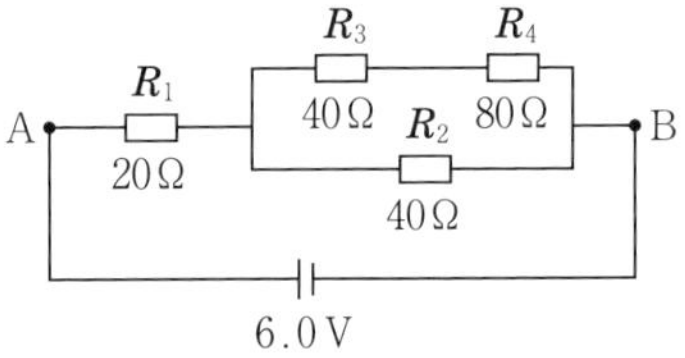

9
化学
Open Sesame

1 物質の構成

●解答解説P345～347

●傾向と対策　重要度：B

物質の分類と化学反応式についての出題率が高い。物質の分類については，混合物，純物質，化合物，同素体，同位体とはどういうものか理解しておくとともに，具体的な物質を押さえておこう。また，混合物の分離方法とそれぞれの具体例も把握しておくこと。各化学反応式については，主だった化学反応式を覚えることと，係数の決定の仕方をマスターしておくことが大切である。

1 ☆

次のものに該当する物質の組み合わせをア～カよりそれぞれ選べ。

(1)　混合物　(2)　化合物　(3)　互いに同素体　(4)　互いに同位体

ア．酸素とオゾン　イ．^{12}Cと^{13}C　ウ．一酸化炭素と二酸化炭素

エ．石油と海水　オ．鉛と黒鉛　カ．硫黄と硫酸

2 ☆

次のものを分離・精製する方法として適切なものを，ア～オよりそれぞれ選べ。

(1)　水に溶けている塩化ナトリウムから水を分離し，純水にするとき。

(2)　砂粒を混ぜた塩化ナトリウム水溶液から砂粒を分離するとき。

(3)　ヨウ素とヨウ化カリウムの結晶の混合物から純ヨウ素を分離するとき。

(4)　少量の塩化ナトリウムを含む硝酸カリウム結晶から純粋な硝酸カリウムを分離するとき。

ア．抽出　イ．昇華法　ウ．ろ過　エ．蒸留　オ．再結晶法

3 ☆

有機化合物についての文の空欄にあてはまる語句を答えよ。

有機化合物は（　A　）原子を骨格とする化合物で，構成元素の種類は（　B　）いが，化合物の種類は（　C　）い。分子性物質が多く，融点や沸点は比較的（　D　）い。また，水には溶け（　E　）く，燃え（　F　）いものが多い。

4 ☆

有機化合物についての記述として，誤っているものを選べ。

① 成分元素の種類は少ないが，化合物の種類は多い。

② 融点は低く，加熱すると分解したり，燃えたりする。

③ 水に溶けやすく，ベンゼンなどの有機溶媒には溶けにくい。

④ 酢酸はカルボン酸の一種で，食酢に含まれている。

⑤ 炭化水素（C_nH_{2n+2}）の水素原子をヒドロキシ基で置換した構造の化合物をアルコールという。

5 ☆☆

次のア～エの物質について，下の各問いに答えよ。

ア．塩化マグネシウム　　イ．メタン　　ウ．ヨウ素　　エ．硫酸

(1) それぞれ化学式を書け。

(2) 電解質をすべて選べ。

6 ☆

原子番号は同じで，質量数が異なる原子のことを何というか。

7 ☆☆☆

二酸化炭素について，次の各問いに答えよ。ただし，原子量はC＝12，O＝16，アボガドロ定数を6.0×10^{23}/molとし，気体は標準状態とする。

(1) 17.6gの二酸化炭素は何Lを占めるか。

(2) 1.5×10^{22}個の二酸化炭素分子の質量は何gか。また，その体積は何Lか。

8 ☆

次の各物質の化学式を書け。

(1) 硫酸　(2) 硝酸　(3) 塩酸　(4) 炭酸　(5) 酢酸

9 ☆☆

次の各反応を化学反応式で示せ。

(1) 硫黄を燃やすと二酸化硫黄を生じる。

(2) 亜鉛は塩酸に溶けて塩化亜鉛となり，水素を発生する。

(3) 炭酸カルシウムに希塩酸を加えると，二酸化炭素が発生する。

10 ☆☆

窒素10Lと水素15Lを使ってアンモニアをつくったとき，アンモニアは何L生じるか。ただし，気体は標準状態とする。

11 ☆☆

マグネシウム2.4gを完全燃焼させると，酸化マグネシウムは何g生じるか。また，このとき反応した酸素は，標準状態で何Lか。ただし，原子量は$O = 16$，$Mg = 24$とする。

12 ☆☆☆

エタンC_2H_6を完全燃焼させると，二酸化炭素と水が生じる。エタン12.0gを完全燃焼させるとき，次の各問いに答えよ。ただし，原子量は$H = 1.0$，$C = 12.0$，$O = 16.0$，アボガドロ定数を6.0×10^{23}/molとする。

(1) この化学変化を化学反応式で示せ。

(2) このとき生じる二酸化炭素の質量は何gか。

(3) このとき生じる水分子の数は何個か。

(4) この燃焼に必要な空気の量は標準状態で何Lか，整数値で答えよ。ただし，空気の組成を窒素80％，酸素20％とする。

2 物質の状態

●解答解説P347～349

●傾向と対策

重要度：C

化学全体からすると出題頻度の低い分野ではあるが，質量パーセント濃度と溶解度，ボイル・シャルルの法則や気体の状態方程式については押さえておきたいところである。いずれも公式さえ覚えていれば，数値をあてはめて解くことができるので，解法を確実に身につけておくようにしよう。

13 ☆

物質の三態に関する次の記述について，正しいものには○を，誤っているものには×を記せ。

(1) 固体が液体に変化するとき，熱を発生する。

(2) ドライアイスのような固体が直接気体へ変化することを昇華という。

(3) 同じ物質では，融点と凝固点は等しい。

(4) ある一種類の固体を加熱したとき，融解の始まりから終わりまでの温度は一定に保たれる。

(5) 一定圧力の下では，物質の体積は常に固体＜液体＜気体である。

14 ☆

気体の性質に関する記述として，正しいものを選べ。

① 一定温度において，気体の体積は圧力に比例する。

② 一定圧力において，気体の体積は絶対温度に反比例する。

③ 一定量の気体の体積は圧力に反比例し，絶対温度に比例する。

④ 酸素と窒素のモル比が1：4の混合気体中では，酸素と窒素の分圧の比は4：1である。

⑤ 一定温度において，気体の溶解度は気体の圧力に反比例する。

15 ☆☆

0℃，1.0×10^5 Paで22.4Lの体積の気体がある。この気体の圧力を4.0×10^5 Paにし，体積を11.2Lにすると，温度は何℃になるか。

16 ☆☆

同温，同体積の水素と酸素の質量を測ったところ，同じ値であった。水素の圧力が2.0×10^5 Paのとき，この酸素の圧力は何Paか。

17 ☆☆

2.0×10^5 Paの酸素6.0Lと4.0×10^5 Paの窒素2.0Lを，5.0Lの容器に封入したときの酸素と窒素の分圧，および混合気体の圧力を求めよ。ただし，温度はいずれも等しいものとする。

18 ☆

質量パーセント濃度について，次の各問いに答えよ。

⑴　10％の砂糖水50gに水200gを加えると濃度は何％になるか。

⑵　3％の塩酸を600gつくるには，36％濃塩酸と水をそれぞれ何gずつ混合すればよいか。

19 ☆

質量パーセント濃度が4.0％の食塩水50gと8.0％の食塩水40gを混合すると，何％の食塩水が得られるか。小数第2位まで求めよ。

20 ☆☆

硝酸ナトリウムは，水100gに80℃で148g，20℃で88g溶ける。これについて，次の各問いに答えよ。ただし，小数第1位まで求めよ。

⑴　80℃における硝酸ナトリウムの飽和水溶液の質量パーセント濃度を求めよ。

⑵　80℃の硝酸ナトリウムの飽和水溶液100gを20℃まで冷却すると，硝酸ナトリウムの結晶は何g析出するか。

21 ☆☆

塩化カリウムの溶解度(g/水100g)は，20℃で34，60℃で46である。これについて，次の各問いに答えよ。ただし，小数第1位まで求めよ。

(1) 60℃の飽和水溶液400gから，水25gを蒸発させた。何gの結晶が析出するか。

(2) 60℃の飽和水溶液400gを20℃に冷却した。何gの結晶が析出するか。

(3) 20℃の飽和水溶液150gを60℃に加熱した。さらに溶ける塩化カリウムは何gか。

3 物質の変化

●解答解説P350～351

●傾向と対策

重要度：A

化学では最も出題頻度の高い分野である。酸とアルカリ，中和，酸化還元反応，電池，電気分解が重要となる。いずれについても中学レベルの問題がほとんどであり，問われることもほぼ決まっているため，基本的な事項を確実に押さえた上で，問題に慣れておくようにしよう。

22 ☆

次の水溶液のうち，アルカリ性を示すものをすべて選べ。

① 硫酸　② 石灰水　③ アンモニア水

④ 硫化水素水　⑤ レモン汁

23 ☆

次の化合物のうち，青色リトマス紙を赤色に変化させ，BTB溶液に加えると黄色になるものをすべて選べ。

① 炭酸　② 水酸化カリウム　③ アンモニア

④ 硝酸　⑤ 水酸化ナトリウム

24 ☆

右の図のように，BTB溶液を数滴加えた希塩酸に，薄い水酸化ナトリウム水溶液を少しずつ加えていき混ぜ合わせた。これについて，次の各問いに答えよ。

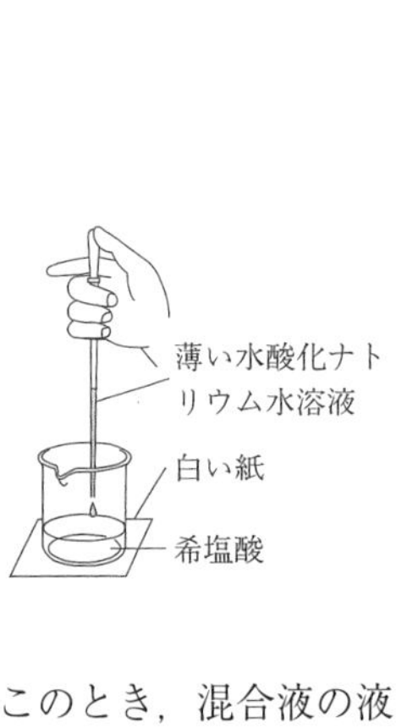

(1) 水酸化ナトリウム水溶液に含まれているイオンは何か。イオン記号で答えよ。ただし，水の電離は考えないものとする。

(2) BTB溶液を加えた希塩酸は，何色を示すか。

(3) しばらく実験を続けると，混合液は緑色になった。このとき，混合液の液性は何性になったと考えられるか。

25 ☆

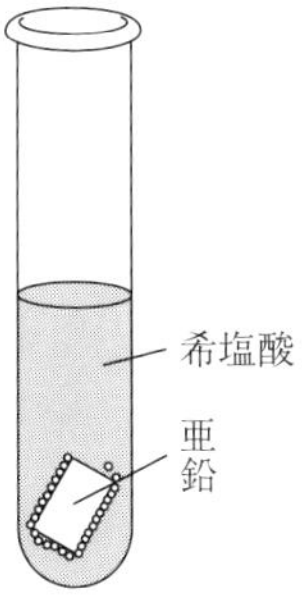

右の図のように，希塩酸に亜鉛を入れると，亜鉛は溶けて亜鉛のまわりにあわがたくさん発生した。これについて，次の各問いに答えよ。

(1) このあわは何か，気体名を答えよ。

(2) このあわのもとになっているものを，次から選べ。

ア．塩化水素が電離してできた水素イオン

イ．塩化水素が電離してできた塩化物イオン

ウ．水の分子

エ．亜鉛

(3) 次のうち，希塩酸に溶けないものをすべて選べ。

ア．銀　イ．銅　ウ．鉄　エ．マグネシウム　オ．アルミニウム

(4) 塩酸と亜鉛の反応を，化学反応式で示せ。

26 ☆

アルカリ性の水溶液に酸性の水溶液を少しずつ加えたら，液性は中性になった。これについて，次の各問いに答えよ。

(1) 酸の性質を示すイオンと，アルカリの性質を示すイオンとが結びつく反応を，イオン反応式で示せ。

(2) 酸の残りのイオンとアルカリの残りのイオンとが結びついてできた物質を何というか。

(3) 次のうち，(2)の物質に属するものを選べ。

ア．石灰水の成分　イ．アンモニア　ウ．酸化銅

エ．硫酸ナトリウム　オ．食酢の主成分

27 ☆

0.6gのマグネシウムを完全に燃焼させたところ，1.0gの酸化マグネシウムを生じた。これについて，次の各問いに答えよ。

(1) マグネシウムと化合した酸素の質量は何gか。

(2) 0.8gの酸素と結びつくマグネシウムの質量は何gか。

28 ☆

酸化銅3.5gと炭素0.5gとを混ぜて，試験管で十分加熱したところ，気体が発生し銅が残った。これについて，次の各問いに答えよ。

(1) 発生した気体は何か。

(2) このように，酸化物から酸素を取り除くような化学変化を一般に何というか。

(3) 酸化銅3.5gから得られる銅の質量は何gか。ただし，酸化銅中の銅と酸素の質量比は4：1とする。

29 ☆☆

次の金属のうち，冷水とは反応しないが，熱水と反応して水素を発生するものを選べ。

① K　② Na　③ Mg　④ Ca　⑤ Fe

30 ☆

右の図のように，希硫酸の中に銅板と亜鉛板を入れたところ，豆電球が点灯した。これについて，次の各問いに答えよ。

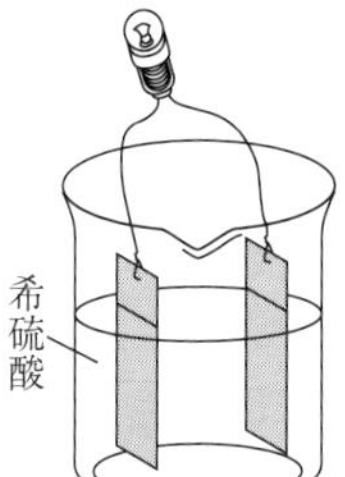

(1) 正極となるのは，銅板と亜鉛板のどちらか。

(2) ビーカーの中央にしきり板を入れ，水溶液を完全に分けた。このときの様子として正しい記述を次から選べ。

① それぞれの極板の周囲のイオンの量が減少したことにより，豆電球が暗くなった。

② それぞれの極板のまわりで化学反応が進み，豆電球の明るさも変化しなかった。

③ 水溶液中をイオンが移動できなくなったため，豆電球は完全に消えた。

(3) 希硫酸の代わりとして使えるものを，次から選べ。

ア．砂糖水　イ．エタノール　ウ．蒸留水　エ．レモン水

31 ☆

塩化銅水溶液に2本の炭素棒を電極として入れ，これに電圧をかけた。これについて，次の各問いに答えよ。

(1) 塩化銅水溶液中の陽イオンは何か。ただし，水の電離は考えないものとする。

(2) 陽極と陰極に生じる物質をそれぞれ化学式で答えよ。

(3) 電流を流し続けると，水溶液の青色はどのように変化するか。

32 ☆☆

右の図のような装置で，炭素棒を電極として希塩酸の電気分解をおこなった。これについて，次の各問いに答えよ。

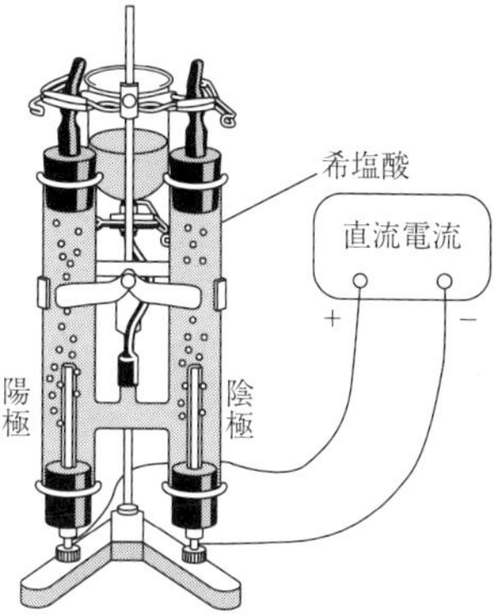

(1) 陽極と陰極に生じる物質をそれぞれ化学式で答えよ。

(2) 水溶液中のイオンの変化についての記述の空欄にあてはまる語句を答えよ。

（　A　）イオンは（　B　）極に移動して，電子を受け取る。一方，（　C　）イオンは（　D　）極に移動して，電子を失う。

(3) 塩酸が電気分解される変化を，化学反応式で示せ。

(4) 陽極と陰極で生じる気体の体積比を，簡単な整数で示せ。

(5) 塩酸にかえて希硫酸を電気分解すると，陽極から発生する気体は何か。

33 ☆

水の電気分解についての文の空欄にあてはまる語句・数字を答えよ。

水に少量の水酸化ナトリウムを加えて，水の電気分解をおこなったところ，陽極からは（　A　）が，陰極からは（　B　）が発生した。これらの気体の体積の割合は，（　A　）:（　B　）=（　C　）:（　D　）である。

4 物質の性質

●解答解説P352～354

●傾向と対策

重要度：A

気体の発生と性質については，よく出題されている。特に，酸素，二酸化炭素，水素，アンモニアの出題頻度が高いため，それらの性質については確実に理解しておく必要がある。溶液の性質については，そのもの自体が出題されることは少ないが，「物質の変化」の分野や気体の性質などと合わせて出題されることもあるため，一通り学習しておく必要がある。金属については，それぞれの金属の炎色反応を押さえておこう。

34 ☆

次の気体について，次の各問いに答えよ。

ア．二酸化炭素　イ．酸素　ウ．窒素　エ．水素　オ．塩素

(1) 可燃性があり，気体に点火すると炎をあげて燃えるものはどれか。

(2) 水に溶かすと，酸性を示すものはどれか。

(3) 有色の気体はどれか。

35 ☆

右の図のような装置をつくり，炭酸水素ナトリウムを加熱する実験をおこなったところ，気体が発生した。これについて，次の各問いに答えよ。

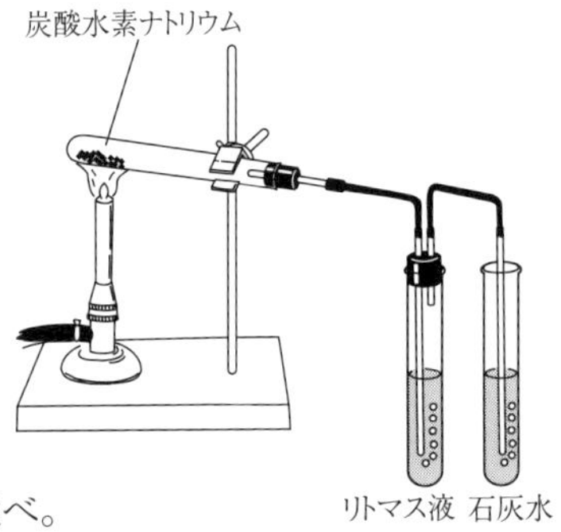

(1) 発生した気体は，石灰水を白く濁らせた。この気体は何と考えられるか。

(2) この気体をリトマス液に通したとき，リトマス液の色はどうなるか。

(3) (1)と同じ気体が発生するものを次から選べ。

① 希塩酸に亜鉛を加える。

② アンモニア水を加熱する。

③ 石灰石に希塩酸を加える。

④ 二酸化マンガンに過酸化水素水を加える。

36 ☆☆

次の気体のうち，水に溶けにくく，空気より軽いものを選べ。

① 石灰石に希塩酸を加えたときに発生する気体。

② マグネシウムに薄い塩酸を加えたときに発生する気体。

③ 二酸化マンガンにオキシドールを加えたときに発生する気体。

④ 塩化アンモニウムに水酸化カリウムを混ぜて加熱したときに発生する気体。

⑤ 塩化ナトリウムに濃硫酸を加えて加熱したときに発生する気体。

37 ☆

次のうち，酸素が発生するものを選べ。

① 酸化銅と炭素を混ぜ合わせて加熱する。

② さらし粉に塩酸を加える。

③ 希硫酸と亜鉛を反応させる。

④ 水を電気分解する。

⑤ 亜硝酸アンモニウムを加熱する。

38 ☆

右の図のような装置で物質X，Yを使って，水素を発生させ，試験管に集めた。これについて，次の各問いに答えよ。

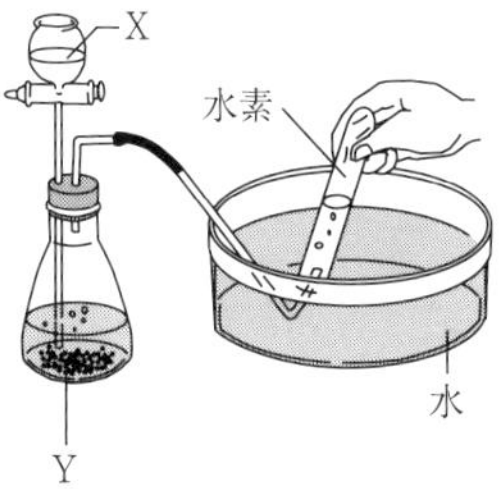

(1) 物質X，Yは何か。次の中から1つずつ選べ。

ア．硫黄	イ．薄い過酸化水素水
ウ．希塩酸	エ．亜鉛
オ．塩化アンモニウム	カ．食塩水

(2) 図のような方法での気体の集め方を何というか。

39 ☆☆

次の水溶液の性質について，下の各問いに答えよ。

ア．塩酸　　イ．水酸化ナトリウム　　ウ．水酸化カルシウム

エ．硫酸　　オ．水酸化バリウム

(1) 炭酸水素ナトリウムを加えたとき，気体が発生するものをすべて選べ。

(2) 互いに混ぜ合わせたとき，白い沈殿が生じるのはどの組み合わせか。

40 ☆☆

次の水溶液について，下の各問いに答えよ。

ア．希塩酸　　イ．硫酸銅水溶液　　ウ．食塩水

エ．炭酸水　　オ．アンモニア水

(1) 亜鉛を加えたとき，さかんに気体が発生する水溶液を選べ。また，このとき発生した気体は何か。

(2) 色がついている水溶液が1つあるが，その水溶液は何色か。

(3) 水溶液を熱して完全に蒸発させたとき，あとに固体が残るものをすべて選べ。

(4) 塩化バリウム水溶液を加えたとき，白く濁るものを選べ。

41 ☆

次の物質の中から，「金属」であるものをすべて選べ。

① ヘリウム　　② カルシウム　　③ アルゴン

④ マンガン　　⑤ ネオン

42 ☆☆

次の性質をすべて満たす金属として正しいものをすべて選べ。

ア．特有な炎色反応がある。

イ．価電子が1個で，1価の陽イオンになりやすい。

ウ．水溶液は強いアルカリ性を示す。

エ．酸化されやすい。

① Na　　② Ca　　③ Ba　　④ Cu　　⑤ K

43 ☆☆

銀の性質として，誤っているものを選べ。

① 熱をよく伝える。
② 希硫酸に溶ける。
③ 電気の伝導性が大きい。
④ イオン化傾向が小さい。
⑤ 展性・延性が大きい。

44 ☆

金属イオンの炎色反応で，黄色を示すものを選べ。

① Ba^{2+}　② K^{+}　③ Na^{+}　④ Cu^{2+}　⑤ Ca^{2+}

10

生物

Open Sesame

1 植物の世界

●解答解説P355～357

●傾向と対策

重要度：A

植物の分類が頻出事項である。被子植物と裸子植物，被子植物の双子葉類と単子葉類，シダ植物などのつくりや具体的な植物名を確実に覚えておく必要がある。そのほか，顕微鏡の取扱い，光合成についての問題がみられる。いずれも中学レベルの知識で十分対応できるため，基本的なところをしっかり身に付けておこう。

1 ☆

顕微鏡について，次の各問いに答えよ。

(1) 顕微鏡で観察するときの操作として，正しいものを選べ。

① 顕微鏡は，直射日光を反射鏡に当てるために窓際に置く。

② レンズは，対物レンズ，接眼レンズの順に取り付ける。

③ 対物レンズは，はじめに低倍率を使用し，後に高倍率を使用する。

④ ピントは，接眼レンズをのぞいたまま，対物レンズをステージに近づけながら合わせる。

⑤ 顕微鏡の倍率を低倍率から高倍率にかえたとき，視野は狭くなるが明るくなる。

(2) 接眼レンズが「×15」，対物レンズが「×40」のとき顕微鏡の倍率は何倍か。

2 ☆

「×10」の接眼レンズと「×40」の対物レンズを使用した場合，「×5」の接眼レンズと「×10」の対物レンズを使用した場合と比較して，視野の面積は何倍になるか。

3 ☆

次のうち，多細胞生物をすべて選べ。

① アメーバ　② ケイソウ　③ アオミドロ　④ ゾウリムシ
⑤ ミジンコ

4 ☆

右の図は，タンポポの花を観察したスケッチである。次の各問いに答えよ。

(1) 図のＡの部分について，正しい説明を選べ。

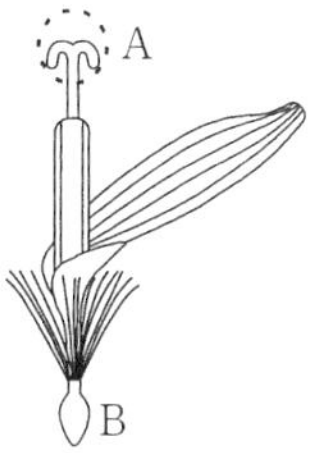

① 花粉がつくられる。
② 受粉がおこなわれる。
③ 花弁を支える。
④ 果実となる。

(2) 図のＢの部分の名称を答えよ。

(3) タンポポについての記述として，正しいものを選べ。

① 被子植物の中の双子葉類である。
② 被子植物の中の単子葉類である。
③ 裸子植物の中の双子葉類である。
④ 裸子植物の中の単子葉類である。

5 ☆☆

右の図は，マツの花のつくりを示したものである。次の各問いに答えよ。

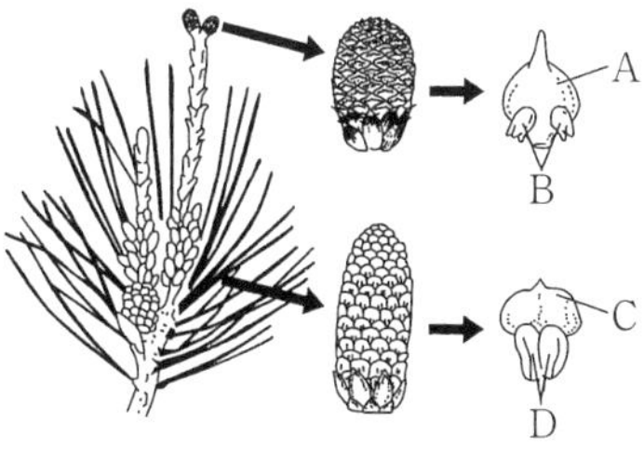

(1) 図のB, Dのそれぞれの名称を答えよ。

(2) マツの種子は図のＡ～Ｄのどこでつくられるか。

(3) サクラなどの被子植物に対して，マツのような植物を何というか。また，そのなかまを次の植物のうちからすべて選べ。

① イチョウ　② ゼニゴケ　③ ツツジ　④ イネ
⑤ アサガオ　⑥ ソテツ　⑦ ワカメ　⑧ スギ

(4) 被子植物の特徴を「子房」と「胚珠」の2語を使って簡潔に述べよ。

6 ☆

光合成について，次の各問いに答えよ。

⑴　植物が葉緑体の中で光合成をするときに，必要とするものを光エネルギー以外に2つ答えよ。

⑵　光合成をおこなった際，発生する気体は何か。

7 ☆☆

右の図のように青色のBTB液に息を十分吹き込んで黄色にしたものを2本の試験管A，Bに入れ，Aにはオオカナダモを入れ，Bはそのままにして，それぞれ栓をした。次に，これらの試験管にしばらくの間，光を当てたところAの試験管の溶液の色が変化した。これについて，次の各問いに答えよ。

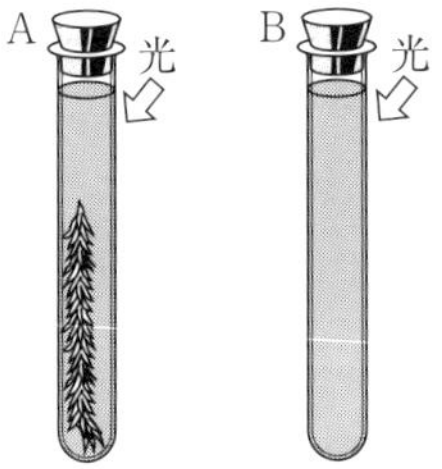

⑴　Aの溶液は何色に変化したか。

⑵　この変化がおこったのはなぜか，簡潔に説明せよ。

8 ☆

植物について，次の各問いに答えよ。

⑴　植物の体から，水が水蒸気となって気孔から排出される現象を何というか。

⑵　根から吸収された水や養分は，茎のどの部分を通って葉に運ばれるか。

9 ☆☆

植物に関する次の記述のうち，正しいものを選べ。

①　花の中心にはめしべがあり，これを囲むようにおしべ，がく，花びらの順についている。

②　光合成でつくられたデンプンなどの栄養分は，道管を通って運ばれる。

③　裸子植物は胚珠が子房の中にあるため，花粉は直接胚珠につくことができない。

④　葉の気孔は，水を水蒸気として排出するだけでなく，酸素，二酸化炭素の出入り口となっている。

⑤　被子植物のめしべの柱頭におしべの花粉がつくと，後に子房が種子，胚珠が果実になる。

10　☆

次の図は，ある植物の根をスケッチしたものである。次の各問いに答えよ。

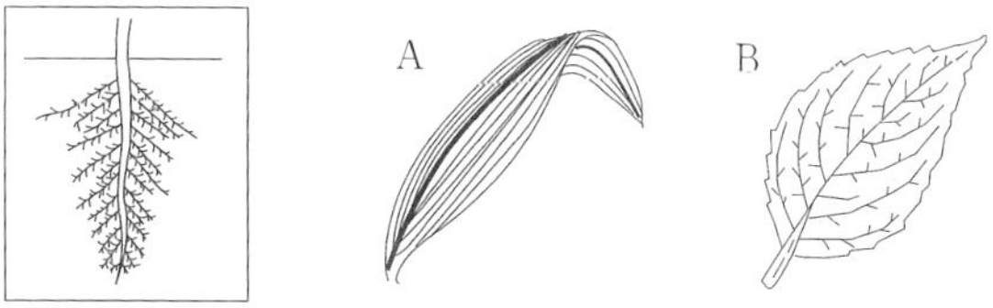

(1)　この植物の葉は，A，Bのどちらに似ているか。

(2)　このような植物のなかまを何というか。

11　☆

次のうち，チューリップと同様の胚珠・葉・根をもつものを選べ。

①　ユリ　　②　アサガオ　　③　エンドウ　　④　ソテツ　　⑤　シダ

12　☆☆

シダ植物，コケ植物，藻類のすべてに共通する特徴を次のうちから選べ。

①　種子でふえる。

②　葉緑体をもち，光合成をする。

③　根・茎・葉の区別がある。

④　雄株・雌株の区別がある。

⑤　維管束がない。

13　☆

次のうち，シダ植物に分類されるものをすべて選べ。

①　ゼニゴケ　　②　ワカメ　　③　ゼンマイ　　④　イヌワラビ

⑤　コンブ　　⑥　スギナ　　⑦　テングサ　　⑧　ソテツ

14 ☆☆

次の特徴をもつ植物を，ア～キからすべて選べ。

(1) 花が咲かないもの　(2) 単子葉類

(3) 裸子植物　(4) 雄花と雌花に分かれているもの

(5) 離弁花類

ア．サクラ　イ．エンドウ　ウ．イチョウ　エ．アヤメ

オ．ツツジ　カ．タンポポ　キ．スギナ

15 ☆

次の特徴をもつ植物を，ア～クからすべて選べ。

(1) 根・茎・葉の区別がはっきりしており，胞子をつくってふえる。

(2) 子房がなく，胚珠が裸出している。

(3) 維管束がなく，水はからだの表面全体から吸収し，胞子をつくってふえる。

(4) 花には子房があり，葉脈が平行で，根はひげ根である。

(5) 花には子房があり，茎の維管束は輪状に並んでいる。

ア．ゼニゴケ　イ．イヌワラビ　ウ．スギ　エ．ホウセンカ

オ．イネ　カ．アカマツ　キ．ケイソウ　ク．コンブ

2 動物の世界

●解答解説P358～361

●傾向と対策

重要度：A

赤血球や白血球などヒトの血液の成分，肺循環や体循環といった血液循環，アミラーゼなどの消化酵素，そしては虫類，両生類，哺乳類といった動物の分類が頻出事項である。この分野も基本的な知識について問われる場合がほとんどであるため，基礎知識の把握に努めた上で問題をこなし，知識の定着を図ろう。

16 ☆

右の図は，ヒトの血液に含まれている固形成分のスケッチである。これについて，次の各問いに答えよ。

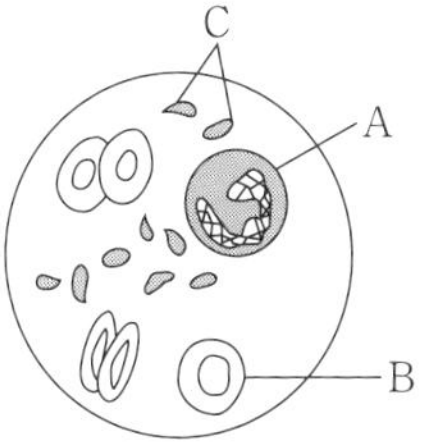

(1) 図中のA，Bの名称を答えよ。

(2) 図中のCの働きとして正しいものを選べ。

① 栄養分や老廃物を運ぶ。

② 出血したときに血液を固める。

③ 体内に侵入した細菌などをとらえる。

④ 酸素を運ぶ。

⑤ 二酸化炭素を運ぶ。

(3) 血液成分には，図に示された固形成分のほかに液体成分があるが，この名称を答えよ。

(4) ヒトの血液が赤く見えるのは，血液中に含まれる色素によるものである。その色素の名称と，それを含んでいる血液の固形成分の名称を答えよ。

17 ☆☆

次の図は，ヒトの心臓の断面を模式的に表したものである。これについて，次の各問いに答えよ。

(1)　図中のAの部分の名称を答えよ。

(2)　血液がからだの各部分をめぐって心臓にもどり，心臓から押し出されて肺にいたるまでの道すじとして正しいものを選べ。

①　からだの各部分→C→B→A→E→肺

②　からだの各部分→D→F→C→F→肺

③　からだの各部分→E→A→B→C→肺

④　からだの各部分→F→G→H→D→肺

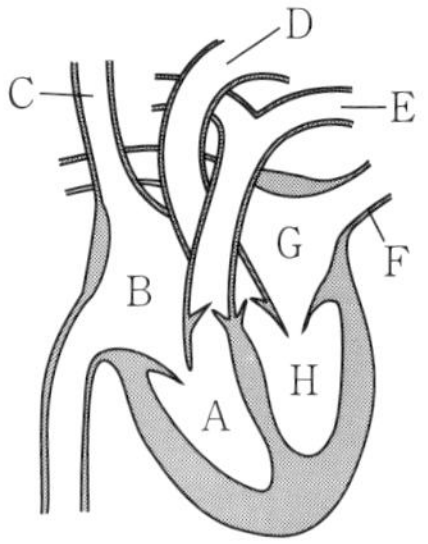

(3)　図中の血管C～Fのうち，酸素を多く含んだ血液が流れている血管を2つ選べ。

18 ☆☆

右の図は，ヒトの血液循環を表した模式図である。これについて，次の各問いに答えよ。

(1)　ヒトの血液循環のうち，心臓から送り出された血液が，肺以外の全身を回って心臓に戻る経路を何というか。

(2)　図中の血管A～Dのうち，二酸化炭素を多く含んでいる血液が流れている血管をすべて選べ。

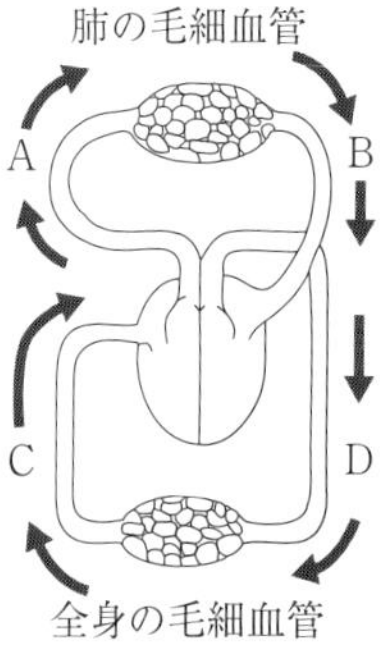

19 ☆☆

右の図は，ヒトの血液循環を表した模式図である。これについて，次の各問いに答えよ。

(1)　図中のA～Dの各器官の名称を答えよ。

(2)　図中のX，Yの血管の中を血液が流れる向きは，それぞれア，イのうちどちらか。

(3)　次の血液が流れている場所を，図中のa～gからそれぞれ1つずつ選べ。

ア．酸素が最も多く含まれている血管。

イ．栄養分が最も多く含まれている血管。

ウ．二酸化炭素が最も多く含まれている血管。

エ．尿素が最も多く含まれている血管。

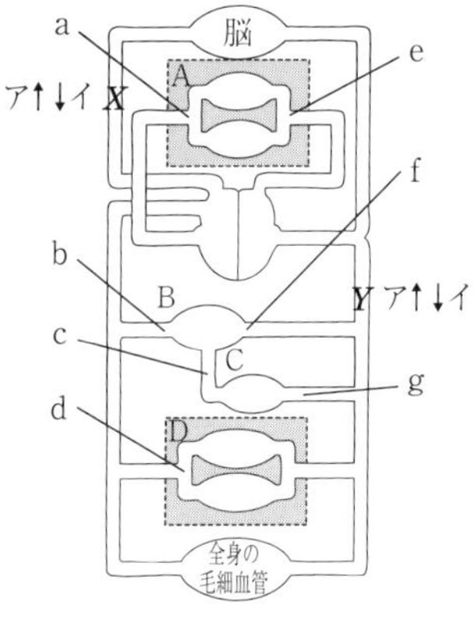

20 ☆

血液と血液循環に関する次の記述のうち，正しいものを2つ選べ。

① 血液は，赤血球・白血球・血小板と，血しょうからできている。

② 赤血球はヘモグロビンという赤い物質をもち，からだの中に入ってきた細菌などを取り除く働きをしている。

③ 組織液は，毛細血管から組織にしみ出た，血しょうの一部である。

④ 血液中の不要物は，ぼうこうでこしとられ，尿として排出される。

⑤ 心臓から出る血管は動脈で，酸素を多く含んだ動脈血が流れている。

21 ☆

小腸について，次の各問いに答えよ。

(1) 小腸の内壁には，消化した栄養分を効率的に吸収するために多数のひだが全面に分布しているが，このひだを何というか。

(2) 小腸の毛細血管に吸収される栄養分を2つ答えよ。

(3) 脂肪酸とモノグリセリドは，小腸のどこに吸収されるか。

(4) 吸収されたグルコースを蓄える器官を何というか。

22 ☆

次のうち，タンパク質を分解する消化酵素と，脂肪を分解する消化酵素をそれぞれ選べ。

① アミラーゼ　② リパーゼ　③ ペプシン　④ ラクターゼ

⑤ マルターゼ

23 ☆☆

消化液に含まれている消化酵素に関する記述のうち，正しいものを選べ。

① どのような消化酵素もすべての有機物に作用することができる。

② 消化酵素は，他の有機物に作用するとき，消化酵素自身も変化する。

③ 消化酵素はわずかな量でもくり返し作用し，多量の有機物を変化させることができる。

④ 0～100℃の範囲内では，温度が高くなればなるほど消化酵素の働きは盛んになる。

24 ☆

右の図のような装置で，だ液に含まれる酵素の働きを調べる実験をおこなった。酵素が働くのに十分な時間をおいてから，試験管ＡとＣにはヨウ素液を，試験管ＢとＤにはベネジクト液を加えて加熱し，それぞれ反応を観察した。これについて，次の各問いに答えよ。

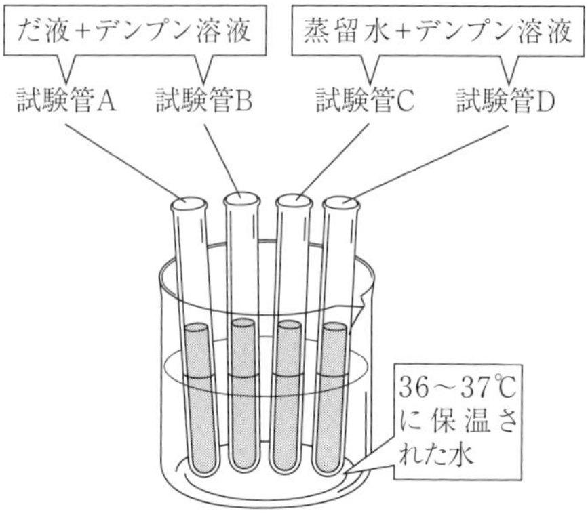

⑴　ヨウ素液に反応を示したのはA，Cのどちらか。

⑵　ベネジクト液に反応を示したのはB，Dのどちらか。

25 ☆

食物に含まれている栄養分の消化と吸収について，次の各問いに答えよ。

⑴　食物中に含まれているデンプン，タンパク質，脂肪は，それぞれ何という物質に分解されて吸収されるか。

⑵　消化された栄養分は主に何という器官で吸収されるか。

⑶　⑵で吸収された栄養分の一部は，どの器官で蓄えられるか。

⑷　水分は主に何という器官で吸収されるか。

26 ☆

次の記述のうち，肝臓，腎臓それぞれの働きを2つずつ選べ。

ア．血液中の水分や無機塩類の量を調節する。

イ．タンパク質が分解して生じたアンモニアを尿素にする。

ウ．血液中の養分を一時蓄えたり，体内の有害な物質を無害な物質につくり変えたりする。

エ．グルコースからグリコーゲンを合成するホルモンを分泌する。

オ．血液中の老廃物をろ過し，体外に排出する。

27 ☆

ヒトの呼吸に関する次の記述の空欄に当てはまる語句を答えよ。

ヒトの肺は，（　A　）とその間をつなぐ筋肉と（　B　）に囲まれた（　C　）内にある。息を吸うとき，（　B　）を下げるとともに，肋骨を（　D　）げると，（　C　）が広がって圧力が（　E　）がり，外から肺に空気が吸い込まれる。

28 ☆

細胞の呼吸のエネルギー源であるブドウ糖や脂肪は，細胞の呼吸によって物質Aと物質Bに分解される。また，アミノ酸が分解されると，これらの物質のほかに，からだに有害な物質Cが生じる。これについて，次の各問いに答えよ。

⑴　細胞の呼吸によって生じた物質Aや物質Bの一部は，肺から呼気として排出され，大部分の物質Bは，腎臓から排出される。物質Aと物質Bの名称を答えよ。

⑵　物質Cはからだに有害なため，体内でいったん害の少ない物質Dにつくりかえられてから排出される。物質Cの名称を答えよ。

⑶　⑵の害の少ない物質Dとは何か。また，この物質は何という器官でつくりかえられるか。

29 ☆

右の図は，ヒトの脳の断面図を模式的に示したものである。これについて，次の各問いに答えよ。

⑴　図中のA～Eの名称を答えよ。

⑵　図中のA～Eの働きを，次からそれぞれ選べ。

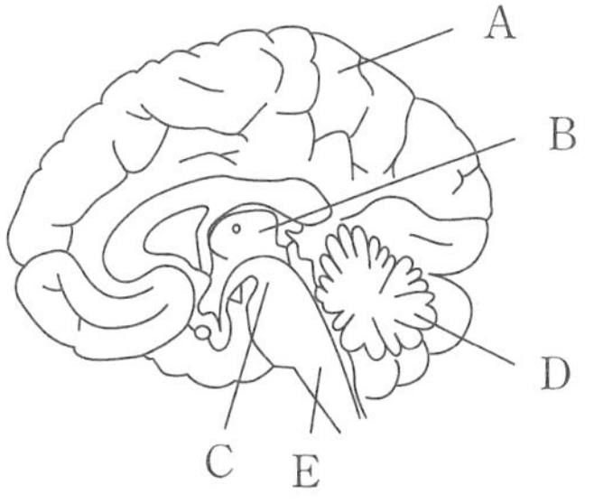

ア．体温調節や血糖量などの調節の中枢がある。

イ．眼球運動やこう彩の収縮調節などの中枢がある。

ウ．からだの平衡を維持する中枢がある。

エ．感覚や随意運動の中枢がある。

オ．呼吸，消化，血液循環の調節の中枢がある。

30 ☆☆

右の図は，ヒトの神経系を模式的に示したものである。これについて，次の各問いに答えよ。

(1) 図中の感覚器官と脊髄との間をつないでいる末梢神経の名称を答えよ。

(2) (1)のような末梢神経に対して，脳や脊髄を何というか。

(3) 熱いものにさわると，思わず手を引っ込めるという，意識とは関係なくおこる反応の道すじをA～Eの記号を使って表せ。

(4) (3)のような反応を何というか。

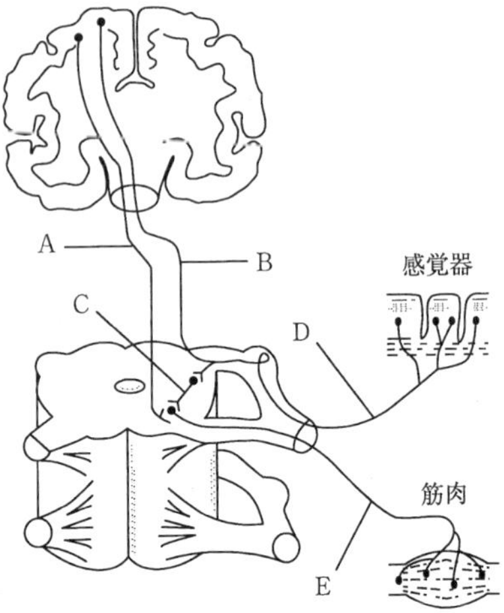

31 ☆

ヒトの自律神経は，交感神経と副交感神経とからなるが，次のうち，副交感神経の働きによるものを選べ。

① 消化作用の促進　② 瞳孔の拡大　③ 血圧の上昇
④ 呼吸運動の促進　⑤ 心臓の拍動の促進

32 ☆

次の動物のうち，は虫類を選べ。

① ペンギン　② イモリ　③ ヤモリ　④ サンショウウオ
⑤ カエル

33 ☆

次のセキツイ動物とその分類の組み合わせとして正しいものを選べ。

① カモノハシ――――哺乳類
② イグアナ―――――両生類
③ サメ―――――――は虫類
④ コウモリ―――――鳥類
⑤ イルカ――――――魚類

34 ☆☆

次の特徴をもつ動物を，ア～オよりすべて選べ。

(1) からだの表面はうろこでおおわれていて，乾燥している。
(2) 子はえらで，親は肺で呼吸をする。
(3) 背骨がある。
(4) 殻でおおわれた卵を陸上に産む。

ア．クジラ　イ．ペンギン　ウ．ヤモリ　エ．サンショウウオ
オ．ナマズ

35 ☆☆

次の生物のうち，クモのなかまに最も近いものを選べ。

① アサリ　② タコ　③ ナメクジ　④ ヤドカリ　⑤ イカ

36 ☆

次の生物のうち，昆虫をすべて選べ。

① サナダムシ　② ゾウリムシ　③ シラミ　④ シャクトリムシ
⑤ ツリガネムシ

3 生物のつながり

●解答解説P361～364

●傾向と対策

重要度：A

細胞，遺伝，食物連鎖，物質の循環とも出題がみられるが，中でも遺伝に関するヒトのABO式血液型とメンデルの法則についての出題頻度が高い。問われるパターンはほぼ決まっているため，問題を見たらすぐに対応できるよう確実に理解しておこう。

37 ☆

次のうち，一般に植物細胞にはあるが，動物細胞にはないものをすべて選べ。

① 葉緑体　② ミトコンドリア　③ 核　④ 細胞壁　⑤ 染色体

38 ☆☆

細胞に関する次の記述のうち，正しいものを選べ。

① 植物細胞は，すべて葉緑体をもっている。
② すべての細胞には必ず1個の核がある。
③ 細胞を構成している元素は，酸素，炭素，水素，窒素の4つで全体の約95％を占めている。
④ 細胞の観察をする際，酢酸カーミン液で青色に特によく染まるのは核である。
⑤ 細胞壁は，溶液中の溶媒は通すが，溶質は通さないという半透性を示す。

39 ☆

次のうち，葉緑体とミトコンドリアの働きに当てはまるものをそれぞれ選べ。

ア．光合成の場で，水と二酸化炭素からグルコースを合成する。
イ．遺伝に関係し，細胞分裂のときには太く短くなる。
ウ．細胞内のエネルギー発生の場で，呼吸によってATPを生成する。
エ．細胞内でのタンパク質合成の場である。

40 ☆☆

細胞の浸透現象に関する次の記述の空欄に当てはまる語句をア～カより選べ。

動物細胞であるヒトの赤血球を低張液に入れると，赤血球は（　A　）。これは，水が（　B　）を通って（　C　）から（　D　）へ向かって浸透していくためである。

ア．膨れる　　イ．縮む　　ウ．低張液

エ．高張液　　オ．細胞膜　　カ．細胞壁

41 ☆☆

次の図は，細胞分裂の過程を模式的に示したものである。これについて，各問いに答えよ。

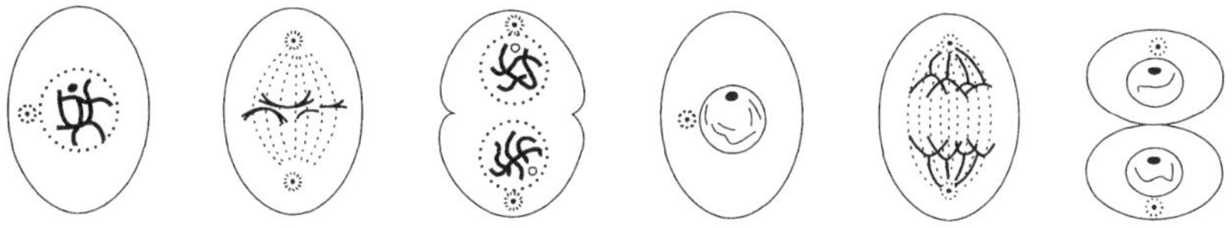

a　　b　　c　　d　　e　　f

(1)　図a～fを細胞分裂が進行する順に並べ替えよ。ただし，dを一番目とする。

(2)　この細胞は，植物細胞，動物細胞のどちらか。

42 ☆

エンドウの子葉の色を決める遺伝子Yとyがある。Yは子葉を黄色にする遺伝子，yは緑色にする遺伝子で，黄色が顕性（優性）形質である。これについて，次の各問いに答えよ。

(1)　遺伝子型がYYのエンドウとYyのエンドウを交雑すると，雑種第一代F_1の遺伝子型はどうなるか。次から選べ。

①　すべてYY　　②　すべてYy　　③　YYとYy　　④　Yyとyy

(2)　(1)のとき雑種第一代F_1の表現型はどうなるか。次から選べ。

①　すべて黄色　　②　すべて緑色　　③　黄色：緑色＝1：1

④　黄色：緑色＝3：1　　⑤　黄色：緑色＝1：3

43 ☆

ある植物の種子について，親から子へ独立して遺伝する形質の表現型のうち，花の色が赤色の形質の遺伝子をA，白色をa，種子の形が丸形をB，しわ形をbと表すこととする。親としてAaBbとaaBbをかけ合わせた子の表現型とその分離比を答えよ。

44 ☆☆

エンドウの種子の形には丸形としわ形，子葉の色には黄色と緑色がある。親としてしわ形で黄色の個体と，丸形で緑色の個体を交雑すると，すべて丸形で黄色の個体になった。種子の形の遺伝子をA，a，子葉の色の遺伝子をB，bとして，次の各問いに答えよ。

(1) 親のしわ形・黄色の個体，丸形・緑色の個体，F_1の遺伝子型をそれぞれ答えよ。

(2) F_1を自家受精して得られたF_2の表現型とその分離比を答えよ。

45 ☆

マルバアサガオの赤花の個体と白花の個体を交雑すると，雑種第一代F_1はすべて桃色花になった。このF_1に白花の個体を交雑して得られたF_2の赤花：桃色花：白花の比を答えよ。ただし，現れないものは0と記せ。

46 ☆

ヒトのABO式血液型に関する次の各問いに答えよ。

(1) 両親の血液型がO型とAB型の場合，何型の子どもが生まれる可能性があるか。

(2) 両親ともAB型の場合，その子にはどの血液型が何%の確率で現れるか。

(3) 父親がB型で，O型とB型の子がいるとき，母親の血液型として何型が考えられるか。

47 ☆

遺伝子に関する次の記述のうち，誤っているものを選べ。

① 遺伝子の本体であるDNAは核の染色体上に存在し，4種類の塩基およびリン酸とデオキシリボースという糖からできている。塩基対どうしは水素結合によって結びついている。

② ヒトの体細胞の染色体は23対の相同染色体からなり，これは，1対の常染色体と22対の性染色体で構成されている。

③ 遺伝子が全く同じ細胞や個体のことをクローンといい，イギリスで作製された核移植による体細胞クローン羊「ドリー」が世界初の成功例である。

④ ヒトがもつ全遺伝情報のセットのことをヒトゲノムといい，日欧米など6カ国が参加する国際ヒトゲノム計画として解読作業が行われ，2003年にすべての解読が完了した。

⑤ メンデルは，エンドウを用いておこなった一遺伝子雑種の実験から「分離の法則」を発見した。

48 ☆☆

右の図は，ある地域で生活する生物の数量関係を模式的に表したものである。これについて，次の各問いに答えよ。

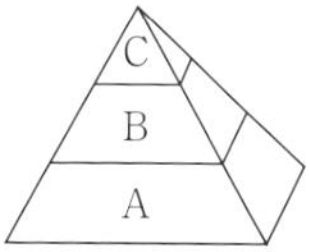

(1) 生物A～Cは「食べる」「食べられる」という関係にある。このような関係を何というか。

(2) 生物A～Cが，緑色植物，草食動物，肉食動物のいずれかの生物であるとき，生物Aにあてはまるのはどれか。

(3) 生物Bが何らかの原因で急激に増加したとき，これに引き続いて，生物Aと生物Cの個体数はそれぞれ一時的にどのように変化するか。簡潔に答えよ。

49 ☆

DDTなどの農薬や水銀などの重金属といった有害物質が水中に放出されると，まず，そこにすむプランクトンや藻類に取り込まれ，食物連鎖によって高次の消費者の体内により高濃度で蓄積されることになるが，このような現象を何というか。

50 ☆☆

右の図は，自然界での物質の循環の様子を表したものである。これについて，次の各問いに答えよ。

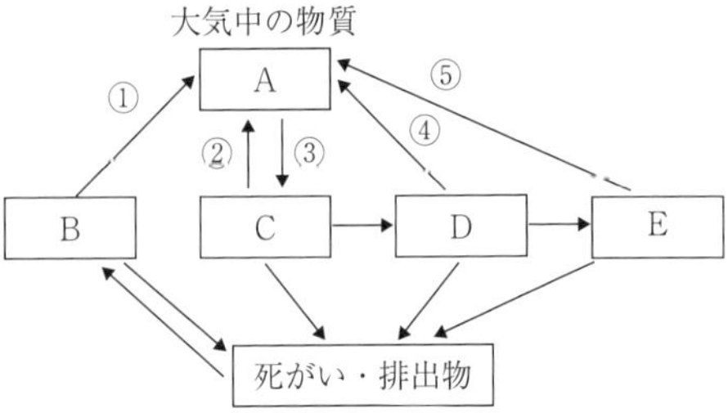

(1)　大気中の物質Aは，何という物質か。

(2)　図中のCの生物を，次のうちから選べ。

ア．緑色植物　　イ．草食動物　　ウ．肉食動物

エ．菌類・細菌類　　オ．土の中の小生物

(3)　図中の矢印③は，どのような働きを示しているか，次のうちから選べ。また，その働きを何というか。

ア．有機物を，別の有機物につくりかえる働き

イ．有機物を無機物にする働き

ウ．無機物を，別の無機物につくりかえる働き

エ．無機物を有機物にする働き

(4)　図中の矢印①，②，④，⑤はすべてどのような働きを示しているか，(3)のア～エのうちから選べ。また，その働きを何というか。

(5)　次のうち，生物の死がいや排出物を分解する分解者を選べ。

ア．ゼニゴケ　　イ．アオミドロ　　ウ．ソテツ

エ．アオカビ　　オ．ミトコンドリア

51 ☆☆

生態系内の物質循環に関する次の記述のうち，誤っているものを選べ。

①　大気中の二酸化炭素は，植物の光合成や細菌類の化学合成などの炭酸同化によって有機物に合成される。

②　すべての生物がおこなう呼吸によって，有機物が水や二酸化炭素といった無機物に分解され，有機物中の炭素が二酸化炭素として循環する。

③　窒素は大気の約80％を占めているが，大気中の窒素を直接利用できるのは窒素固定を行う根粒菌など特定の細菌とシアノバクテリアのみである。

④　土壌中や水中に存在するアンモニウム塩や硝酸塩などの無機窒素化合物から，タンパク質合成の材料となるアミノ酸をつくる働きを窒素同化作用とい

うが，すべての生物がこれをおこなっている。

⑤　死がいや排出物などに含まれている有機窒素化合物は，菌類や細菌類などの分解者によって分解されアンモニウム塩となり，さらに硝化細菌がおこなう硝化作用によって硝酸塩にかえられ循環する。

52 ☆☆

植物の分布に関する文を読み，次の各問いに答えよ。

日本の気候の特徴は温暖・多雨であり，植物の生育に恵まれている。しかし，南北に長いため，気温の変化が大きく，植物の分布に違いが見られる。緯度に応じた植物の分布の変化を（　A　）分布といい，日本の植物の分布である植生を南から北へ見ると（　B　）樹林，（　C　）樹林，（　D　）樹林の3群に分けることができる。

また，同じ緯度でも，高度が100m高くなるごとに気温が約（　E　）℃低くなるので，植物の分布に変化が見られる。これを（　F　）分布という。本州の中部山岳地帯では丘陵帯，山地帯，亜高山帯，高山帯の4群に分けることができる。

⑴　文中の空欄に当てはまる語句または数字を答えよ。

⑵　文中のB，C，Dで見られる植物をそれぞれ2つずつ選べ。

①　クスノキ　②　トドマツ　③　エゾマツ　④　ミズナラ
⑤　カシ　⑥　カエデ

⑶　中部山岳地帯の高山帯で見られる植物を選べ。

①　シラビソ　②　スダジイ　③　クロマツ　④　ハイマツ
⑤　コメツガ

11
地学
Open Sesame

1 大地の変化

●解答解説P365～367

●傾向と対策

重要度：A

盾状火山や成層火山などの火山の形，火山岩・深成岩といった火成岩の分類や特徴，P波・S波の速度や初期微動継続時間などを問う地震に関する問題がよく出題されている。基本的な知識さえ身についていれば対応できる問題がほとんどであるため，確実に得点できるよう基礎知識の把握に努めよう。

1 ☆

溶岩の粘性が小さいと穏やかに噴火し，緩やかな傾斜の火山が形成されるが，このようにしてつくられた火山は次のうちどれか。

① マウナロア山　② 有珠山　③ 昭和新山　④ 富士山
⑤ 桜島

2 ☆☆

火山に関する次の記述のうち，正しいものを選べ。

① 溶岩と火山砕屑物が交互に積み重なってできた円錐形の火山を溶岩円頂丘という。
② マグマとは，地下の深いところで岩石が溶けてできる高温で液状の物質のことで，有珠山のマグマは，非常に粘性が小さく流れやすい。
③ マグマに含まれているガスが気体として噴出されたものを火山ガスといい，その成分のほとんどは二酸化硫黄や硫化水素など有毒ガスで占められている。
④ 粘性の小さい溶岩が噴出すると，溶岩が薄く広がって流れるため傾斜のゆるい火山になる。このような火山を成層火山という。
⑤ 火山が噴火するとき，その噴火でつくられる火山の形を決めるのは，マグマの中に含まれている二酸化ケイ素の量である。

3 ☆

次のうち，深成岩であるものを選べ。

① 石灰岩　② 安山岩　③ 玄武岩　④ 流紋岩　⑤ 花こう岩

4 ☆

次のうち，斑れい岩ができる過程として正しいものを選べ。

① 地表の浅いところで，マグマが急に冷えてできる。

② 地表の浅いところで，マグマがゆっくり冷えてできる。

③ 地下の深いところで，マグマが急に冷えてできる。

④ 地下の深いところで，マグマがゆっくり冷えてできる。

5 ☆☆

次の図は火成岩を顕微鏡で観察し，みられる組織を模式的に示したものである。これについて，次の各問いに答えよ。

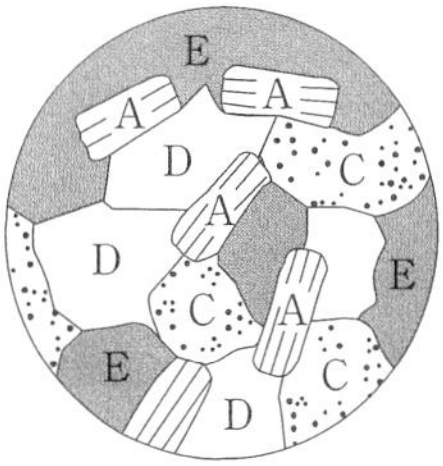

図1

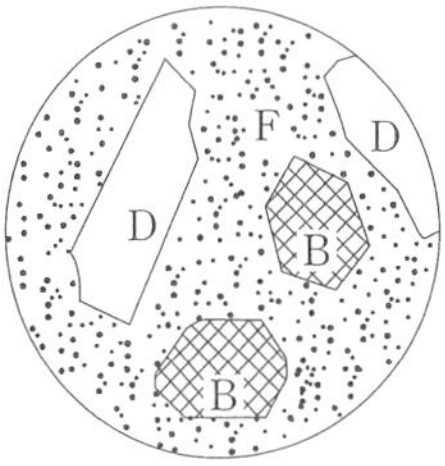

図2

A．黒雲母
B．角閃石
C．カリ長石
D．斜長石
E．石英
F．ガラス質および微細結晶

(1) 図1，図2のような組織をそれぞれ何とよぶか。

(2) 図2でB，Dのような大きな結晶を何とよぶか。

(3) 図2でFのような細かい結晶または非結晶の部分を何とよぶか。

(4) 図1，図2のうち深成岩はどちらか。

(5) 図1，図2の岩石名をそれぞれ答えよ。

6 ☆

次の①～⑤の鉱物のうち，有色鉱物をすべて選べ。

① 石英　② 角閃石　③ 輝石　④ 長石　⑤ かんらん石

7 ☆☆

火成岩に関する記述のうち，正しいものを選べ。

① マグマが冷えて固まってできた岩石を火成岩といい，地下深くでゆっくり冷え固まった火成岩を火山岩，地表か地表近くで急に冷え固まった火成岩を深成岩という。

② 火山岩は，粒径が大きくほぼそろった結晶が組み合わさった等粒状組織をもつ。

③ 深成岩は，花こう岩，斑れい岩，玄武岩に分類される。

④ 安山岩は日本で最も広く分布している火山岩で，かんらん石や輝石，長石といった鉱物を多く含んでいる。

⑤ 火成岩に最も多く含まれているのは二酸化ケイ素であり，その含有量により無色鉱物と有色鉱物の量が変化する。

8 ☆

地震について，次の問いに答えよ。

(1) 地震が放出したエネルギーの大きさを表す単位を何というか。

(2) 地震には，最初に起こる小さな揺れと，あとからおこる大きな揺れとがあるが，小さな揺れのみがおこっている時間を何というか。

(3) 地震波のS波とP波ではどちらの速度が速いか。

9 ☆

地震に関する記述のうち，誤っているものを選べ。

① 地震のおこった場所を震源，その真上の地表の地点を震央という。

② ある地点での揺れの大きさを震度といい，10段階に分けられている。

③ マグニチュードの大きな地震ほど揺れが大きく震度も大きい。

④ P波のみが伝わってきている時間を初期微動継続時間といい，この時間が長いほど震源からの距離は遠い。

⑤ 日本付近での地震は，太平洋側の海洋プレートが大陸プレートの下に沈み込むことが原因でおこることが多い。

10 ☆☆

図1はある地震のP波とS波の到着時刻と震源からの距離との関係を表したグラフである。図2はある観測点での地震計の記録である。これについて，次の各問いに答えよ。

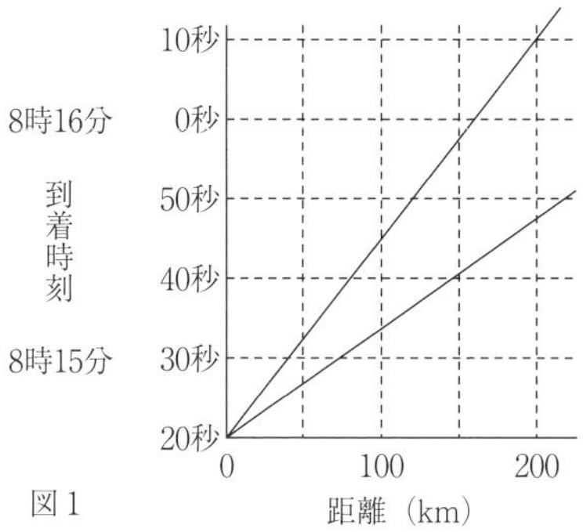

図1

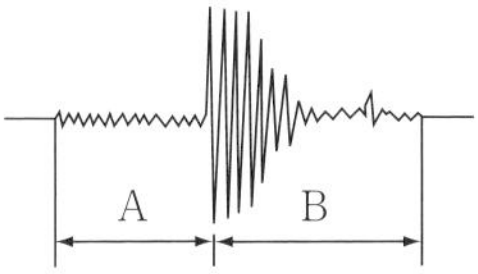

図2

(1)　図1から，P波とS波の速度はそれぞれ何km/秒か。

(2)　図2のA，Bの振動をそれぞれ何というか。

(3)　図2のAの振動の時間が15秒であったとすると，この観測点から震源までの距離は何kmか。答えは小数第1位を四捨五入して求めよ。

11 ☆

マグニチュード6の地震がマグニチュード8の地震になったとき，地震のエネルギーは約何倍になるか。次の中から選べ。

①　4倍　　②　64倍　　③　100倍　　④　1000倍　　⑤　10000倍

12 ☆☆

次の図はある地域の地質断面図である。図中のA～Eおよび断層FF′，不整合面GG′のできた順序を答えよ。ただし，A～Dは堆積岩，Eは火成岩であり，は火成岩による変成作用がおこった部分である。

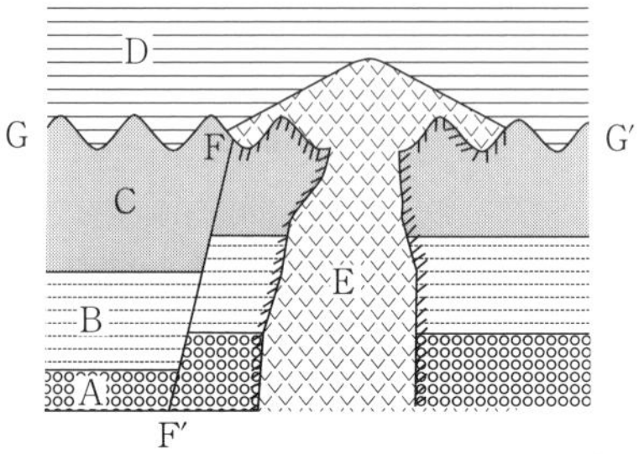

13 ☆

地層が堆積した時代を知る手がかりとなる化石のことを何というか。

14 ☆

次のうち，示相化石を選べ。

① アサリ　② ビカリア　③ サンヨウチュウ　④ アンモナイト
⑤ フズリナ

2 大気の変化

●解答解説P367～370

●傾向と対策

重要度：B

この分野では，湿度を求める問題や前線，日本の天気に関する問題が最も多い。特に，天気については，等圧線，前線，気団，台風など様々な要素が盛り込まれている総合的な問題もみられるため，これらを一通り押さえておく必要がある。内容的には中学レベル程度なので，基礎問題に慣れておくことが大切である。

15 ☆☆

次の表は，気温と飽和水蒸気量の関係を示したものである。これを参考にして次の各問いに答えよ。

気温〔℃〕	6	7	8	9	10	11
飽和水蒸気量〔g/m^3〕	7.3	7.8	8.3	8.8	9.4	10.0

(1) 気温10℃のとき，$1m^3$中に4.7gの水蒸気が含まれている空気塊がある。この空気塊の湿度を求めよ。

(2) 気温10℃，湿度83％の空気塊がある。この空気塊の露点を求めよ。

16 ☆☆

室内の気温が31℃の部屋に水を入れた金属容器をおき，その容器に氷を入れて水温を下げていった。水温が22℃になったとき，金属容器の表面がくもりはじめた。下の表を参考にして，次の各問いに答えよ。

気温〔℃〕	15	22	27	31
飽和水蒸気量〔g/m^3〕	13.0	19.5	26.0	32.5

(1) この部屋の湿度は何％か。

(2) 室内の気温を15℃に下げたとき，空気$1m^3$あたり何gの水蒸気が水滴になるか。

17 ☆

気温が30℃のとき，湿度が40％の空気がある。気温が15℃まで下がると，湿度は何％になるか。ただし，30℃における飽和水蒸気量は30 g/m^3，15℃における飽和水蒸気量は15 g/m^3 とする。

18 ☆

雲の発生について，次の各問いに答えよ。

(1) 雲のでき方についての記述として，正しいものを選べ。

① 大気の塊は上昇すると気圧が上がり，伸縮して温度が下がり雲ができる。
② 大気の塊は下降すると気圧が上がり，膨張して温度が下がり雲ができる。
③ 大気の塊は上昇すると気圧が下がり，膨張して温度が下がり雲ができる。
④ 大気の塊は下降すると気圧が下がり，伸縮して温度が下がり雲ができる。

(2) 右の図でA地点は海抜0mで気温22℃である。A地点の空気が上昇し，B地点で雲が発生して気温が7℃になった。B地点はおよそ何mになるか。

また，C地点では，A地点より乾燥した高温の風が吹き降りた。この現象を何というか。なお，雲ができるまで空気は100m上昇ごとに気温が1℃下がるものとする。

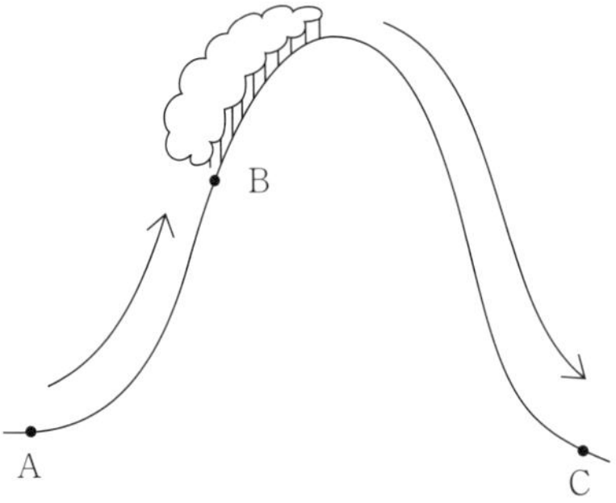

19 ☆

大気について，次の各問いに答えよ。

(1) 2つの事柄の間に関係のない組み合わせを選べ。

① 熱圏――電離圏
② 中間圏――オーロラ
③ 対流圏――気象現象
④ 成層圏――オゾン層

(2) 対流圏では，100m上昇ごとに気温は約何℃下降するか。

20 ☆

図1は日本付近の低気圧での地表近くでの風の吹き方，図2はその鉛直断面を示したものである。図1，図2から正しいものをそれぞれ1つずつ選べ。

図1

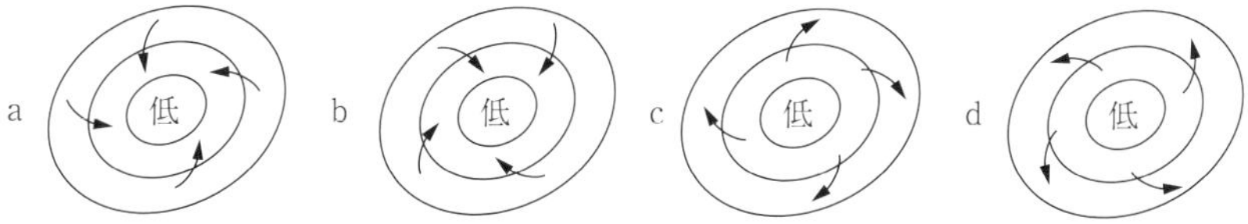

図2

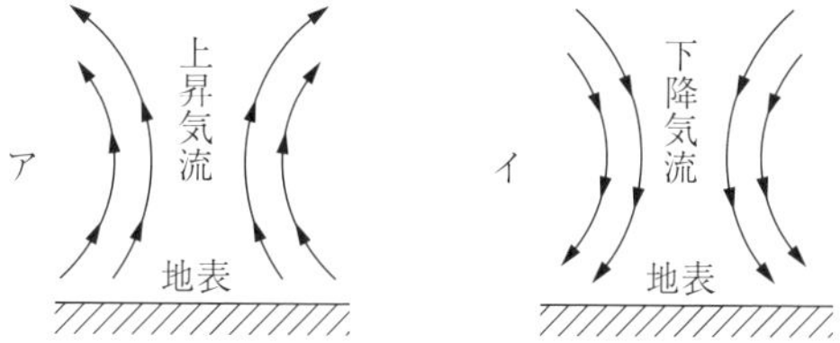

21 ☆

日本の気候と関係の深い気団に関する記述のうち，正しいものを選べ。

① シベリア気団は，日本には主として梅雨期と秋雨期に到来し，梅雨前線や秋雨前線をもたらす寒冷で湿度の高い気団である。

② オホーツク海気団は，日本には主として冬に到来し，北西の季節風をもたらす寒冷で湿度の低い気団である。

③ 小笠原気団は，日本には主として夏に到来し，南東の季節風をもたらす温暖で湿度の高い気団である。

22 ☆

寒冷前線についての記述として，正しいものを選べ。

① 寒気が暖気に突入するときにできる前線で，寒気が暖気を押し上げ，上昇気流が激しく積乱雲が生じ，強いにわか雨やときには雷雨，突風を伴う。通過後は晴天となる。

② 寒気と暖気の勢力が同じくらいであるため，ほとんど移動しない前線で，長期にわたって多量の雨を降らせ，水害の原因となることもある。

③　寒気の上に暖気がのし上がってできた前線で，暖気の温度が下がって雲を生じ，広い範囲でしとしとと雨が降る。通過後は気温が上がる。

④　寒気が前方の寒気とぶつかって，間にあった暖気を上空に押し上げてできた閉じた前線で，地表面は寒気に覆われる。

23 ☆

右の図は，日本付近の天気図である。この低気圧と前線は東に移動していくものとする。これについて，次の各問いに答えよ。

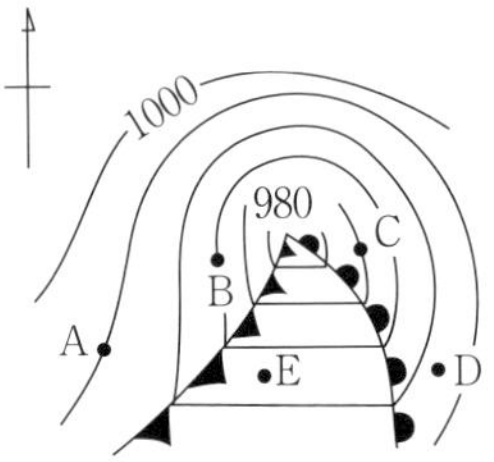

(1)　A地点とB地点とでは，どちらの方が風が強く吹くか。

(2)　B地点の風向きを次から選べ。

ア．北北西　　イ．西南西　　ウ．南南西　　エ．東北東

(3)　C地点の天気として正しいものを次から選べ。

ア．豪雨　　イ．快晴　　ウ．にわか雨　　エ．しとしと雨

(4)　D地点とE地点の天気の変化についての記述として，正しいものを選べ。

①　Dは雨のち晴れ，気温が上がり，Eは晴れのちにわか雨，気温が下がる。

②　Dは晴れのち雨，気温が上がり，Eは雨のち晴れ，気温が上がる。

③　Dは晴れのちにわか雨，気温が下がり，Eは晴れのち雨，気温が下がる。

24 ☆☆

次の図はある日の12時と22時の日本付近の天気図である。これについて，次の問いに答えよ。

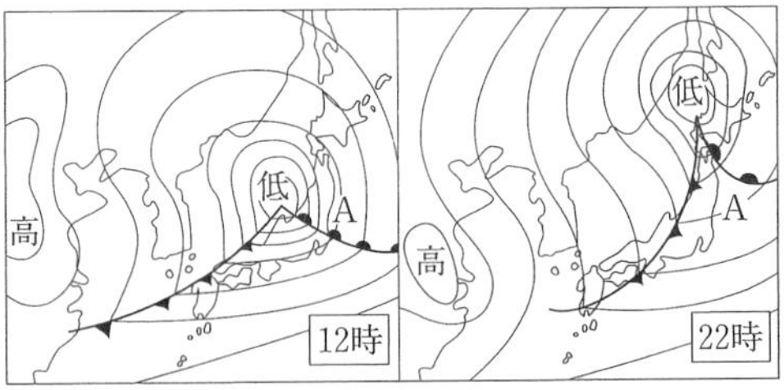

(1)　12時から22時の間にA地点の天気はどのように変わったか。次から選べ。

ア．晴れのち雨　　イ．雨のち晴れ　　ウ．晴れのちくもり

エ．くもりのち雨

(2) 12時から22時の間にA地点の風向きはどのように変わったか。次から選べ。

ア．東から南に　　イ．東から北に　　ウ．南東から南西に

エ．北東から南西に

(3) 12時から22時の間にA地点の気温はどのように変化したか，簡潔に説明せよ。

25 ☆

次の記述は，日本における各季節の天気の特徴である。それぞれの記述にあてはまるものをア～エより選べ。

(1) オホーツク海気団と小笠原気団の間にできた停滞前線のために，雨模様のぐずついた天気が続く。

(2) 太平洋上の小笠原気団が日本付近に張り出してきて，南高北低型の気圧配置になる。

(3) 中国大陸でシベリア気団が発達し，オホーツク海付近には低気圧が発達して，西高東低型の気圧配置になる。

(4) 移動性の高気圧と低気圧が交互に通り過ぎるため，天気は周期的に変化しやすい。

ア．春や秋　　イ．夏　　ウ．冬　　エ．梅雨

26 ☆☆

日本の気象に関する記述として，正しいものを選べ。

① 日本の春や秋には，移動性高気圧が3～4日の周期で通過するため，天気も周期的に変動する。

② 日本の夏は，オホーツク海気団におおわれ，海洋から大陸へ南東の季節風が吹く。

③ 移動性高気圧とは，小笠原気団の一部が分かれて北上したものであり，一般に乾燥したよい天気をもたらす。

④ 日本の冬は，中国大陸に低気圧が発達し，北西の季節風が強まって，本州の日本海側では多量の雪が降る。

⑤ 春から秋にかけて日本海に発達した低気圧があると，太平洋側でフェーン現象がおきやすい。

27 ☆

台風に関する記述のうち，正しいものを選べ。

① 台風は西太平洋域で発生した低気圧が発達したものであり，台風による風は台風の進行方向の左側では右側よりも強く吹く。

② 台風は，中心付近の最大風速がおよそ30m/秒（風力10）以上になったものである。

③ 台風は，通常，中心付近から南西に寒冷前線，南東に温暖前線を伴い，前線付近では特に風雨が強くなる。

④ 気象情報では，台風の種類を，最大風速から強さを「強い」「非常に強い」「猛烈な」，風速15m/秒以上の地域の半径から大きさを「大型」「超大型」に分けている。

⑤ 冬から初夏にかけて発生した台風は，日本列島に近づくものが多い。

28 ☆☆

天気に関する次の記述のうち，正しいものを選べ。

① 高気圧の区域では，まわりから中心に向かって風が吹き込み，中心付近では集まってきた空気によって上昇気流が生じる。

② 空気の流れは，気圧の差が小さいほど速くなるため，等圧線の間隔が広いところほど風力は大きくなる。

③ 天気予報では，1日の最高気温が35℃以上になった日を真夏日，最高気温が0℃以下になった日を真冬日とよんでいる。

④ 風の強さは0～12の13階級で表し，この風の強さの程度を風力という。また，風向は16方位で表す。

⑤ 梅雨どきになると，オホーツク海気団とシベリア気団とがぶつかり，両方の気団の勢力がつりあっている間，梅雨前線ができる。

3 太陽系と宇宙

●解答解説P370～373

●傾向と対策

重要度：**A**

地球を含めた宇宙に関しては，「地学」の中でも頻出事項である。中でも地球の自転・公転による星の動き方，太陽の南中高度，惑星についてよく問われている。中学レベルの知識で十分対応できるので，基礎知識を確実に身に付けた上で，計算問題にも慣れておくようにする必要がある。

29 ☆

地球に関する次の記述のうち，正しいものを選べ。

① 地球はわずかに楕円形の球であり，赤道半径よりも極半径の方がわずかに長い。

② 地球は西から東へ1日で1回，回転するが，これを公転という。

③ 昼と夜とが規則正しく繰り返されるのは，地球の公転により生じる現象である。

④ 衛星放送で使用されている静止衛星が常に同じ場所に見えるのは，地球の公転速度と静止衛星の自転速度が同じためである。

⑤ 地球の公転の道すじがつくる平面と地軸とは垂直ではなく，常に66.6°の傾きを保っている。

30 ☆

右の図は，月が太陽の光を反射しながら地球の周りを回っている様子を示している。これについて，次の各問いに答えよ。

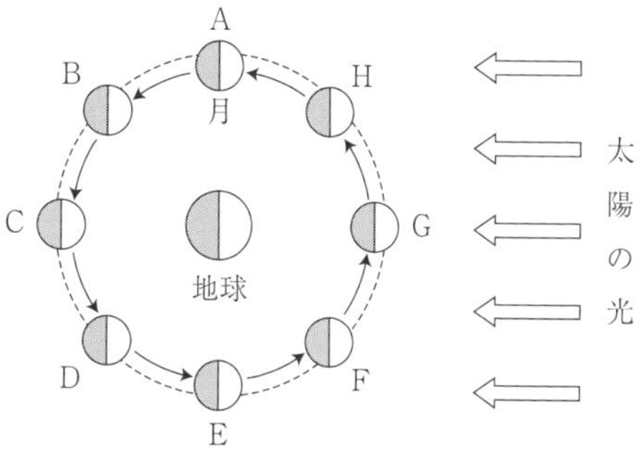

⑴ 新月，満月の位置をA～Hからそれぞれ選べ。

⑵ 次の形に見える月の位置をA～Hからそれぞれ選べ。

(3)　日没直後に真南の空に月が見えているときの月の位置をA～Hから選べ。

(4)　日食が起こるときの月の位置を，A～Hより選べ。

31 ☆

次の記述のうち，地球が球形をしていることの根拠となるものを選べ。

① 太陽は毎日，東から出て南の空を通り，西に沈む。

② 北の空の星は，北極星を中心にして反時計回りに動いている。

③ 北極星の高さは，南の地方へ行くほど低くなる。

④ 地球は1年かかって，太陽の周りをまわっている。

⑤ 真夜中に南の空に見える星座は，季節によって異なる。

32 ☆☆

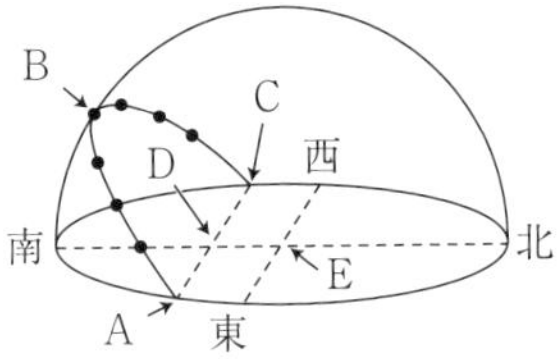

右の図は，日本国内のある地点における太陽の1日の動きを透明半球にサインペンで記録したものである。図中の●印は，1時間ごとに記録した太陽の位置を示しており，それらを滑らかな線で結ぶと曲線ABCのようになった。これについて，次の各問いに答えよ。

(1)　太陽の位置を透明半球に記録するとき，サインペンの先端の影の位置に注意する必要がある。その影の位置はどこに重なるようにすればよいか，次より選べ。

ア．D点　　イ．E点　　ウ．南北線上であればどこでもよい。

エ．東西線上であればどこでもよい。

(2)　この図において，1時間ごとの●印の間隔はすべて3cmで，曲線ABCの長さは29.5cmであった。曲線ABCの長さが昼の長さを表すとすれば，この日の昼の長さはおよそどれくらいか。

(3)　この図の観察をおこなった時期を次から選べ。

ア．春分の頃　　イ．夏至の頃　　ウ．秋分の頃　　エ．冬至の頃

33 ☆

地球の地軸は，常に公転軌道面の垂線に対して約23.4°傾いている。このためにおこる現象を次から選べ。

① 北極星の周囲の星が，1日を通してみると北極星を中心に1回転する。
② 南十字星など，日本では全く見ることのできない星がある。
③ 季節によって見える星が異なる。
④ 日の出と日の入りの位置が季節によって変化する。
⑤ 春分の日，秋分の日が毎年一定ではなく，1日程ずれることもある。

34 ☆

東経135°の兵庫県明石市における太陽の南中時刻は12時00分である。東経140°の地点における太陽の南中時刻を求めよ。

35 ☆

太陽の南中高度について，次の各問いに答えよ。

(1) 北半球のある地点Aで，秋分の日に太陽の南中高度を測定したところ56.0°であった。A地点の緯度は北緯何度か。
(2) 北半球のある地点Bで，秋分の日に太陽の南中高度を測定したところ43.5°であった。この地点における冬至の日の南中高度は何度か。

36 ☆☆

日本のある地点で，3月21日の20時に北斗七星を観察すると，右の図の位置にあった。これについて，次の各問いに答えよ。

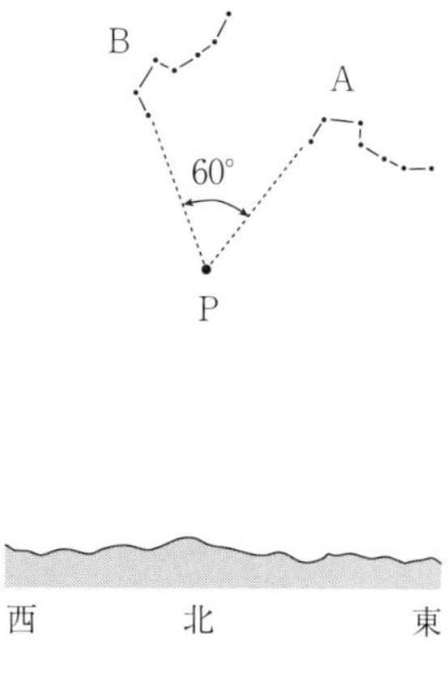

(1) 星Pは何か。
(2) 北斗七星はどの星座の星か。次から選べ。
　ア．さそり座　　　イ．オリオン座
　ウ．おおぐま座　　エ．カシオペア座
(3) Aの位置にある北斗七星を，この日同じ地点で観察すると，Bの位置に見えるのは何時ごろか。

(4) 同じ地点で，1カ月後の4月21日に，Aの位置に北斗七星が見えるのは何時ごろか。次から選べ。

ア．18時　イ．19時　ウ．20時　エ．22時

37 ☆

右の図のAは，日本でのある日の21時のオリオン座の位置を示したものである。これについて，次の各問いに答えよ。

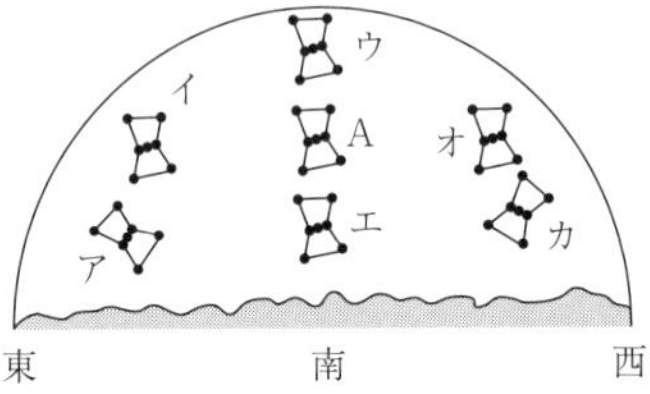

(1) オリオン座がAの位置に見えた日はいつごろか。次から選べ。

① 2月初旬　② 5月初旬　③ 8月初旬　④ 11月初旬

(2) この日の17時には，オリオン座は図中のア～カのうち，どのあたりにあったか。

(3) オリオン座がエの位置に見えることがあるのは，次のどの地域か。

① 日本より東の国　② 日本より南の国　③ 日本より北の国

38 ☆☆

右の図は，冬の19時に北の空を見たときのある星座の位置を示したものである。これについて，次の各問いに答えよ。

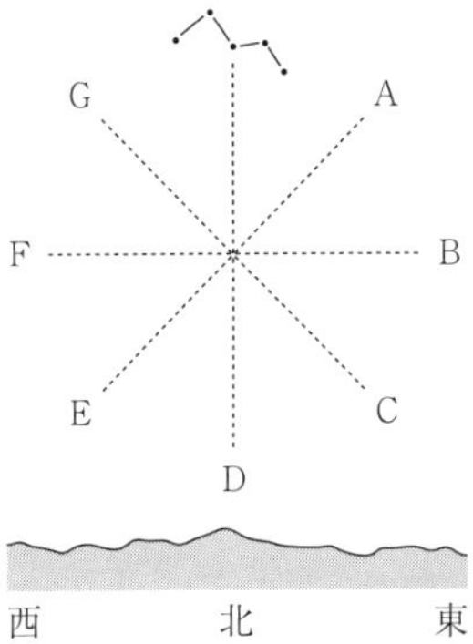

(1) この星座は，この日の22時にはどの位置にあるか。図中のA～Gから選べ。

(2) 3カ月たった日の19時に北の空を見ると，この星座はどの位置にあるか。図中のA～Gから選べ。

(3) 同じ地点で，この星座が21時に図のように真北に見えるのはいつか。次から選べ。

ア．約2カ月前　イ．約1カ月前　ウ．約1カ月後　エ．約2カ月後

39 ☆

夏の星空で，ひときわ輝く星がほぼ正三角形に並んでいるのを「夏の大三角」とよぶが，はくちょう座のデネブ，わし座のアルタイルともう1つは何か。次か

ら選べ。

ア．おとめ座のスピカ　イ．こと座のベガ
ウ．オリオン座のベテルギウス　エ．おおいぬ座のシリウス
オ．こいぬ座のプロキオン

40 ☆

恒星アンタレスが属している星座を次から選べ。

ア．さそり座　イ．ペガスス座　ウ．しし座
エ．ふたご座　オ．オリオン座

41 ☆

右の図は地球が公転する様子を表したものである。日本が秋分のとき，次の各問いに答えよ。

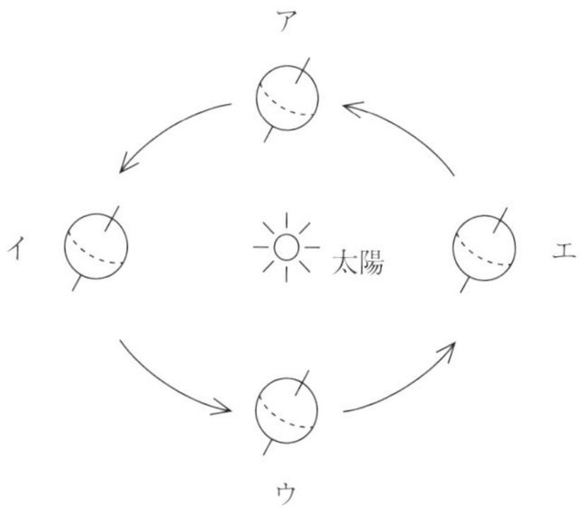

(1)　この日の地球の位置を図中のア～エから選べ。

(2)　日本で，この日の20時ごろ南の空に見ることができる星座を次から選べ。

ア．こいぬ座　イ．おとめ座
ウ．しし座　エ．ペガスス座
オ．おおいぬ座

42 ☆☆

太陽系についての記述のうち，正しいものを選べ。

①　太陽のまわりを公転している惑星は，自ら光を出さず，太陽の光を反射して光っている。

②　太陽は天球上を1日で1周するように見えるが，この見かけの通り道を黄道という。

③　太陽の半径は約50万kmで，これは地球の半径の約300倍である。

④　太陽系の惑星のうち，地球から見て満ち欠けをするのは，水星，金星，火星である。

43 ☆

次のうち，内惑星であるものをすべて選べ。

ア．火星　　イ．水星　　ウ．木星　　エ．金星　　オ．土星

44 ☆☆

太陽系の惑星に関する記述として，正しいものを選べ。

① 火星は，密度は惑星中最小であり，氷の粒でできた円盤状の環をもっている。

② 木星は，質量・密度とも地球より大きく，水素とヘリウムを主成分とする大気が存在する。

③ 金星は，太陽に最も近い軌道を回っており，大気は極めて薄い。

④ 海王星は，軌道面に対して横倒しの状態で自転している。

⑤ 小惑星は，主に火星と木星の間に存在し公転している。

45 ☆☆☆

次の記述のうち，ケプラーの法則に当てはまらないものをすべて選べ。

① すべての惑星は，太陽を焦点の1つとする楕円軌道を描く。

② 惑星と太陽の平均距離の3乗と惑星の公転周期の2乗との比は，すべての惑星で一定である。

③ 惑星と太陽の平均距離の2乗と惑星の公転周期の3乗との比は，すべての惑星で一定である。

④ 惑星と地球を結ぶ直線が一定時間に描く扇形の面積は，惑星によってそれぞれ一定である。

⑤ 惑星と太陽を結ぶ直線が一定時間に描く扇形の面積は，惑星によってそれぞれ一定である。

46 ☆☆

地球から観測できる天体に関する次の記述のうち，正しいものを選べ。

① 太陽の南中高度が季節によって異なるのは，地球の公転軌道が円形ではなく楕円だからである。

② 北極星が常に北の方向に見えるのは，他の恒星に比べて非常に遠距離にあるからである。

③ 月食が日食より頻繁におこるのは，月が地球を一周する間に，月が1回しか回転しないからである。

④ 星座が東からのぼり，西に沈むのは，地球の地軸が公転軌道面に対して傾斜しているからである。

⑤ 火星とは異なり金星を真夜中に見ることができないのは，金星が地球よりも太陽に近い軌道を回っているからである。

12
コンピュータ・情報社会
Open Sesame

1 コンピュータ

●解答解説P374～375

●傾向と対策

重要度：A

情報化の進展に伴って，児童・生徒に情報リテラシーを養う必要性が高まり，情報機器を使用した教育が推進されるようになったことから，出題が増加傾向にある分野である。コンピュータの基本構造を理解した上で，各用語の意味について確実に理解しておく必要がある。

1 ☆☆

コンピュータ，パソコンに関する次の記述のうち，正しいものを選べ。

① プログラムとその使い方を合わせたものが，広い意味でのハードウェアである。

② CPUは，制御装置と演算装置をまとめたものである。

③ 入力装置から入力したプログラムは，制御装置に直接送られて実行される。

④ ハードディスクは，計算や判断をするなど，パソコンの頭脳に相当するものである。

⑤ 0と1の数字の組み合わせからなる2進数の1桁の情報の単位を1バイトという。

2 ☆

次の説明に該当するものを1つずつ選べ。

(1) カラー静止画像圧縮の国際規格

ア．BMP　イ．JPEG　ウ．MPEG　エ．MIDI

(2) アイコンやメニューなどの視覚情報を利用するユーザインタフェース

ア．CPU　イ．OS　ウ．GUI　エ．CUI

(3) キーボードやマウスなど周辺機器接続の共通化を図った規格

ア．USB　イ．UI　ウ．ROM　エ．PDF

3 ☆

次のうちから，記憶媒体・記憶素子に関する用語とその説明の組み合わせとして，正しいものを選べ。

① CD－R――――何度でもデータの書き換えが可能な CD
② CD－RW――――読み出し専用の CD
③ CD－ROM――――1度だけ書き込み可能な CD
④ DVD－R――――読み出し専用の半導体メモリ
⑤ RAM――――データを一時的に保存するための半導体メモリ

4 ☆☆

次の説明文に適する語句をア～オからそれぞれ選べ。

⑴ パソコンの画面上に操作の内容やファイルの種類を示した図柄。
⑵ データの消却と書き込みを電気的に行う記憶装置。
⑶ 入出力装置や補助記憶装置をパソコンに接続する手段。
⑷ ファイルを整理して保存する入れもの。
⑸ 表計算などコンピュータで実際に処理をするためのソフトウェア。

ア．ディレクトリ　イ．アイコン　ウ．アプリケーション
エ．インタフェース　オ．フラッシュメモリ

5 ☆☆☆

次の各問いに答えよ。

⑴ 1.4MB（メガバイト）では，何ビットの情報を記憶できるか。最も近いものを選べ。

① 1,400ビット　② 11,200ビット　③ 1,400,000ビット
④ 11,200,000ビット

⑵ 1文字を2B（バイト）で表現する場合，1.4MB（メガバイト）では，何文字記憶できるか。最も近いものを選べ。

① 7,000文字　② 70,000文字　③ 700,000 文字
④ 7,000,000 文字

6 ☆☆

次の各問いに答えよ。

(1)　2進法の$11011_{(2)}$を10進法で表せ。

(2)　10進法の40を2進法で表せ。

2 ネットワークと情報社会

●解答解説P375～377

●傾向と対策

重要度：A

前章のコンピュータに加えて，インターネットを利用する場合に必要となる知識や技術についての問題が多く問われるようになってきている。また，インターネットの使用におけるマナーや著作権法上の留意点に関する問題も頻出しているので，確実に理解しておくようにしよう。

7 ☆

インターネットのホームページは，そのアドレスを見ればその情報の発信先の見当をつけることができる。次のアドレスの下線部 ac は何を表すものか。ア～オより選べ。

http://www.u-tokyo.ac.jp/

ア．都道府県の機関　イ．政府機関　ウ．企業

エ．大学・学校法人　オ．財団法人

8 ☆☆

次の文の空欄にあてはまる語句を答えよ。

(1) インターネットでは，多種多様なコンピュータが網の目のように張り巡らされているため，標準化された（　A　）が必要となる。現在は，（　B　）が幅広く採用され，あらゆる種類のコンピュータが相互に通信できるようになっている。

(2) 大容量のデータを高速で送受信できる通信回線を（　C　）といい，そのうち，光回線は（　D　）を利用しており，圧倒的な通信速度を誇っている。

9 ☆☆☆

電子メールに関する次の文のうち，正しいものを選べ。

① 電子メールは秘匿性が高いため，重要な書類は添付ファイルとして送信すると外部に情報が漏洩しにくい。

② 電子メールを送信する際には，文字化けを避けるため，機種依存文字や半角カタカナの使用は避けたほうがよい。

③ 電子メールに添付して送信したファイルのサイズは，実際のディスク上のファイルサイズと同じである。

④ 電子メールが届いたら，まず添付ファイルも開いて確認し，不審なものであれば直ちに削除する必要がある。

⑤ HTMLメールは，テキストメールに比べて表現力が高いため，普段はHTMLメールを利用し，特定の場合のみテキストメールを使うことが望ましい。

10 ☆☆

コンピュータウイルスに関する次の文のうち，正しいものを選べ。

① コンピュータウイルスは，通信回線から侵入するため，インターネットに接続していなければ感染することはない。

② 侵入したコンピュータウイルスを発見し除去するため，フィルタリングソフトといったウイルス対策ソフトが市販されている。

③ 外部からファイルをダウンロードする場合は，ディスクに保存するとウイルスに感染するおそれがあるため，直接実行する。

④ メールで送信されるコンピュータウイルスには，件名をプレビューしただけで感染するものもある。

⑤ ウイルス対策用ソフトは，一度インストールすれば万全であるため，その後は何もする必要はない。

11 ☆☆

次の文の空欄にあてはまる語句を答えよ。

パソコンの文書などのデータを暗号化して使用不能にした後で，元に戻すことと引き換えに金銭を要求する不正プログラムを(　　　)という。

12 ☆☆

インターネットのセキュリティに関する次の文のうち，妥当なもののみ組み合わせたものとして，正しいものを選べ。

ア．パスワードは，一定期間経過したらこまめに変更するようにした方がよい。

イ．パスワードは，忘れてしまうと困る場合があるため，生年月日や名前の一部を使うなどして覚えやすいものにした方がよい。

ウ．不正アクセス禁止法では，実際にコンピュータへ不正に侵入しなければ，IDなどを第三者に無断で教えても処罰されない。

エ．不正アクセスを防止するためには，ルータやパソコン上でファイアウォールを構築すると有効である。

① ア，イ　② ア，ウ　③ ア，エ　④ イ，ウ　⑤ イ，エ

13 ☆

次の説明に該当するものを1つずつ選べ。

⑴ インターネット上の情報の場所を特定するためのもので，「http://」で始まる記号列。

ア．ISP　イ．URL　ウ．BBS　エ．POP

⑵ 一建物内など比較的狭い範囲内で構築されたネットワーク。

ア．WAN　イ．WWW　ウ．CATV　エ．LAN

⑶ インターネットのWebサーバで表示されるホームページを記述するためのマークアップ言語。

ア．SPAM　イ．HTML　ウ．FTTH　エ．CGI

14 ☆☆

次の文は何についての説明か，カタカナで答えよ。

⑴ インターネットによる情報検索や情報提供の技術を，企業内・組織内のLANに応用したもの。

⑵ 作者が著作権を留保したまま，主にネットワーク上から自由にダウンロードして無料で使用できるソフト。

⑶ インターネット上の情報を検索・閲覧するためのソフト。

⑷ インターネットのWebサーバやパソコン通信などのホストコンピュータなどから，データを取り出す作業。

(5) インターネット上で，目的とする情報を探し出すためのデータベース的な役割を果たすサイト。

15 ☆☆

情報通信に関する次の文のうち，誤っているものを2つ選べ。

① 動画像や音楽など大容量のデジタルデータを双方向で円滑に送受信できる高速回線のことをブロードバンドといい，現在，ADSLを利用したインターネットへの常時接続の普及が進んでいる。

② インターネットが普及した現在，インターネットやパーソナルコンピュータを駆使し，自宅や小規模なオフィスで独立してビジネスに取り組むSOHOなど，新たな就労形態が広がりつつある。

③ 情報リテラシーとは，情報機器を自由に操れるかどうかで就職や所得に差が生じるなど，情報機器の操作能力によって生じる経済的・社会的格差をいう。

④ LANとは，会社内や学校内など比較的限られた範囲に構築された情報通信網のことであり，LANに接続された各コンピュータを特定する方法としてIPアドレスがある。

⑤ デジタルトランスフォーメーションとは，情報技術があらゆる領域に浸透して，人々の生活をよりよい方向に変化させることである。

16 ☆☆

ホームページ作成時における著作権に関する次の文のうち，正しいものを選べ。

① 地方公共団体が公表している資料は，地方公共団体の許諾を得れば，自分のホームページに転載できる。

② 自分で撮った写真であれば，タレントの写真であっても，許可なくホームページに掲載できる。

③ 自分のホームページ上に，他人のホームページへのリンクを作成する場合，なるべく相手の許可を得るべきであるが，無断でリンクを作成しても法律上問題はない。

④ モーツァルトのピアノ曲を自分で演奏・録音した音声データを無断でホームページで使用した場合，著作権の侵害となる。

⑤ テレビの人気アニメーションのキャラクターを自分でCGを駆使して再現したデータは，ホームページで使用しても著作権上問題ない。

17 ☆☆☆

著作権に関する次の文のうち，正しいものを選べ。

① 授業中に生徒が描いた絵については，教師の指導の下に作成したものであれば，その教師に限り自由に利用できる。

② 教師が自分の担当する授業で使用するためのプログラムを自分の意思で作成した場合でも，そのプログラムの著作権は学校にある。

③ 教師が自分の担当する授業で教材として利用するためにテレビ番組を録画する場合，著作権者の許諾を得る必要がある。

④ 授業で市販のソフトウェアを利用する場合には，1本のソフトウェアを購入して，それを何台ものパソコンにインストールすることは許されない。

⑤ 授業で使用するため，市販されているドリルを生徒の人数分複製することは，違法行為に当たらない。

解答解説

Open Sesame

1 国語

1 漢字

1

(1) じょうじゅ
(2) らいさん
(3) しんちょく
(4) けう
(5) びんじょう

2

(1) あいまい
(2) あっせん
(3) かっとう
(4) ささい
(5) はんれい
(6) すいこう
(7) ていさい
(8) ひんぱん
(9) ほっそく
(10) とくめい

3

(4)

解説

(1) いんねん
(2) えとく
(3) えんきょく
(5) けいだい
(6) なついん
(7) ゆえん
(8) げさく
(9) こくう
(10) あんど

4

(4)

解説

(1) 抽出(ちゅうしゅつ)
(2) 精進(しょうじん)
(3) 頻出(ひんしゅつ)
(5) 形相(ぎょうそう)

5

(1) みき
(2) さみだれ
(3) しゃみせん
(4) やおや
(5) いくじ
(6) すきや
(7) はとば
(8) もよ
(9) やおちょう
(10) さつきば

6

(1) あんぎゃ
(2) おしょう
(3) くどく
(4) くよう
(5) ごんげ

7

(1) こうかつ
(2) こうてつ
(3) ごびゅう
(4) じゅうりん
(5) ずさん
(6) せっちゅう
(7) ねつぞう
(8) はんぷ
(9) へきえき
(10) ゆうぜい

8

(1) かぐら
(2) かわせ
(3) くろうと
(4) ざこ
(5) しぐれ
(6) しない
(7) なだれ
(8) ひより
(9) ふぶき
(10) もめん

9

(1) えと　(2) かたぎ
(3) しにせ　(4) ちょうちん
(5) ゆいのう　(6) たばこ
(7) せりふ　(8) おおみそか
(9) しおさい　(10) こわいろ

10

(1) 繊細　(2) 分析
(3) 緩和　(4) 潜在
(5) 瞬間　(6) 引率
(7) 快適　(8) 微妙
(9) 渋滞　(10) 紛失

11

(1) 疎　(2) 偏　(3) 拒　(4) 険
(5) 隔　(6) 怠　(7) 慕　(8) 厳
(9) 励　(10) 背

12

(1) 安否　きょうがく
(2) 該当　しつよう
(3) 犠牲　すいこう
(4) 更新　どんよく
(5) 削減　ちみつ

13

(1) みやげ　殺到
(2) たび　早速
(3) すもう　固有
(4) いおう　刺激
(5) いなか　招待

14

(1) ①構　②講　(2) ③栽　④裁
(3) ⑤復　⑥複　(4) ⑦漫　⑧慢
(5) ⑨歓　⑩勧

15

(1) ①納　②治　(2) ③利　④効
(3) ⑤誤　⑥謝　(4) ⑦沿　⑧添
(5) ⑨絶　⑩裁

16

(1) 図　(2) 測　(3) 量　(4) 計
(5) 謀

17

(1)

解説

(2) 既製→既成　(3) 精算→清算
(4) 速成→促成　(5) 競争→競走

18

(1) ①意外　②以外
(2) ③解放　④開放
(3) ⑤課程　⑥過程
(4) ⑦鑑賞　⑧観賞
(5) ⑨非難　⑩避難

19

(1) ①追及　②追究　③追求
(2) ④補償　⑤保証　⑥保障
(3) ⑦対象　⑧対照　⑨対称

20

(1) 具体（具象）　(2) 客観
(3) 供給　(4) 肯定
(5) 支出

21

(1) みもん　(2) けいこう
(3) へんげん　(4) しよう
(5) ばんしょう

22

(1) あいまいもこ
(2) ういてんぺん
(3) いんにんじちょう
(4) たいぜんじじゃく
(5) うんさんむしょう

23

共通する漢字：一
(1) いちごいちえ
(2) いっきいちゆう
(3) いっちょういっせき
(4) いっしんいったい
(5) いっちょういったん

24

(1) 人 ⟶ 尽　(2) 美 ⟶ 備
(3) 同 ⟶ 道　(4) 知 ⟶ 恥
(5) 発 ⟶ 髪

25

(1) 異口同音　(2) 試行錯誤
(3) 優柔不断　(4) 疑心暗鬼
(5) 臨機応変

26

(1) 一・二　(2) 一・千
(3) 千・万　(4) 千・一
(5) 千・万

27

(2)

解説

(1) 視 ⟶ 私　(3) 常 ⟶ 盛
(4) 新 ⟶ 進　(5) 文 ⟶ 分

28

(1) 適　(2) 心　(3) 自　(4) 絶
(5) 千

29

(1) 機　(2) 単　(3) 嫁　(4) 神
(5) 夢　(6) 付　(7) 目　(8) 紆
(9) 懐　(10) 整

30

(1) 夏・冬　(2) 前・後　(3) 右・左
(4) 小・大　(5) 晴・雨　(6) 頭・尾
(7) 東・西　(8) 有・無　(9) 善・悪
(10) 南・北

2 ことば

31

(1) 鳥　(2) 蛙　(3) 馬　(4) 猿
(5) 蛇　(6) 雀　(7) 鼠　(8) 牛
(9) 猫　(10) 犬

32

(1) 二・一　(2) 一・五　(3) 三
(4) 三・百　(5) 十・六　(6) 二

33

(1) 石　(2) 水　(3) 柳　(4) 火
(5) 急

34

(1) キ　(2) オ　(3) ウ　(4) イ
(5) ア

35

イ

解説

A. 生き馬の目を抜く――人のすきにつけこんで，すばやく利益を得る。すばしこくて油断もすきもない。
D. 寸鉄人を刺す――短いが，真理をうまく言いあてた言葉で相手の急所をつく。
E. 情けは人のためならず――人に情けをかけておけば，それがめぐりめぐって自分によい報いがある。人に情け深く親切にせよという教え。

36

(3)

解説

(3)は，物事はあまり急ぐと，かえって失敗しやすいものだから，急ぐときほど，あせらず冷静に行えといういましめで，同じような意味である。

37

(1) ケ　(2) エ　(3) コ　(4) カ
(5) イ

38

ウ

39

(5)

解説

蛇の道は蛇――同じ仲間のすることは，その道の者にはすぐわかる。
餅は餅屋――世の中のいろいろなことは，その道の専門家にまかせるのが一番確実だ。

40

(1) オ　(2) ウ　(3) コ　(4) キ
(5) ア

41

(5)

解説

釈迦に説法――そのことをよく知っている人に教えることは愚かだ。

猫に小判・豚に真珠――価値がわからない人に貴重なものを与えても無駄である。

42

(2)

解説

糠に釘――手ごたえや効き目がないこと。

柳に風――相手にさからわないで上手に受け流すこと。

43

(1) ウ　(2) オ　(3) ア　(4) イ
(5) エ

44

(1)

解説

月夜に提灯――明るい月夜に提灯はいらないことから，不必要で無駄なこと。

月とすっぽん・ひょうたんに釣り鐘――大きな差のあるもの。つり合わないもの。

なお，「月夜に提灯」でなく「提灯に釣り鐘」とすれば，すべて似た意味のことわざとなる。

45

(5)

解説

虻蜂捕らず ―― 2つを同時に得ようとして両方とも取り逃がす。

一石二鳥――1つの物事をすることによって，同時に2つの利益を得る。
（＝一挙両得）

よって，反対の意味である。

46

(3)

解説

船頭多くして船山に上る――指図をする者が多いと統一がとれず，とんでもない方向へ進む。

選択肢(3)の意味に当てはまることわざとしては「弘法にも筆の誤り」「河童の川流れ」「猿も木から落ちる」などがある。

47

(1) エ　(2) ウ　(3) オ　(4) ア
(5) イ

解説

(3) 「歯牙にもかけない」――見くびって問題にしない，という形でよく使われる。
(5) 「ほぞ」とは，へそのこと。

身体の一部を含む慣用句は多いので，一通り確認しておくとよい。

48

(4)

解説

「棹さす」とは，棹をさして船を進めること。よって，「流れに棹さす」とは，流れに乗った船に棹をさして，さらに船の進み方を速くするという意味から，物事が順調に進むことを表す。流れに逆らうなど誤った意味で使われることが多いので注意しておこう。

49

(1) 矢　(2) 足　(3) 水　(4) 紙
(5) 猫

解説

(2)　「二の足」は，二歩目のこと。歩き出そうと一歩目は足が出たが，二歩目は決心がつかなくて前へ出ず，足ぶみをするということ。

50

(1) 三　(2) 一　(3) 五　(4) 四
(5) 三

51

(1) エ　(2) オ　(3) ケ　(4) ア
(5) コ　(6) キ　(7) ク　(8) イ
(9) カ　(10) ウ

52

(1) ウ　(2) キ　(3) ケ　(4) イ
(5) オ　(6) コ　(7) ア　(8) ク
(9) カ　(10) エ

53

オ

54

(1) カ　(2) コ　(3) キ　(4) エ
(5) オ　(6) イ　(7) ア　(8) ク
(9) ウ　(10) ケ

解説

(7)　「自家撞着」は，同じ人の言動が前と後で撞着（＝矛盾）すること。
(9)　「栴檀は二葉より芳し」は，香木である栴檀は，芽ばえた二葉のころから香りがよいことから，将来，大成するような人は，幼少のときから優れた素質がみられるというたとえ。

55

(1) エ　(2) ク　(3) カ　(4) コ
(5) オ　(6) ケ　(7) ア　(8) ウ
(9) キ　(10) イ

56

(1) うかがいたい　(2) 拝見する
(3) 参ります　(4) ご報告する
(5) いただきました

解説

(4)　「ご～する」は謙譲表現であることを押さえておこう。

57

(2)

解説

(1)　「拝見する」→「ご覧になる」
「いたします」→「します」
(3)　「我が家」→「拙宅」
「見ております」→「見ています」
(4)　「召しあがる」→「いただく」
「いただきます」→「食べます」
(5)　「参る」→「いらっしゃる」

58

(3)

解説

(1)　「いただいてください」→「お納めください」「お受けとりください」
(2)　「いらっしゃいます」→「います」「おります」
(4)　「参られた」→「いらっしゃった」「お越しになった」
(5)　「いただいて」→「召しあがって」
(6)　「いたし」→「なさい」
(7)　「お伺い願います」→「お越し下さい」
(8)　「おりましたら」→「いらっしゃいましたら」

59

(4)

解説

(1)　尊敬表現
(2)　尊敬表現
(3)　尊敬表現
(4)　謙譲表現
(5)　丁寧表現

60

(4)

解説

尊敬語とは，他に対する尊敬の気持ちを直接表す言い方で，謙譲語とは，自分や身内がへりくだることによって，相手を高め敬う気持ちを間接的に表す言い方。丁寧語は，あらたまった言葉を用いて，話全体を丁寧にする言い方。それぞれの正しい分類は次の通り。

A．謙譲語
B．尊敬語　謙譲語では「参上する」など。
C．丁寧語
D．尊敬語
E．謙譲語　尊敬語では「おっしゃる」。
F．丁寧語　謙譲語では「拝見する」。
G．謙譲語　尊敬語では「召しあがる」。
H．謙譲語
I．尊敬語
J．尊敬語
K．謙譲語
L．丁寧語
M．謙譲語
N．謙譲語

61

(1)　ア　(2)　ア　(3)　イ　(4)　ウ
(5)　イ

解説

敬語は日頃から気をつけて使っていれば難しいものではない。(3)は紛らわしいが「お祝い」を渡す相手は姪なので軽い謙譲表現のイがふさわしい。(5)も「社長」にまどわされないように。

62

(4)

解説

わからない＝わかる（動詞）＋ない（助動詞）
(1)　しがない（形容詞）
(2)　よい（形容詞）＋ない（形容詞）
(3)　つまらない（形容詞）
(4)　足りる（動詞）＋ない（助動詞）
(5)　おろかだ（形容動詞）＋ない（形容詞）

助動詞の「ない」は未然形に接続する。

63

(1)　**6文節**　(2)　**11単語**　(3)　**d**

解説

(1)　「ネ」を入れて読んでみる。「まじめな／父は／暑いにも／かかわらず／せっせと／通った。」

(2)　「まじめな／父／は／暑い／に／も／かかわら／ず／せっせと／通っ／た」

(3)　「は」は，主語の文節をつくるので，主語を示す格助詞と間違えやすいので注意が必要である。

64

(4)

解説

「〜である」の「で」は断定の助動詞。

(1)　手段を表す格助詞。

(2)・(3)　形容動詞の活用語尾。

(5)　接続助詞。

65

(5)

解説

(1)　「よく考えてごらん」は副詞。「きだてもよく」は形容詞。

(2)　「上品だ」は形容動詞の終止形の活用語尾。「公務員だ」は助動詞。

(3)　「山また山」は接続詞。「また失敗したのか」は副詞。

(4)　「大丈夫だろうね」は終助詞。「ね，見てごらん」は感動詞。

(5)　ともに助動詞。

66

(1)

解説

「せまいながら」の「ながら」は，「のに」「にもかかわらず」の意で逆接を示す接続助詞。

(2)　「我ながら」で副詞。

(3)　2つの動作が同時に行われる意を示す。

(4)　「ともに」の意。

(5)　「そっくり」「全部」の意。

67

(4)

解説

(4)は副詞。それ以外はすべて連体詞。連体詞は単独で連体修飾語になり，副詞は連用修飾語になる。(4)「そう」は副詞だが，「その」は連体詞になることに注意しよう。連体詞は全体的に数が少ないため，覚えておいた方がよい。

68

(5)

解説

例文は「反省する＋セル（使役の助動詞）＋ラレル（受身の助動詞）」

(1)　可能の助動詞　(2)　尊敬の助動詞

(3)　動詞の活用語尾　(4)　自発の助動詞

69

(1)　**①秋冷の候，錦秋の候，清秋の候など。**
　②敬具

(2)　**もらいたいと→いただきたいと**

(3) 鉄は熱いうちに打て
(好機逸すべからず)

70

(4)

解説

(1) 朝夕に涼しさを感じ始める8月23日ごろ。説明は「夏至」。

(2) 最も寒くなる1月20日ごろ。説明は「大雪」。

(3) 人日…旧暦の1月7日。七草粥の日。

(5) 小寒（1月6日）に入った日をさす。11月8日は「立冬」。

71

(4)

解説

(4) 時候の挨拶は10月，結びの言葉は8月に用いる言葉である。9月には，「初秋の候」「新秋の候」などを時候の挨拶として用いる。なお，結びの言葉は「夏の疲れには思わぬ不覚をとることもありますので，お体を大切にお過ごしください。」などが適切である。

72

(1) ウ　(2) ケ　(3) エ　(4) イ
(5) カ

解説

五節句や二十四節気，花鳥風月，人生の節目なども国語常識として問われる。辞書の付録も目を通しておくとよい。

3 読解・鑑賞

73

(1) ⑤　(2) ④　(3) ②　(4) ③

解説

(2) ①分担，②濃淡，③単独，④極端，⑤短冊

(3) 「作品が目の前にあるとき，それに向かって感覚を解き放つことがなにより大切だ」という記述に着目。「向きあって立つこと」の意の②対峙が適当。

(4) 「感覚を解き放てば（＝作品に向きあえば）理想の美しさの一端にはかならずふれられる」という筆者の主張をつかめていれば正答を容易に選べるだろう。

74

問1 ③　問2 ①　問3 ⑤

解説

問1　提示文中の「それ」が何を指すのかに着目。文の後半の「人生の楽しみとも」なるものを考えると（C）の直前の「人生のすばらしい瞬間」が適当。

問2　①概略，②街路樹，③憤慨，④案外，⑤弾劾

問3　最終文「自分はスランプ～まだ自分が気づいていないものたちに心の目を向けてみてはいかがでしょうか。」という記述に筆者の主張が集約されている。

75

(1) a. しばら　b. 不気味
c. 顧　d. 被

(2) 餓死
(3) 2
(4) 4

解説

志賀直哉『灰色の月』より。

(2) 第一段落の記述から，少年が意識朦朧としていることがわかる。その上で胃を指して「一歩手前」というのである。

(3) どの選択肢でもよさそうだが，直前の「如何にも子供らしく」を受けている2が正解。

(4) 主人公の少年工に対する気持ちが「少年の外見に対する嫌悪」→「少年への哀れみ・同情」と変化していることに着目。それにもかかわらず，自分でも「不思議」に思うような行動を取り，その後「一層気の毒」に思っているのだから，主人公は無意識的に，哀れんでいるはずの少年を突き返してしまったのである。

76

(1) ③　(2) ④　(3) ②　(4) ④

解説

(1) ③の作者は菅原孝標女である。

(2) ①遺産，②異同，③威厳，④無作為，⑤周囲

(3) 「（　C　）の積み重なり」を「歴史」と言い換えていることから導く。

(4) 最終文の「さび」は「日本庭園」，「歴史的町並み」は「ヨーロッパの町づくり」にそれぞれ相当しともに「歴史の美」であると述べているので④が適当。

77

(1) a. 屈折　b. 姿態　c. つぶや
d. 還元
(2) 3
(3) 2
(4) 2
(5) 2

解説

(2) 解説されている中原中也の詩は，暗い内容であるにもかかわらず，リズム感とユーモアを感じさせるものである。サラリーマンを「蟻」にたとえていることからも，その「おかしさ」は感じられる。

(3) 直前の「妙に引っかかるようなリズム」という記述に注目。

(4) 直前の「サラリーマンどもの気も知らぬげに」を受けているので，疲れた暗いサラリーマンの気持ちとは逆のイメージを持った言葉を選べばよい。

(5) 1は宮沢賢治，3は村野四郎，4は三好達治，5は萩原朔太郎の作品。

78

(1) A. ケ　B. キ　C. エ
D. オ　E. ク　F. ウ
G. ア
(2) Ⅰ. ア　Ⅱ. ア　Ⅲ. イ
Ⅳ. ア　Ⅴ. ア
(3) ア. おおげさ　イ. 平素
ウ. 雰囲気　エ. 異変
オ. ぼうぜん　カ. 不思議
キ. 感受性
(4) 伝心
(5) 私たちはいかにも日本人らしく自然を感じていること
(6) 一種の感じ
(7) ④柿本人麻呂，山上憶良，大伴家持などから1人
⑤紀貫之，小野小町などから1人
(8) ⑥紫式部　⑦清少納言
⑧松尾芭蕉

解説

(1)　Aは，後の「大袈裟なものではなく」から判断。

Bは，月見をするため宴を催したのではなく，宴をした日が偶然十五夜だったということから判断。

Cは，前の部分で皆が月を待っている状態を述べ，あとの部分で月が上ったことを述べているので，時間の経過を表す語が入る。

Dの後は，月が上ってから「誰も」が「月のことしか」考えていない様子を表した文で，「一座」が「お月見の気分に支配され」ている状態であることから判断する。

Eの前は，「当たり前な話」なのに，後では「驚いたのである」と予想に反した結果になっていることから判断。

Fは，「スイスの人だって～知らぬわけはなかった」という事実の明白さを強調する語が入る。

Gは，直前の「だし」と，直後の「それ故に」から判断。

(2)　「意識的なものの（　Ⅲ　）～」とあるので，Ⅲには「考え方」が入ることがわかる。あとのものはすべて論理性を説いている部分ではない。

(3)　アの読み方には注意。

(4)　四字熟語は頻出問題なのでよく練習しておくこと。また，この「以心伝心」は「意心伝心」と書き誤りやすいので注意。

(5)　「月見の宴」のときに「スイス人」（外国文化を有する人）といっしょにいることにより，外国との対比で気づくものである。

(6)　ニュアンスとは，微妙な意味合いや感じ方のこと。また，ごくわずかでありながら，確かに感じられるそれらの違い。

(7)・(8)　文学史の問題で，いずれも日本文学を代表する作品なので，覚えておくこと。

79

(1)　ア．とうすいかん　　イ．けしつぶ

(2)　も多少似ていた。

(3)　ア

(4)　ア

(5)　イ・ク

解説

小説からの出題ではあるが，この部分は，主人公の想念が描写されている場面である。短編には，こうした場面はあまりみられないが，長編にはよく出てくる場面である。注意することは，文中に表現されている感覚を的確にとらえることである。

(2)　前半は「陶酔感」の描写，後半はそれについての今までの態度と解説になっている。

(3)　吸い込まれることに対して抵抗しようとしながらも，抗い難いものを感じていたから不安だったのである。

(4)　主人公は自然と融合，一体化している。ここは共存ではなく調和の方がよい。

(5)　近代文学史の各派の重要人物はしっかり押さえておくこと。

80

(1)　エ

(2)　ウ

(3)　作者

(4)　せみ

(5)　文語自由詩

解説

室生犀星は，大正から昭和にかけて活躍した詩人・小説家で『抒情小曲集』は『愛の詩集』とともに彼の代表作といわれる詩集である。

(1)　「みやこのまちの遠くより／空と屋根とのあなたより」から，「故郷」が主題と考えがちだが，「せみの子を……けふいづこにありや」は明らかに自分の過去(幼少年期)への切ない思いを歌っており，こちらのほうが作者の心を揺り動かしていると思われる。

(2)　「しいいと」なく，「せみ」の声を聞いた瞬間から，詩の世界が始まっている。また，「しいいとせみのなきけり」という言葉が最初と最後に繰り返し用いられている点にも着目する。

(5)　「なきけり」「なりしか」など，用語は明らかに文語であるが，リズムはまったく自由である。

81

(1)　①イ　②エ　(2)　イ
(3)　遠いこえ

解説

皆が迎合している美しい思想に対して，自分の道を歩もうとする作者の決意を読み取ろう。

(1)　「消されるように」がヒントである。②は2行後の「私をうち消すものの中に」消されるように生きたのであるから，②は「私をうち消すもの」が正答。①は②と相対立するものであるから，必然的に「私」が正答となる。

(2)　「美しい思想」と「私」が対立することが読み取れれば容易。私は皆が思うほどに美しい思想を素晴らしいものと考えていない。「実をむすぶ」とは完成させることであるから，正答はイになる。ウは後半が文中から読み取れない。

(3)　何回も使われている言葉に着目するとよい。

82

④

解説

この文章のキーワードは「個性」と「独創性」である。この両者がどのように展開されているかを読み取る必要がある。したがって，一度に5つを頭から順に並べようとするのではなく，部分と部分を組み合わせていく形で解くと正確である。またこのような並び替え問題は，指示語や接続詞に着目するという手もある。ここでは，(オ)－(イ)が個性についての説明，(エ)－(ア)が独創性の説明がされていることがわかれば容易である。

83

(1)　(ア)刺激　(イ)証拠　(ウ)履歴
(2)　①　(3)　①エ　②ア
(4)　自分の興味

解説

問題文は科学者による読書論である。

(2)　A．前文がヒント。大根が食べたくなるときは体内からの要求があるという趣旨の内容が書かれているから，「必然性」が正しい。
B．「水平面下」から導くことができる。
C．空欄後に「やはりそうなるべき理由が内在」と「必然性」を匂わす語句がある。これに対する語句なので，「偶然的」が入る。

(3)　文脈に即して捉えるようにすること。①は「わけのわからないこと」の意だが，ウだとすれば「納得」の主体に筆者も含まれる。②「読書」に限定されることに要注意。

(4) 文中に「興味」という語句が述べられていることから考えよう。

84

(1) 目をお覚ましください。

(2) 答へ(応へ)

(3) イ

(4) な，そ

解説

〈現代語訳〉

これも今は昔，比叡山(延暦寺)に稚児がいた。僧たちが夜にすることもないので，「さあ，ぼたもちを作ろう」といったのを，この稚児は期待して聞いた。だからといって，作り上げるのを待って寝ないでいるのも具合が悪かろうと思って，片隅に寄って寝ているふりをして，出来上がるのを待っていると，いよいよ作り上げたようすで(僧が)集まってにぎやかにしている。この稚児は，きっと起こしてくれるだろうと，待っていると，僧が，「もしもし，目をお覚ましください」というので，うれしいとは思ったが，たった一度で返事をするのも，待っていたかとも(僧が)思うからと，もう一度呼ばれたら返事をしようと，がまんして寝ていると「おい，お起こし申すな。幼い人は寝入られてしまった」という声がしたので，ああ，困ったと思って，もう一度起こしてほしいと，思いながら寝て聞く(＝耳をすませている)と，むしゃむしゃと，ただささかんに食べる音がするので，仕方なく間のぬけたときに，「はい」と返事をしてしまったので，僧たちが笑ってとめどもなかった。

この作品は，僧たちが作ったぼたもちを心の中では欲しいと思いつつも，いかにも欲しがっていたと思われるのを嫌って，寝たふりをしていたために，かえって僧たちに笑われることになってしまった稚児の失敗談をユーモラスに描いている。

(1) 「おどろく」は現代語とは違い「目を覚ます」の意。「～せ給ふ」という尊敬表現にも注意して訳す必要がある。

(2)・(3) ぜひ知っておきたい古文単語である。

(4) 禁止を示す重要表現である。

85

(1) エ

(2) 1．多し　2．已然形　3．係助詞「こそ」の結びになっているため。

(3) 和歌の前に書いてある文章で，歌の題名，作者名や成立事情などを記したもの。

(4) かたくななる人・片田舎の人

(5) イ

(6) A群　オ　B群　c

解説

〈現代語訳〉

桜の花は盛り(に咲いているの)を，月は曇りなく(照って)いるのだけを見るものだろうか(いや，それだけではない)。雨に向かって月を慕い，(すだれを)垂れて(家の中に)引きこもって春(外の様子)を知らないのも，やはりしみじみと趣深い。咲きそうなころのこずえや(花の)散りしおれている庭などは特に見どころの多いものだ。歌の詞書にも，「花見に参ったのに，とっくに散ってしまったので」(詠んだ歌)とも，「差し支えることがあって参らずに」(詠んだ歌)などと書いてあるのは，「花を見て」(詠んだ歌)に劣っていることがあろうか(いや，劣っていない)。花が散り，月が傾くのを慕う習わしは，もっともなことであるが，とくに情趣を解さない人は，「この枝もあの枝も散ってしまった。今は見どころはない。」などと言うようだ。

総じて，月や花を，そういう目だけで見るものだろうか（いやそうではない）。春は家から出かけなくて，月の夜は寝室にいるままでも，（月や花を）思いやるのが，情趣が尽きることなく趣深いのだ。教養のある人は，むやみに愛好する様子も見えないし，おもしろがる様子もあっさりしている。田舎者に限って，万事にしつこくおもしろがる。花の咲いた木に，にじり寄り立ち寄って，わき目もふらずにじっと見て，酒を飲み，連歌をして，そのあげくには，大きな枝を遠慮なく折り取ってしまう。泉には手を入れ足を浸し，雪には降り立って足跡をつけるなど，万事離れて客観的に見ることがない。

『徒然草』は鎌倉時代の随筆で，作者は兼好法師（吉田兼好）である。『枕草子』（清少納言）や『方丈記』（鴨長明）と並び，「日本三大随筆」のひとつである。これらの随筆の有名な段はよく出題される。

(1)　「かは」は係助詞で，文末に用いられる場合は，反語か疑問の意味を持つ。この場合は文意から判断すること。

(2)　「多けれ」は形容詞「多し」。係助詞「こそ」は已然形で結ばれるから，「多けれ」は已然形。

(3)　和歌に関する基礎知識である。

(4)　古典では「よき人」とは「身分・教養の高い人」を指し，ここでは「風雅を解する人」の意味。兼好自身が「風雅」を大切にする人物であり，当時の風潮では「風雅」は最も大切にされたものでもあった。

(5)　「なほざりなり」の意味は，格別意に留めないさまをいう。それを文中の前後の文章に合うように意訳する。

(6)　文学史の基礎問題である。

86

(1)　ア　　(2)　ウ　　(3)　エ

解説

〈現代語訳〉

昔，阿倍仲麻呂といった人は，中国に渡って帰ってきた時に乗船するはずの所で，あちらの国の人々が送別の宴を催し，別れを惜しんで，あちらの漢詩を作ったりしたそうだ。名残が尽きなかったのであろうか，20日の夜の月が出るまでいたそうだ。その月は，海から出た。これを見て，仲麻呂氏は「私の国では，こういう歌をこのように別れを惜しんだり，うれしいことがあったり，悲しいことがあったりする時には詠むのです。」と言って詠んだ歌が次の歌である。

青々とした広い海をはるかに見渡すと今しも海から月が顔を出した。この月は春日にある三笠の山に出たのと同じ月なのだなぁ。

(1)　「うまのはなむけ」は①旅立つ人に物を贈ること，またはその物品，餞別，②送別の宴，の意である。ここでは文脈上「送別の宴」が正しい。

(2)　「飽かずやありけむ」と表記できる。飽きることがない，すなわち名残尽きない。

(3)　ア．ひきとめたという主旨の内容は書かれていない。

イ．あちらのひとが漢詩を作ったという内容は書かれているが，親友という存在は登場していないので誤り。

ウ．名残惜しんではいるが，帰国を迷う気持ちは読み取れない。

87

(1)　①ウ　②イ　③エ　④ア
(2)　ア
(3)　イ
(4)　エ
(5)　ウ

解説

〈現代語訳〉

うぐいすは漢詩などにも立派に読みこまれ，声はもとより，姿・形も優雅で美しいぐらいであるのに，宮廷の中で鳴かないことは非常にけしからぬことだ。ある人は「確かにそのとおりですね」と言っているのを（私は）「そんなこともないでしょう」と思っていたけれど，（この宮中に）十年ぐらいお仕えして聞いていましたが，本当にまったく（うぐいすの）鳴く声はしなかった。それにしても，（宮廷の）竹の近くにある紅梅などはきっととてもよく通うことができるよりどころであるのに。宮廷より退出して聞けば，みすぼらしい家の見るべき風情もない梅の木などには，うるさいぐらいまでに鳴いている。ただ夜鳴かないのも（うぐいすが）寝坊である感じがする（これもけしからぬことだ）が，今さら（うぐいすの習性も変わらないので）どうしようもない。

『枕草子』は平安時代に書かれた日本最古の随筆である。作者は清少納言で，紫式部と並び平安時代の王朝かな文学を支えた女流作家の一人である。

(1)　現代語訳を参照。①は「ふみつくる」で，漢詩文を作る意。
(2)　筆者はどこに仕えているかを考えると文中の「九重」が目につくはずだ。「九重」は宮中を表す言葉である。
(3)　bの「ぬ」は完了の助動詞の「ぬ」で，完了の助動詞＋推量の助動詞（べし）の形なので，「ぬ」は強意の意味を持つ。
(4)　みすぼらしい，いやしいの意味の「賤《あや》し」である。
(5)　ウの「いぎたなし」は，「寝汚し」と書く。

88

(1)　ウ
(2)　b. **大蔵卿**　c. **そばにある人**
(3)　d. **聞きつけることができなくて**
　　e. **驚きあきれる**
(4)　ア

解説

〈現代語訳〉

大蔵卿ほど耳ざとい人はいない。実際に蚊のまつげの落ちるのもお聞きつけなさるに違いないほどであった。

（私が）中宮の西の間に住んでいたころ，大殿の新中将が宿直でいらして，何か話していたときに，（私の）近くにいた人が，「中将に扇の絵のことをいいなさい」と（私に）ささやいたので，「今あの人（＝大蔵卿）がお帰りになられるからね。（そのあとで）」と本当にこっそり言ったのを，その人さえ聞きつけなくて「何，何？」と耳を傾けてきたのに，遠くに座っていて「憎らしい。そうおっしゃるなら今日は帰りますまい」とおっしゃられたのは，どうして（あんな小さな声を）お聞きつけになるのだろうと驚きあきれてしまったことだ。

大蔵卿の耳の感覚の鋭さを述べた文章である。作者がそばにいる女房にささやいた言葉を，その女房さえ聞き取れなかったにもかかわらず，大蔵卿は遠くにいながらも聞きつけたことに対する驚きが示されている。

⑴　文章全体の内容から推測できる。
⑶　「え〜(打消)」(〜できない),「あさまし」(驚きあきれる)は重要。
⑷　文中に「こそ」があるので,結びは過去の助動詞「き」の已然形「しか」である。

89

(1)　オ　　(2)　ウ　　(3)　ア　　(4)　イ
(5)　エ

解説

作者はそれぞれ⑴⑶⑷与謝野晶子,⑵斎藤茂吉,⑸北原白秋である。

90

(1)　孔子
(2)　思いやり
(3)　己の欲せざる所は,人に施すこと勿かれと。

解説

〈書き下し文〉

子貢問ひて曰はく,「一言にして以て終身之を行ふべき者有りや。」と。子曰はく,「其れ恕か。己の欲せざる所は,人に施すこと勿《な》かれ。」と。

〈通釈〉

子貢が「たった一言で,一生行っていく値うちのある言葉はあるのでしょうか。」と尋ねた。孔子は,「それはまあ恕だろうね。(恕とは),自分がしてもらいたくないことは,他人に押しつけてはいけないということなのだ。」と答えられた。

⑴　問題文は孔子とその弟子の言行録である『論語』の一節である。孔子の死後弟子たちによって編集された。
⑵　孔子の思想の中心である「仁」を具体的に説明したものが「忠恕《ちゅうじょ》」である。「忠」はまごころ,「恕《じょ》」は思いやりである。
⑶　「恕」の実践を示す重要な文なので覚えておきたい。意味は「自分が望まないことは,他人にもしてはいけない」である。

91

(1)　五言絶句
(2)　王維
(3)　イ

解説

〈通釈〉

一人で,奥深い竹林の中にすわり／琴をひいたり,また,声長く吟じたりする／この奥深い林を,世間の人々は知らない／明るい月だけがやってきて,私を照らしてくれる

⑴　絶句は4句から,律詩は8句から成り立っている。
⑵　盛唐の詩人
⑶　五言系統の場合,偶数句末で押韻する。したがって,□は2句末の「嘯(shou)」と押韻する「照(shou)」が正解。

92

(1)　李白,杜甫,王維,孟浩然などから3人
(2)　七言絶句
(3)　杯,催,回
(4)　君笑ふこと莫かれ

解説

〈通釈〉

上等な葡萄酒，夜光の杯／飲もうとすると，琵琶が馬の上で音をたてた／酔いつぶれて沙場に倒れても，君よ，笑ってはいけない／昔から戦いに出て，何人が無事に帰ってきたというのか

(3) 七言系統の場合，第1句末と偶数句末で押韻することに注意しよう。

(4) 禁止を示す基本的な構文である。

93

①，②

解説

③季語は「涼しさ」で夏，④与謝蕪村ではなく小林一茶の俳句，⑤松尾芭蕉ではなく与謝蕪村の俳句である。

94

(1) a. 「あしびきの」→「山」
　b. 「あかねさす」→「紫」
　c. 「しろたへの」→「衣」

(2) あしびきの山鳥の尾のしだり尾の

(3) 柿本人麻呂

(4) e

解説

a～dは『万葉集』に収録されている。作者はそれぞれ，a. 柿本人麻呂，b. 額田王，c. 持統天皇，d. 柿本人麻呂，e. 西行である。西行は『新古今和歌集』の歌人であり，また，代表作に『山家集』がある。

95

(1) A. 夢　B. 桜

(2) b

(3) イ

解説

作者はそれぞれ，a. 小野小町，b. 良暹法師，c. 西行，d. 藤原定家，e. 在原業平である。

(2) 三夕の歌には，c，dの他に寂蓮の「さびしさはその色としもなかりけり真木立つ山の秋の夕暮れ」がある。

96

(1) A. おとめ　B. つばくらめ
　C. こずかた

(2) a. エ　b. ア　c. ウ
　d. イ　e. オ

(3) ア. b　イ. c　ウ. d

解説

いずれも有名な近代短歌であり，暗唱できるようにしておくとよい。またいずれの作者の他の有名作も頻出であり，この機会に押さえておくとよい。

97

⑤

解説

①②松尾芭蕉，③④与謝蕪村の俳句である。小林一茶も踏まえて江戸時代の俳句の3大家といわれる。代表的な俳句は覚えておこう。それぞれの季語と季節は次の通りである。

①風のしむ身（秋），②蛙（春），③牡丹（夏），④夏河（夏），⑤雀の子（春）

98

(1) 万緑　夏　e
(2) 名月　秋　a
(3) 菜の花　春　c
(4) 桐一葉　秋　d
(5) 蠅　夏　b

解説

代表的な俳句は季語と共に整理しておきたい。

99

(1) A. 心がひかれる
　　B. 一日中
(2) c. 雛　春　　e. 枯野　冬
(3) b

解説

(1) いずれも基本的な古語である。
(2) 他の句の季語は，a「すみれ草」(春)，b「春の海」(春)，d「蟬」(夏)。
(3) bは与謝蕪村の作。

4 文学史

100

(1) 『大鏡』　(2) 『方丈記』

解説

(1) 『大鏡』は平安時代後期の歴史物語。作者未詳。『今鏡』『水鏡』『増鏡』と合わせて「四鏡」という。その他の3作品はすべて随筆である。
(2) 『枕草子』(平安時代中期)→『大鏡』(平安時代後期)→『方丈記』(鎌倉時代前期)→『徒然草』(鎌倉時代後期)

101

(4)

解説

日本における現存の最古の和歌集は『万葉集』であるが，天皇の勅命によって撰集された歌集として最初のものは『古今和歌集』である。『万葉集』『古今和歌集』『新古今和歌集』は，奈良，平安，鎌倉のそれぞれの時代を代表する三大和歌集であり，それぞれの歌風の特徴，相違や代表的歌人など整理して区別しておくとよい。

102

(5)

解説

(1) 『竹取物語』は平安時代前期の作品である。
(2) 『万葉考』は江戸時代の作品である。
(3) 川柳の成立は江戸時代中期である。
(4) 歴史物語の発生は平安時代後期であり，

『栄花物語』はその先駆となった作品である。

103

(1) **紫式部**　(2) ②　(3) ③

解説

源氏物語は「もののあはれ」を基調とした物語文学である。平安時代中期の1008年頃成立した。「をかし」の文学である枕草子と双璧をなす平安時代の代表的作品である。作者は紫式部で，一条天皇の中宮彰子に仕えた。(3)源氏物語を研究した人物は本居宣長で，『源氏物語玉の小櫛』で著名。

104

(3)

解説

(1)　『曽根崎心中』は浮世草子ではなく，「世話物」とよばれる浄瑠璃である。

(2)　『多情多恨』の作者は，幸田露伴ではなく，尾崎紅葉である。

(4)　『枕草子』の作品に表れている文学理念は〈をかし〉である。〈もののあはれ〉の情趣を文学の本質として示した作品は，紫式部作の『源氏物語』である。

(5)　与謝野晶子の歌風が影響を与えたのはアララギ派の短歌ではなく，明星派のそれである。明星派とは，与謝野鉄幹・晶子夫妻を中心とした新詩社の歌風に対する呼称である。

105

① **オ**　② **ウ**　③ **エ**　④ **イ**
⑤ **ア**

106

(4)

解説

『東海道中膝栗毛』の作者は十返舎一九。

107

(4)

解説

(4)の『破戒』は浪漫主義でなく自然主義文学の先駆けとなり，文学史上初めて近代的小説となった作品。

108

(5)

解説

(5)の作品はいずれも志賀直哉の小説。有島武郎の作品には評論『惜しみなく愛は奪ふ』などがある。

109

(1) ②　(2) ③・④・⑤
(3) **①諸行無常**　**②盛者必衰**
作品：平家物語

解説

(1)　『羅生門』などその他の作品も今昔物語集の説話をモデルとしている。

(2)　③・④は江戸時代，⑤は鎌倉時代の作品。作者はそれぞれ③本居宣長，④松尾芭蕉，⑤阿仏尼である。

110

(1) エ e
(2) ア c
(3) オ d
(4) ウ b
(5) イ a

解説

(1) 写実主義では二葉亭四迷と坪内逍遙の2人を対比させながら覚えておこう。
(2) 白樺派は明るい人間肯定の文学を目指した。他に武者小路実篤，有島武郎らがいる。
(3) 自然主義は，空想を捨て，現実をあるがままに直視することを目指していた。他に，田山花袋，徳田秋声などが有名。
(4) 余裕派（高踏派）は，感情を抑制し，対象に距離を置いて客観的に表現しようとした流派で，他に森鷗外がいる。
(5) 擬古典主義では，尾崎紅葉と幸田露伴が活躍したので，この時代（明治20年代）を紅露時代ともいう。

111

(3)

解説

(3) 『屋根の上のサワン』は井伏鱒二の作品である。井伏鱒二の作品にはその他に『山椒魚』『黒い雨』などがある。

112

(1) ウ (2) イ (3) エ (4) ア
(5) オ

解説

(1) ドイツの実存主義文学の先駆者。
(2) 人間と運命の対峙を描く，ロストゼネレーションの代表。
(3) ドイツ的教養小説家であり詩人。
(4) 自ら「物語作家」と称し，人間の不可解さを追求した。
(5) デュマは父子で活躍したフランスの作家で，父ペールは『モンテ・クリスト伯』『三銃士』を，息子フィスは『椿姫』を著わした。

113

(1) オ d
(2) ウ e
(3) イ a
(4) エ c
(5) ア b

解説

(1) 坪内逍遙はシェークスピア全集の翻訳を行っている。
(2) ドイツのハイネは，フランスのユーゴーとともにロマン主義文学の代表的な作家である。
(3) フローベルは『ボヴァリー夫人』を書いて，スタンダール，バルザックによりはじまった写実主義を徹底させ，次の自然主義への道を開いた。
(4) 島崎藤村の『破戒』には，ドストエフスキーの『罪と罰』の影響がみられる。
(5) 日本の白樺派の作家は，トルストイの人道主義・平和主義に傾倒していた。

114

① ア ② エ ③ ウ ④ イ
⑤ オ

解説

それぞれの作品の作者は①滝沢馬琴，②

十返舎一九，③井原西鶴，④上田秋成，⑤本居宣長で，すべて江戸時代に活躍した人物である。

115

(1) ①　(2) ③　(3) ⑤　(4) ①

解説

(1)　その他の作品の作者は②石川啄木，③北原白秋，④島崎藤村，⑤上田敏である。
(2)　他の作者の代表的作品は①『みだれ髪』，②『邪宗門』『桐の花』，④『測量船』，⑤『蛙』など。
(4)　①は春秋時代，②～⑤は盛唐時代に活躍した人物。

116

(1)　**方丈記，鴨長明**
(2)　**土佐日記，紀貫之**
(3)　**更級日記，菅原孝標女**
(4)　**徒然草，兼好法師（吉田兼好）**

解説

いずれも基本的な古典である。作者，作品，成立年代を押さえたうえで，冒頭文は暗唱できるようにしておきたい。

117

(1)　**①あけぼの　②やまぎは**
　　③よる　④をかし
(2)　**『枕草子』，清少納言**　(3)　**③・⑤**

解説

問題文は『枕草子』の冒頭である。有名な箇所なので春から冬まで暗唱できるくらいにしておきたい。
(3)　『枕草子』及び①・②・④は平安時代，③・⑤は鎌倉時代の作品である。

118

(1)　**『奥の細道』**　(2)　**ウ**

解説

(2)　「漂白の思ひやまず」に松尾芭蕉の思いがみえる。人生を旅とし，同時に自然の中にも身を置くことで句境を深めていったのである。

119

(1)　g　**芥川龍之介**
(2)　f　**太宰治**
(3)　b　**夏目漱石**
(4)　i　**島崎藤村**
(5)　e　**川端康成**

解説

いずれも有名な作品であり，教科書等で目にしたことがあるはずである。

120

(1)　i　**『しろばんば』**
(2)　d　**『鼻』**
(3)　f　**『山椒魚』**
(4)　g　**『サアカスの馬』**

121

(1)　i　(2)　g　(3)　h　(4)　c
(5)　a
(5)→(3)→(1)→(4)→(2)

解説

(1)　紫式部による長編物語。1008年頃の成立。

(2) 世阿弥が「能」についてまとめたもの。『花伝書』ともよばれる。1400年前後の成立。
(3) 編者は大伴家持ら。760年頃の成立。対して『古今和歌集』は「たをやめぶり」といわれ，女性的な優美な魅力にあふれている。
(4) 鴨長明による随筆。成立は1212年。
(5) 720年に完成。

122

(1) e，ケ　(2) b，カ
(3) h，キ　(4) c，イ
(5) f，ウ

解説

いずれも近現代の小説であり，代表作である。
その他の作品名，著者名の組み合わせは，a－ア，d－エ，g－オ，i－クである。

123

①，⑤

解説

②『和解』は志賀直哉，③『地獄変』は芥川龍之介，④『山椒太夫』は森鷗外の作品である。
④は井伏鱒二の作品に『山椒魚』があるので，やや紛らわしい。注意しよう。

124

(3)

解説

(3) 紀貫之の和歌である。

125

(1) c，b（順不同）
(2) f　(3) i　(4) l

解説

(1) 五常とは儒教で人間の守るべき道を示したもの。
(2) 三夕の歌は暗唱できるようにしておきたい。「さびしさはその色としもなかりけり槙立つ山の秋の夕暮れ」（寂蓮）「心なき身にもあはれは知られけり鴫立つ沢の秋の夕暮れ」（西行）「見渡せば花も紅葉もなかりけり浦の苫屋の秋の夕暮れ」（藤原定家）。
(4) 六歌仙は在原業平，僧正遍昭，小野小町，文屋康秀，喜撰法師，大伴黒主。

126

(4)

解説

(4) 『古今和歌集』に収められている藤原敏行の和歌である。その他の和歌の作者は(1)持統天皇，(2)式子内親王，(3)阿部仲麻呂，(5)蟬丸である。

127

(1) 『たけくらべ』　(2) ②　(3) ②

解説

問題文は樋口一葉の代表作『たけくらべ』の冒頭である。『たけくらべ』は少年少女のほのかな初恋や心の動きをみずみずしく描いた作品である。樋口一葉は，明治時代の小説家・歌人として，知られている。代表作品を整理しておきたい。(3)②『田舎教師』は，明治時代に活躍した田山花袋の小説である。

128

① ア　② エ　③ キ　④ イ
⑤ ク

129

(5)

解説

(1)　『万葉集』は勅撰和歌集ではない。

(2)　十三代集は『新古今和歌集』より後に編纂された勅撰和歌集を指す。『古今和歌集』から『新古今和歌集』までを八代集という。

(3)　六歌仙は『古今和歌集』時代に活躍した歌人。

(4)　三代集は『古今和歌集』『後撰和歌集』『拾遺和歌集』。

2 倫理

1 西洋の倫理

1

(1) カント
(2) アリストテレス
(3) J. S. ミル
(4) サルトル
(5) プロタゴラス

2

②

解説

① 『道徳および立法の諸原理序説』はベンサムの著書。J. S. ミルの主著には『功利主義』がある。
③ 『プロテスタンティズムの倫理と資本主義の精神』はマックス・ウェーバーの著書。
④ 『学校と社会』はデューイの著書。ジェームズの主著には『プラグマティズム』がある。
⑤ 『資本論』はマルクスの著書。ロールズは社会契約論などを拠り所に正義に関する理論を提唱した。主著には『正義論』がある。

3

①, ⑤

解説

② 『政治学』はアリストテレスの著書。プラトンの著書には『国家』『ソクラテスの弁明』などがある。
③ 帰納法はベーコンが提唱した。デカルトが提唱したのは演繹法である。なお，帰納法とは，個々の具体的な事実の観察や実験から，一般法則を導き出す方法であり，演繹法とは，普遍的な原理を前提として，そこから推論によって論理的に結論を導く方法である。
④ ホッブズの著書と言葉である。ロックの主著は『統治論（市民政府二論）』。

4

(1) イ　(2) コ　(3) オ　(4) カ
(5) キ

5

②

解説

① ベンサムについての記述である。
③ デカルトについての記述である。
④ キルケゴールについての記述である。
⑤ デューイについての記述である。

6

A. イ　B. オ　C. ウ

7

①

解説

② サルトルについての記述である。キルケゴールは，「実存の三段階」「単独者」が思想的キーワード。

③ マルクスあるいはエンゲルスについての記述である。サン・シモンは空想的社会主義者で，革命の必然性まで論じてはいない。

④ アリストテレスについての記述である。プラトンは，「イデア論」「哲人政治」が思想的キーワード。

⑤ モンテーニュについての記述である。カントは，「善意志」「目的の王国」「人格」「道徳法則」が思想的キーワード。

8

④

解説

① ロックの思想である。

② ロックやルソーの思想である。

③ ホッブズの思想である。

⑤ ルソーの思想である。

9

③

解説

③ プラグマティズムは，科学的認識を基礎とする実用性を重視する。代表者には，デューイのほかパースやジェームズがいる。また，パスカルとモンテーニュはモラリストである。

2 東洋の倫理

10

①

解説

老子は万物の根源を道（タオ）と捉え，その道に従って無為自然に生きることを理想とした。

11

(1) 孔子　**(2) 朱子**　**(3) 荀子**
(4) 王陽明　**(5) 墨子**

12

(1) ウ　**(2) ア**　**(3) エ**
(4) オ　**(5) イ**

解説

(1) 本居宣長は，『源氏物語』や『古事記』の研究を通じて，惟神の道（神によって造られた日本固有の道），真心（偽りのない自然のままの心情）を尊ぶ生き方を日本古来の道と捉えた。また，物事にふれておこるしみじみとした感情の動きを「もののあはれ」として，文芸の本質であり人間らしい生き方の基本とした。

(2) 福沢諭吉は，身分にとらわれず自分の実力で評価される社会を理想とし，実生活で役に立つ実学を学ぶ必要性を説いた。また，人間の尊厳を自覚し，個々人が自主独立の生活を営もうとする独立自尊の精神を人々に喚起し，封建的思想の打破に努めた。

(3) 西田幾多郎は，分析的な西洋の哲学から深く学ぶとともに禅体験を中心とする東洋文化の伝統も踏まえ，純粋経験（主観・客観が未分化の具体的・直接的な体験＝主客未分）こそ真の実在であるという独自の哲学を展開した。

(4) 荻生徂徠は，古文辞学の祖であり，個人の修養としての道徳的な道を批判し，政治的な観点から古代中国の王が国家統治のために制定した礼・楽・刑・政などの社会制度（王道の道）を道と考えた。また，学問の目的は経世済民（世を治め民を救うこと）の道を修めて実践することであるとした。

(5) 林羅山は，世界には不変の理法（理）が支配し，それは人倫の秩序となってあらわれるとし（上下定分の理），封建的な身分秩序を正当化した。また，これを実践するため，敬（つつしみを忘れず人を欺かないこと）を重視した。

13

A．ますらをぶり　**B．本居宣長**
C．社会契約論　**D．民約訳解**
E．内村鑑三　**F．間柄**
G．民本

3 英語

1 語彙

1

(1) エ　(2) ウ　(3) ウ　(4) ウ
(5) ウ

解説
(4) ア「中国語」，イ「日本語」，エ「英語」。ウだけが「ドイツ」の意で国名。German とするのが妥当。

2

(1) *Furoshiki*　(2) neighbo (u) r
(3) sweat　(4) bicycle [bike]
(5) *Onigiri*

3

④

解説
アは年数，イはspecial vocations, language, fashion, nursing, cookingなどの語がヒントとなる。ウは塾のことを言っており，英語ではcram schoolとなる。

4

(1) ウ　(2) ウ　(3) エ　(4) イ
(5) ウ

解説
(1) once too often「またもや」──→「彼はまたもやスピード違反をして警察官に止められた。」
(2) unfit to～「～するのに不向きな」──→「このドレスは眺めるには美しいが，着て働くには向いていない。」
(3) be disappointed in～「～にがっかりする」──→「彼の講義は眠くなり，面白くないので私たちはがっかりした。」
(4) 「我々がこの10年経験してきたうちで最も暑い夏だ。」
(5) suppress「制圧する」──→「デモ隊を制圧するために機動隊が出動しているので，まもなく再び通りは静かになるだろう。」

5

②

解説
apologizeは自動詞。目的語はとらない。apologize to 人 for 事「人に事について謝る」

6

⑦

解説
正しい綴りは次の通り。
ア. Merger and Acquisition
ウ. Official Development Assistance
エ. Gross Domestic Product
意味はア. 企業の合併・買収，イ. 日本工業規格，ウ. 政府開発援助，エ. 国内総生産，オ. 経営学修士となる。

7

(1) ア　(2) イ　(3) ア　(4) イ
(5) イ

2 文法Ⅰ

8

(1) ウ　(2) イ　(3) エ　(4) ウ
(5) ウ

解説

(1) It will not be long before～「まもなく～するだろう」──→「彼はまもなくここに到着するだろう。」

(2) turn off「(電灯・テレビなどを) 消す」──→「寝る前に必ずテレビを消しなさい。」

(3) look forward to～ing「～することを楽しみにする」──→「私はあなたにまた会うのを楽しみにしています。」

(4) how to～「～のし方」──→「彼は自分の子どもに自転車の乗り方を教えている。」

(5) A keep + O + from～ing「AはOに～させないようにする──→AのためにOは～できない」──→「大雪のために私達は学校へ行けなかった。」

9

(1) sooner　(2) had
(3) Were　(4) help
(5) much

解説

(1) No sooner had + S + ～ (p.p.) than…「Sが～したとたん…した」──→「彼が話し始めたとたん，聴衆は彼の邪魔をした。」

(2) have + O + ～ (p.p.)「Oを～される，してもらう」──→「私は昨日電車の中で財布を盗まれた。」

(3) 仮定法の文。条件節のifを省略すると，主語とその後の語(were，had，should など)に倒置がおこる。──→「もし私が君なら，そこへは1人で行かないだろう。」

(4) cannot help～ing「～せざるを得ない，～するのはどうしようもない」──→「私は彼のつまらない冗談に笑わざるを得なかった。」

(5) not so much A as B「AというよりむしろBだ。」──→「彼女は歌手というよりむしろ女優だ。」

10

(1) イ (2) エ (3) ア (4) オ
(5) イ

解説

(1) It is + [人の性質や人に対する判断を表す形容詞] + of + A + to～「～するとはAは－だ」──→「私を助けてくれるとはあなたはとても親切ですね。」

(2) 命令文 + or～「…しなさい，さもないと～」

(3) It is none of your business.「それは君の知ったことではない。余計なお世話だ。」

(4) それぞれafterを伴って ア．～に似ている，イ．ウ．エ．～を追いかける，オ．～の世話をする──→「彼女は思いやりをもって哀れな子どもたちの世話をする。」

(5) ア．経済(上)の，イ．倹約家の，経済的な，ウ．倹約家，経済学者，エ．経済，オ．倹約された──→「私はほんのわずかしかお金を使わないので，倹約家と呼ばれる。」

11

(1) of (2) it
(3) if (4) to〔with〕
(5) spite

解説

(1) A remind + O + of～「AはOに～を思い起させる──→Aを見ると(聞くと)Oは～を思い出す」──→「この写真を見ると，私は子どもの頃を思い出す。」

(2) make it a rule to～「～することにしている」──→「父は毎朝5時に起きることにしている。」

(3) I wonder if～「～かしら」──→「明日は晴れるかしら。」

(4) compare to～「～にたとえる，なぞらえる」(この意味ではtoが普通だが，今はwithも用いられる)──→「人生は航海にたとえられる。」

(5) in spite of～「～にもかかわらず」──→「彼は病気にもかかわらず学校へ行った。」

3 文法Ⅱ

12

(1) no use crying over spilt milk
(2) the girl whose hair is long
(3) I wanted you to come earlier
(4) when he will be back
(5) They were heard to sing

解説

(1) It is no use～ing「～しても無駄だ」⟶「こぼれたミルクを惜しんで泣いても無駄だ。（覆水盆に返らず）［ことわざ］」

(2) whoseは所有格の関係代名詞。⟶「私はその髪の長い少女を知っている。」

(3) want＋O＋to～「Oに～してほしい」⟶「私は君にもっと早く来てほしかった。」

(4) 間接疑問は疑問詞＋S＋Vの語順。⟶「彼がいつ戻るのか知っていますか。」

(5) 知覚動詞の受動態では，もとの文の目的格補語である原形不定詞がto不定詞となる。⟶「彼らは昨夜大声で歌うのを聞かれた。」

13

(1) ウ－カ－ア－キ－オ－イ－エ－ク
(2) イ－キ－ウ－ク－オ－ア－カ－エ
(3) ア－ウ－ク－エ－オ－キ－カ－イ
(4) エ－ク－イ－ウ－キ－ア－カ－オ
(5) キ－イ－エ－ウ－カ－ア－ク－オ

解説

(4) 「予定」を表すbe＋to不定詞が用いられている。「～することになっている」。なお，be＋to不定詞は文脈によりほかにも「義務」「可能」「運命」「意図」などを表すことがある。

(5) make it a rule to不定詞「～することにしている」。

4 ことわざ

14

(1) ウ　(2) エ　(3) カ　(4) ア
(5) オ

解説

〈全訳〉

(1) 「早起きの鳥は虫を捕える。」

(2) 「猫がいないと，ねずみが遊ぶ。」

(3) 「悲しい朝の後には，うれしい夕べがある。」

(4) 「不思議なことは9日間しか続かない。」

(5) 「料理人が多過ぎると，スープが出来損う。」

15

(1) ウ

(2) a. Romans　b. go
c. mind　d. said
e. no

解説

(1) ア.「歳月人を待たず」
イ.「悔い改めるのに遅すぎることはない」
ウ.「たで食う虫も好き好き」
エ.「必要は発明の母」
オ.「好機を逃すな」

〈全訳〉

(1) A：レイコが結局あのセールスマンと結婚するって聞いた？
B：本当？信じられない。どうしてあんな男選んだのかしら。
A：さあ，ことわざにもあるでしょ，たで食う虫も好き好きって。

5 会話

16

(1) ウ　(2) エ　(3) オ　(4) エ
(5) オ

解説

(1) mindは直訳すると「～を気にする，いやがる」の意なので，相手に許可を与えるにはNoで答えることに注意。

(3) 不特定のものを受ける代名詞。

(4) Thanks, anyway.「いずれにしてもありがとう」とあるので，相手の申し出を受けているわけではないことが判る。

(5) 否定文に対しての同調なのでイのMe, too. はここでは不適。略式でMe, neither. としてもよい。なお，care for ～は通例否定・疑問文で「～が好きである」という意となる。

〈全訳〉

(1) A：ここで携帯電話を使っても構いませんか？
B：ええ，どうぞ。

(2) A：一緒にどう？
B：そうしたいけど，もう行かなくちゃ。

(3) A：はじめて生きたタカを見たんだ。君は見たことある？
B：いいえ一度も。

(4) A：私に何かできることがありますか？
B：ないと思う。とりあえずありがとう。

(5) A：脂っこい食べ物は好きじゃありません。
B：私もです。では日本食レストランへ行くのはどうですか？

17

(1) anything　(2) though
(3) Besides　(4) of
(5) third

解説

(1) far from = anything but「決して～でない」──→「その人は決して知的ではない。」
(2) for all～「～にもかかわらず」──→「彼は裕福だが不幸である。」
(3) not only～but…「～だけでなく…も」= besides～, …「～に加えて…」──→「彼女は私たちの部屋を掃除するだけでなく食事も用意した。」
(4) 「あなたのお姉さんは親切にも私を家まで車で送ってくれた。」
(5) the + 最上級 + but two「2つを除いて最も～な」=「3番目に～な」──→「日本で3番目に大きな都市はどこですか？」

18

1. イ　2. オ　3. ア　4. エ
5. カ

解説

〈全訳〉
ジョージ：こんにちは，スーザン。
スーザン：あら，こんにちは，ジョージ。ごきげんいかが？
ジョージ：元気だよ。ありがとう。君は？
スーザン：とても元気よ。ありがとう。
ジョージ：今日君は忙しいかい？
スーザン：いいえ。
ジョージ：ジョンと僕は今晩映画を見に行くつもりなんだ。僕達と一緒に行かないかい？
スーザン：それは素敵ね。どこへ見に行くつもり？
ジョージ：僕達は横浜ムービーハウスに行くつもりだよ。もし君がよければ6時に僕が君の家に行くよ。
スーザン：いいわ。それ何時に終わるの？
ジョージ：9時頃だよ。また後でね，スーザン。

19

(1) エ　(2) イ　(3) ア　(4) エ
(5) イ

解説

〈全訳〉
(1) このバスは丸の内へ行きますか？
いいえ，でも52番が行きますよ。
(2) 紅茶を1杯いかがですか？
はい，いただきます。
(3) 学校に遅刻した時，何と言いますか？
申し訳ありません。
(4) あなたが店に入ると，店員はふつう何と言いますか？
いらっしゃいませ。
(5) あなたは，その手紙をペンで書きましたか，それとも鉛筆で書きましたか？
私はそれをペンで書きました。

20

1. イ　2. オ　3. エ　4. イ

解説

〈全訳〉
A：あなたのパソコン，今使っていますか？
B：いえ，特に。どうしてですか？
A：その…しばらくの間だけ使ってもよいでしょうか？私のは故障中でして。

B：お気の毒ですね。パソコンのどこがいけないんですか？
A：起動させることができないんです。今日，報告書を2つ書かなければならないので，パソコンがないと完全に行き詰まるんです。
B：締め切りはいつですか？
A：4時30分までに上司に2つとも提出しなくてはならないんです。
B：あと2時間しかありませんよ。急がないと。さあこのパソコンを持っていってください。

21

(1) ウ　(2) オ　(3) ウ

解説

〈全訳〉

(1) A：ペンか鉛筆を貸して。
B：ペンと鉛筆のどちらがいいの？
A：どちらでもいい。

(2) A：今夜のネッドの(家の)パーティー遅れないでね。
B：ネッドの家はどこだっけ？
A：郵便局の隣よ。

(3) A：(相手を気遣って) どうかしたのですか？
B：寒気がするのです。
A：もっと暖かいものを着なくてはいけませんよ。

22

(1) ウ　(2) ア　(3) エ　(4) ア　(5) オ

解説

〈全訳〉

(1) A：今夜うちでパーティーをします。一緒にいかがですか？
B：素敵ですね。でも今日は友人を待っているんです。

(2) A：私はどこであなたと連絡をつけることができますか？
B：0427－78－8111へ電話をかけてきて下さい。

(3) A：私たちは，明日の4時に大学の正門で会うことになっています。
B：わかりました。時間通りに行きます。

(4) A：何か飲みたいなあ。ビール1本ある？
B：いや，ないよ。アルコールは好きじゃないんだ。

(5) A：すみません，郵便局はどこか教えて頂けますか？
B：ごめんなさい。私もこの辺は初めてなんです。

23

(1) エ　(2) ウ

解説

〈全訳〉

客　：もしもし。サムソンさんはいらっしゃいますか。
秘書：あいにく本日は欠勤しております。サムソンにどのような御用件でしょうか。
客　：私どもの会社のためにサムソンさんに先月開発してもらったシステムのことなのですが。
秘書：サムソンの助手のエドウィンもお客様のシステムの開発に携わっていました。お役に立つかもしれません。エドウィンとお話しになりますか。
客　：ええ，お願いします。

24

(1) イ　(2) エ　(3) イ　(4) ウ
(5) ア

解説
〈全訳〉
アリス：おはよう，ポール。ごきげんいかが？
ポール：今日はいいけど，昨日は病気だったよ。学校を休んだんだ。
アリス：まあ，知らなかったわ。昨日は授業がなかったものだから。
ポール：昨日は何をしていたの？
アリス：マーガレットと劇を見たわ。
ポール：マーガレットは君と一緒に行ったの？
アリス：いえ，彼女は私達と一緒には行かなかったわ。でも劇場で彼女と会ったのよ。
ポール：劇はいつ始まったの？
アリス：12時半よ。そして3時半に終わったわ。
ポール：劇はどうだった？
アリス：素晴らしかったわ。私達とても楽しんだのよ。

25

1. ③　2. ①　3. ⑤　4. ②

解説
〈全訳〉
A：ご家族で会いに来て下さるとは，うれしいことです。本当にありがとう。
B：とんでもない。彼らも来ることができてうれしいんです。
A：とてもたくさん荷物を持ってきてしまって申し訳ないです。そのために私たち全員が車に乗ることができなかったんです。
B：それは気にしないで下さい。私はとにかくモノレールに乗りたかったのですから。
A：私のギターが最大の問題だったのです。ほとんど人間1人分の場所をとりましたからね。
B：そうでしょうね。でもあなたがそれを持ってきてくれて，うれしいです。私はあなたの演奏を聴くのを待ち切れません。
A：あまり期待しないで下さい。そんなに上手ではないんです。

26

(1) ウ　(2) エ

解説
〈全訳〉
A：どこでそのドレスを買ったの？素敵ね。それを着ているととてもチャーミングに見えるわ。
B：褒めてもらえてうれしいわ。ネットオークションで手に入れたの。
A：うらやましい。私はネットオークションでは欲しいものを見つけられないのよ。
B：ただラッキーだっただけよ。

6 英文読解

27

③

解説

AとDはどちらもthe national governmentが主語で，文化財の保護に関する政府の施策について述べている。Aのmoreover「さらに，その上」より，D→「さらに」Aという流れであると判断できる。Dのthus「よって，したがって」より，Dの前に文化財保護の理由を表す文がくるとわかる。「文化財が日本国民にとって貴重である」と述べるBがそれに該当するので，BDAとなる。BのTheyはcultural propertiesを受けている。その単語を提示しているCがBの前にくる。よってCBDAの順になる。

〈全訳〉

C. 今日に至る我が国の長い歴史の中で，文化財は創造され，育成され，受け継がれてきた。

B. 文化財は，日本国民にとってかけがえのない財産である。

D. よって，政府は文化財保護法に基づき，最も重要な文化財を国宝，重要文化財，史跡等として指定・選定・登録し，輸出や現状を改変する行為を制限している。

A. さらに，政府は文化財の保護のために，保存，修理，災害に強い施設の建設のための助成金を支給するなど，様々な施策を講じている。

28

(1) オ　(2) ウ　(3) オ　(4) ウ　(5) イ

解説

(4) vernal equinox「春分(点)」のequinoxは「昼夜平分点」の意。

〈全訳〉

(1) これは畳の上に座るときに用いられる日本製のクッションです。形は四角で，ちょうど1人の人間が腰かけられる大きさです。普通，中に綿が入っています。そのカバーは色々な模様や絵の書かれた布で仕上げられています。

(2) これは，一方の端が尖っていてもう一方の端が皿のような形になっている木の棒と，その棒に紐でつながっている穴の開いた玉とで出来ている木製のおもちゃです。ボールを皿の部分に乗せたり，棒の尖った方の端に刺したりして遊びます。大正時代以降，柄(え)が十字形になり，皿の部分が合計3つになりました。

(3) これは，約10～20cmの大きさの大小2つの丸くて平らな餅が台の上に重ねられたものです。新年には床の間に飾られ，神仏に供えられます。もともと「年神」を敬うための供え物だと考えられています。

(4) これは，太陽が春分点に達し，昼と夜の長さが同じになる日です。日本ではこの日を，自然を崇め生き物を大切にするための祝日に定めています。この日とその前後3日間は，「春の彼岸」と呼ばれる期間にあたります。

(5) これは，その美しさを鑑賞するためのミニチュアの鉢植えで，日本独自の芸術形態です。松の木が一般的ですが，他のあらゆる植物や木も育てられています。枝をこまめに剪定し，好みの形になるように幹や枝の周りに針金を巻きつけることもあります。

29

(1) A. エ　B. ア　C. オ
(2) エ

解説

(1) A. get over = overcome「克服する」
B. saying hi to people「人に挨拶する」と並列の関係であることから，(B) smilingは「微笑む練習をする」にすると自然につながる。
C. New Year's resolutions「新年の抱負」

〈全訳〉

アメリカ人の40％以上が自分を人見知りだと考えている。人見知りは，子ども，十代の若者，大人の間で非常に一般的である。

人見知りを克服するには時間と努力が必要である，と心理学者であり人見知りの専門家でもあるRenee Gilbertは言う。小さな一歩を踏み出すことが，新しい社会的状況でますます快適になるための鍵となる。自分の場合はそれでうまくいったと彼女は言う。

「私は人見知りの克服を始めたとき，一度に少しずつ行うことにしました」と，Gilbertは数年前に踏み出した小さな一歩を振り返る。彼女は微笑む練習をしたり，人に挨拶したりした。それに慣れると，彼女は次の目標に向かって踏み出した。食料品店の店員と会話を始めようとしたのだ。

「毎年，新年の抱負として新しい目標を定め，年々ハードルを上げていきました」とGilbertは言う。「人見知りは，ほとんどの人が一朝一夕に克服できるものではありません。ちょっとした一歩を踏み出してみて，うまくいかなければ，その一歩を小さくして，もう一度やってみてください。」

30

(1) are proud to tell the facts exactly as they
(2) ア

解説

(1) 「新聞記者は，物事をそれが起こった通りに正確に伝えることを誇りに思っている。」

〈全訳〉

新聞記者は，事実を起こった通りに正確に伝えることを誇りとする。真実のみを書くことの重要性は，彼らが最初に学ぶ事なのである。このため，新聞記者はある記事を真実として新聞に書く前に，その話を何度も調べることが実に多い。

このようなことをすべて行うためには，人はただ上手に文章が書けるだけでなく，自分の仕事を愛することも必要である。しかしながら，新聞記者になるのには，多くのもっともな理由があるのである。

31

イ

解説

〈全訳〉

海水が塩からいのは，その中にある鉱物質のためである。

川が地表を流れる時，地表の鉱物質をいくらか吸収する。(その鉱物質のなかで)一番吸収し易い鉱物質は塩分(塩化ナトリウム)である。水の流れはまたマグネシウムやカルシウムやカリウムの化合物をも取り入れる。陸を流れる水が最後に海に流れ込む時，水はこれらの鉱物質を一緒に運んでいるが，水が蒸発すると，鉱物質が後に残る。この鉱物質のおよそ75パーセントが塩分である。したがって，海はたえず塩からさを増しているのである。

科学者は，海には，海底全体に約65メートル（185フィート）の厚さの固体の層が出来るほどの鉱物質があると見積もっている。

32

(1) ウ　(2) オ

解説

(2) 最終文のa heartは「思いやり」の意。

〈全訳〉

ある朝早くにある老女が狭くて坂の険しい山道を歩いて上っていた。彼女は背中にかご一杯のじゃがいもを背負っていた。それを街に売りに行くところだった。

突然自転車に乗ったある男が彼女の方へやってきた。彼女を見るとすぐに彼女を通してあげようと自転車から降りて自転車を押して歩いた。彼女は彼にお礼を言おうと立ち止まると，道に財布を見つけた。「戻ってきて。」彼女はその男に向かって叫んだ。そして彼が戻ってくると彼女は彼にその財布を手渡した。「これ落としましたね。」「ああ，どうもありがとう。」彼らは明るく別れた。

数分後小型バイクに乗った少女が老女の方へやってきた。その少女はあまりに速いスピードで走っていたので老女は道の片側まで飛ばされてしまった。ほとんど全部のじゃがいもが道の上に落ちてしまった。

老女はその少女に向かって叫んだ。「戻ってきて。」その少女は戻ってきて言った。「ああ，ありがとう。私何を落としたの。お金か何かかしら。」その老女は言った。「ええ。あなたは他人に対する思いやりを落としてしまったのよ。」

33

1．ア　2．エ　3．カ

解説

2．あとにくるwithに着目。students having no music backgroundとstudent musiciansが対照的な存在であることから，compare A with B「AをBと比較する」になると判断する。

〈全訳〉

音楽を学ぶことは，学力テストの成績向上と関連している。200人を超える2年生を調査した。ピアノの鍵盤と算数ソフトウェアの訓練を受けた生徒もいれば，ソフトウェアだけを使用した生徒もいた。半年後には，ピアノを弾く生徒の方が算数のテストの点数が高くなっていた。音楽を作ることは，推論することに関わる脳の部分に働きかけているようだ，と研究者は言う。

音楽好きの中高生も高い得点を取る。大学入試委員会は音楽の素養を持たない学生と音楽を学ぶ学生とを比較した。音楽科の学生の方が，言語で63点，数学で44点高かった。

カリフォルニア大学ロサンゼルス校は10年間にわたり，8年生から12年生までの25,000人の学生のテストの点数を調べた。器楽に高い関心を持つ学生の方が，そうでない学生よりも数学の技能で高い点数を取ることを，研究者たちは発見した。

34

① シ　② エ　③ キ
④ ク　⑤ ソ　⑥ ア

解説

② for the pursuit of～「～を追求するために」

⑥　make a profit「収益をあげる」

〈全訳〉

　使用者と従業員との関係にも，それと同じ無関心の精神があふれている。「使用者」という語がすべてを説明している。資本の所有者は，まるで機械を「使用する」のと同じように他の人間を使用するのである。使用者と従業員は経済的利益のためにお互いを利用し合う。彼らの関係は，お互い相手は目的のための手段にすぎないという関係である。こういったお互いの有益性を除けば，相手に何の関心も持たない2人の人間同士の関係である。同じような手段性が，ビジネスマンと顧客との関係においても一般的に見られる。顧客は操作すべき対象であって，その目的をビジネスマンが満たしてあげたいと思う具体的な人間ではない。仕事に対する態度にもこの手段性の特質が見られる。現代の製造業者にとって第一に関心があるのは，自分が作っている物ではない。製造業者は基本的に，資本投資から収益をあげる目的で物を作るのであり，基本的にどのマーケット分野に資本を投資すれば利益が得られるかによって，何を作るのかを決めるのである。

35

(1)　高等教育制度　　(2)　エ

(3)　government　　(4)　オ

解説

(1)　counterpartは「対応（相当）するもの」の意。ここではthe system of higher educationを指す。

(3)　that depend heavily on the government for financial support

(4)　ア．中等教育を修了してから少なくとも2年間の大学教育を受けることが全国的な前提となっている。

　イ．そのような記述はない。

　ウ．民間の財団か，州や市の財団により運営されている。

　エ．授業料は徴収される。

〈全訳〉

　米国の高等教育制度は，ヨーロッパのものといくつかの点で異なっている。米国では，中等教育を修了した学生は，少なくとも2年間の大学教育を受けることが全国的な前提となっている。そのため，大多数の学生が4年間で学位を取得する伝統的な大学やカレッジとは対照的に，2年間の学部課程を提供する「ジュニアカレッジ」や「コミュニティカレッジ」が数多く出現している。

　4年間のコースを提供する大学は，民間資金による財団か，財政支援を政府に大きく依存している州や市の財団のいずれかである。私立の大学やカレッジは，学生に課せられる授業料を主な資金源としている。個々の州政府は，国の高度に発達した州立大学制度に資金を提供しており，高等教育を受ける意志と学問的な資格のある人々の大多数に高等教育を提供できるようにしている。

36

(1)　イ　　(2)　エ　　(3)　イ

(4)　その地域では海産物が新鮮で豊富だから。

(5)　(ア) とうふバーガー

(イ) 普通のハンバーガー

解説

〈全訳〉

　今，日本食はアメリカで人気がある。アメリカのほとんどの主要都市には，日本食のレストランが何軒かある。寿司は特に東海岸・西海岸の地域で人気がある。そこでは，海産物が新鮮で豊富だからだ。アメリカ人は，寿司のそのカラフルな組み合わせだけでなく，寿司職人がかもし出す生き生きとした雰囲気にも魅かれるのだ。彼らは「いらっしゃいませ！」と大声で客を迎えるのである。

寿司の他に，多くのアメリカ人は他の日本食も楽しむ。彼らは例えば，そば，すきやき，天ぷらなどがお気に入りだ。最近では，アメリカ人はとうふさえ取り入れるようになった。とうふは健康を気にする人々の間でとても人気があり，彼らはとうふアイスクリームやとうふバーガーを食べる。もし機会があれば，あなたもとうふバーガーを試してみるべきだ。(普通のハンバーガーとは)ずいぶん違っているのである。

37

(1) (a) some bike riders
　(b) Bike for a Better City

(2) 通勤に自転車を利用することを求める人たちの集まり。

(3) (ア) 主な通りのいくつかに自転車専用の通行帯を描くこと。
　(イ) 自転車が車と同じ通行帯を通らねばならないなら，事故が起こるかもしれないから。

解説

〈全訳〉

大都市での交通渋滞や大気汚染という問題に対する解決策はある，と考えている人々もいる。彼らの解決策とは，自転車のことである。

非常に多くの都市で，何百人もの人が毎日通勤に自転車を利用している。ニューヨークでは，自転車通勤をする人々何人かでBike for a Better City（より良い町のために自転車を）と呼ばれるグループを作りさえした。彼らは，より多くの人々が通勤に自転車を利用すれば，町の中心を走る車は減り，そして車のエンジンから出る汚れた空気も減るだろう，と言っている。このグループは数年来，市政に自転車利用者への援助を求め続けている。例えば，彼らは主な通りのいくつかに自転車専用の特別の通行帯を描くよう市に求めている。なぜなら自転車利用者が車と同じ通行帯を走らねばならないなら，事故が起こるかもしれないからだ。Bike for a Better Cityは，特別な通行帯があれば，より多くの人々が自転車を利用するだろうと思っている。

38

④

解説

ホームステイをしたくてもお金や時間がないという人のため，在日米国人の家に数日間滞在してアメリカの文化を学ぶ「国内ホームステイ」プログラムを語学学校が実施している，という内容。

〈全訳〉

外国語の技能を向上させ異文化を体験するために海外でホームステイをしてみたいと思っているのに，時間もお金もないとすれば，あなたはどうしますか？その答えのひとつが，日本にいながらにして同じようなプログラムを受けることでしょう。ますます多くの機関によって提供されるようになっている選択肢です。

昨年8月，クサカリ・レミは友人のひとりと一緒に，神奈川県厚木市のアメリカ人家庭で3日間のホームステイ・プログラムを楽しみました。

「日本にいるのに，本物のアメリカの生活を送ることができたわ」と，この21歳の無職女性は回想しています。

「ポップコーンを食べながらアメリカ映画を見たり，夜遅くまでお互いのライフスタイルについて語り合ったりして，とても楽しかった。3日間のホームステイの間，一日中笑ってばかりいたわ。」

この語学学校は，主として東京・神奈川在住のアメリカ人家庭でのホームステイ・プログラムを手配しています。「ネイティブスピーカーの先生の家に滞在することで，参加者は食事の習慣や文化，慣習について学ぶことができます。こんなに短い期間でも，有意義な異文化交流をすることができますよ」とLEC社のアオキ・ユリ社長は語ります。

39

②

解説

〈全訳〉

良い辞書は，良い地図が人の旅行したいと思う地域の特徴を教えてくれるのとちょうど同じように，用法の手引きとなるものである。話し方を教えるのが辞書編集者の役目でないのは，ちょうど，地図製作者の役目が川の位置を動かしたり，山の配列を変えたり，湖水を埋めたりすることではないのと同じである。辞書は何が標準的に受け入れられる用法であるかを示し，話し手の階級の違いや地域によって言葉の使い方がどんな点で異なっているかを教えなければならない。

① 地図と辞書の違い
② 辞書の役目
③ 言語の使用
④ 良い地図と良い辞書
⑤ 辞書の作り方

40

(1) エベレストは，過去4000万年から5000万年の間に起きているプレート衝突のため，1年につき0.5センチ大きくなっている。

(2) B. キ　D. エ

(3) オ

(4) measure up to the highest point of rock beneath snow and ice

解説

(2) B.「壊滅的な」 D.「持続する，絶え間ない」

(3) 主語が「～したと信じられている」はis believed <u>to have ＋過去分詞</u>。「地震が山を低くした」のは1934年であって過去の出来事なので，完了不定詞を用いる。

〈全訳〉

大多数の地理学者は，インドプレートがユーラシアプレートに押し込まれることで，過去4000万年から5000万年の間に起こってきたプレートの衝突によって，エベレスト山は1年につき0.5センチ大きくなっていると推定している。しかし，2015年に壊滅的な地震がこの地域を襲い，それ以来，地理学者たちは，山の高さが数センチ以上（それは地質学的には特筆すべき量である）変化したという可能性に興味を持っている。1934年には，それより少し強力な地震がこの地域を襲い，山の高さが2フィート近く低くなったと考えられている。さらに，変動する雪と氷で覆われている部分を含めるか（それによって山の標高が10フィート以上高くなる可能性もある），あるいは雪や氷の下にある岩の最高点までを測定するかという，常につきまとう問題もある。

4 音楽

1 音楽一般

1

①

2

①，③

解説

②ritardandoは「だんだん遅く」，④*D.C.*は「始めにもどる」，⑤ ＜ は「だんだん強く」の意味である。

3

①

解説

② ポロネーズは，ポーランドに起こった3拍子の緩やかなテンポの舞曲である。
③ ボレロは，スペインに起こった3拍子の緩やかなテンポの舞曲である。
④ ポルカは，ポーランドやボヘミアに起こった2拍子の舞曲で，テンポは速いものが多い。
⑤ ワルツは，ドイツやオーストリアに起こった3拍子の舞曲で，テンポは緩やかなものと軽快なものに大別される。

4

ア．②　イ．⑤　ウ．①
エ．③　オ．④

5

⑤

解説

フルートは木管楽器，テューバは金管楽器，チェンバロは鍵盤楽器，ハープは弦楽器である。

6

①→④→③→②

解説

声種の一般的な声域は，それぞれ次の通りである。

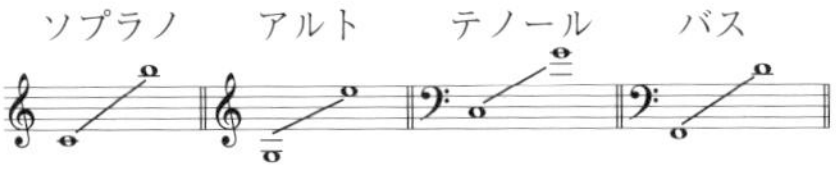

2 民族音楽

7

④

解説

『五木の子守歌』は熊本県の民謡である。沖縄県の代表的な民謡には，『谷茶前』『安里屋ユンタ』『てぃんさぐぬ花』などがある。

8

ア．②　イ．④　ウ．⑤
エ．①　オ．③

9

①

3 西洋音楽史

10

①，⑤，⑧

解説

ショパン，リスト，シューベルトはロマン派，ヴィヴァルディ，Ｊ.Ｓ.バッハはバロックに属する作曲家である。

11

⑤

解説

作曲家の生没年は，それぞれ次の通りである。

ヘンデル：1685～1759
ベートーヴェン：1770～1827
ワーグナー：1813～1883
チャイコフスキー：1840～1893
ドビュッシー：1862～1918

12

①

解説

② 交響詩『フィンランディア』は，フィンランドの作曲家シベリウスの作品である。グリーグの代表作品には，管弦楽組曲『ペール・ギュント』，ピアノ協奏曲イ短調などがある。

③ オペラ『蝶々夫人』はプッチーニの作品である。ヴェルディの代表作品には，オペラ『アイーダ』『リゴレット』などがある。

④　楽劇『トリスタンとイゾルデ』はワーグナーの作品である。ブラームスの代表作品には，ハンガリー舞曲集，歌曲『子守歌』などがある。

⑤　ウェーバーはドイツの作曲家である。

13

③

14

⑤

解説

楽譜は，ヴィヴァルディの作品，協奏曲集『和声と創意の試み第1集「四季」』に含まれる『春』の冒頭旋律部分である。

15

②

解説

楽譜は，ベートーヴェンが作曲した『交響曲第5番 ハ短調』の第1楽章の最初の動機である。この動機について，ベートーヴェンが「このように運命は扉をたたく」と語ったことから，日本ではこの曲を『運命』ともよんでいる。

①はマーラー，③はチャイコフスキー，④はドヴォルザーク，⑤はハイドンの作品である。

16

ア．②　イ．⑤　ウ．①
エ．③　オ．④

17

⑤

解説

チャイコフスキーはロマン派の作曲家である。ボロディン，キュイ，バラキレフ，リムスキー＝コルサコフ，ムソルグスキーをロシア五人組とよぶ。

18

③

4 日本音楽史

19

A．⑤　B．②　C．③
D．⑥　E．④

解説

宮城道雄は，西洋的な要素を取り入れた作品を発表した箏曲家であり，新日本音楽の運動を展開した。尺八音楽は，禅宗の一派である普化宗の虚無僧専用の宗教音楽として普及したものである。舞楽は，雅楽の中で舞が伴ったものである。

20

(1) ④
(2) ①

解説

楽器の名称は，それぞれ次の通りである。

(1) ① 尺八　② 二胡
③ 締太鼓　④ 三味線
⑤ 箏

(2) ① 琵琶　② 篳篥《ひちりき》　③ 鼓
④ 笙　⑤ 櫓《やぐら》太鼓

21

③

解説

『からたちの花』を作曲したのは山田耕筰である。成田為三の代表作品には，『浜辺の歌』『かなりや』などがある。

22

④，⑤

解説

①は『花の街』，②は『荒城の月』，③は岡野貞一作曲『ふるさと』である。④は中田喜直（1923～2000）作曲『夏の思い出』。モーツァルト（1756～1791）が活躍したのは，音楽史上古典派とよばれる時代である。⑤は北原白秋作詞，山田耕筰作曲『この道』である。

5 総合

23

(1) ①　(2) ②　(3) ②

解説

(2) 演奏順序は次の通りである。

24

(1) 名称(読み方)　意味

ア.　③　⑦
イ.　⑧　④
ウ.　①　⑩
エ.　⑨　②
オ.　⑥　⑤

(2) ③

(3) ③

25

②

26

(1) ア. ④　イ. ③　ウ. ①
エ. ②

(2) ア. ②　イ. ①　ウ. ④
エ. ③

(3) ア. ①　イ. ④　ウ. ③
エ. ②

27

(1) A. ②　B. ④　C. ⑩
D. ⑦　E. ⑧

(2) ア. ②　イ. ①　ウ. ③
エ. ⑤　オ. ④

(3) ⑤

解説

(1) ⑨『我が生涯』は，スメタナの作品で弦楽四重奏曲である。

28

⑤

解説

「京劇」は，中国の代表的な劇音楽である。

29

④

解説

『越天楽』は，雅楽の代表作品である。

30

(1) ③　(2) ④　(3) ①
(4) ①　(5) ⑤

解説

(2) ④以外の作曲者名は，それぞれ次の通りである。

① 成田為三
② 中田章
③ 大中寅二
⑤ 滝廉太郎

(5) ⑤以外の音は，それぞれ次の通りである。

5 保健体育

1 保健

1

A. 健康日本21　B. 健康増進
C. スマート・ライフ・プロジェクト

解説

健康日本21は2012年度で終了し，2013年度からは健康日本21（第二次）がおこなわれている。健康日本21（第二次）は，10年後の日本の目指す姿を「すべての国民が共に支えあい，健やかで心豊かに生活できる活力ある社会」とし，その基本的な方針は，①健康寿命の延伸と健康格差の縮小，②生活習慣病の発症予防と重症化予防の徹底，③社会生活を営むために必要な機能の維持及び向上，④健康を支え，守るための社会環境の整備，⑤栄養・食生活，身体活動・運動，休養，飲酒，喫煙及び歯・口腔の健康に関する生活習慣及び社会環境の改善，の5つである。

2

⑤

解説

① 生活習慣病は，我が国の死亡原因の約5割を占めている。
② 我が国の死因の第1位は，悪性新生物（がん）である。
③ 糖尿病についての記述である。
④ 高血圧についての記述である。

3

(1) エ　(2) オ　(3) イ

解説

ア．ボツリヌス菌は，缶詰や真空包装食品など，酸素が含まれない食品中で増殖し，耐熱性をもつ強い毒素を産生する。
ウ．ブドウ球菌は，人の鼻や咽頭，化膿した傷などに存在し，適当な温度・湿度下で耐熱性をもつ毒素を産生する。
カ．カンピロバクターは，牛・豚・鶏・犬・ハトなどの動物の消化管内で生育し，加熱や乾燥に弱い。

4

③

解説

③ O－157は腸管出血性大腸菌のことで，食中毒の原因となる。PTSDとは（心的）外傷後ストレス障害のことで，災害・事故・犯罪など，個人の心的処理能力を超える衝撃的で強烈な恐怖や絶望を体験した後に生じる心の後遺症である。

なお，STDとはSexually Transmitted Diseasesの略称で，性行為により感染する疾病のことである。MRSAとはメチシリン耐性黄色ブドウ球菌のことで，健康者にとっては無害であるが，免疫力の低下した患者には院内感染をもたらす。

5

④

解説

④ HIVに感染しても潜伏期間が数ヵ月～10年と長いため，急激に免疫力が低下したり，すぐに自覚症状が現れたりすることはない。

6

A. ニコチン B. 主流煙
C. 副流煙 D. 受動喫煙

解説

たばこの主な有害物質としてはニコチンの他に，タール，一酸化炭素，シアン化物が挙げられる。タールには発がん作用，がん促進作用があり，一酸化炭素は，ヘモグロビンと結合し，血液が運ぶ酸素の量を減少させる作用がある。また，シアン化物は，組織呼吸を妨げたり，気道の線毛を破壊したりする。

7

④

解説

④ 二酸化炭素ではなく，一酸化炭素である。

8

(1) ウ (2) イ (3) ア

解説

(1) 大麻は，脳（中枢神経）を抑制させる作用がある。乱用を続けていると無気力になり，大麻精神病とよばれる独特の妄想や異常行動，思考力低下などをひきおこす。生殖機能の低下，月経異常などもみられるようになる。

(2) シンナーやその主成分であるトルエンは，脳（中枢神経）を抑制させる作用がある。そのため乱用すると，目が見えない，手足がしびれてきかなくなる，貧血になる，幻覚や幻聴があるなどの症状が現れたりし，最悪の場合は死に至ることもある。

(3) 覚せい剤は，脳（中枢神経）を興奮させる作用がある。そのため乱用すると，一時的に気分が高ぶり疲労感がとれたような感じになるが，効果が切れると激しい疲労感や憂うつ感に襲われる。幻覚や被害妄想，肺機能障害，腎機能不全，心不全などを招き，一度に大量に使用すると急性中毒で死亡することもある。

9

②

解説

② 救急隊の到着を待つのではなく，AEDが到着次第，AEDを使用する。

10

A. 5 B. 6 C. 100
D. 120

11

②，④

解説

② 鼻血が出たときは，顎を引き頭を前傾させ，口で息をさせる。頭を後ろにそら

せると，温かい血液が喉に流れ，飲み込んで気分が悪くなることがある。

④　指を引っ張ってはいけない。

12

⑤

解説

⑤　吐き気があるときに水分を与えると，嘔吐を誘発することがあるため，吐き気がある場合は水分補給を避ける。

2 スポーツ

13

①

解説

②　サーキットトレーニングの記述。

③　ストレッチングは，関節を大きく動かして，筋肉や腱，靱帯などを十分に伸ばすことにより，柔軟性を高めるトレーニングである。

④　インターバルトレーニングの記述。

⑤　クーリングダウンは，運動によって蓄積された乳酸などの代謝産物を除去し，疲労の回復を早める効果がある。

14

③

解説

①　ラリーポイント制では，サーブ権の有無にかかわらず，ラリーに勝つ，あるいは相手側に反則があった場合，得点が与えられる。

②　身体接触によるファウルは，パーソナルファウルという。テクニカルファウルは，故意にゲームを遅らせたり，審判や相手に対して無作法な言動をしたりするなどスポーツマンらしくない不当な行為のこと。

③　正しい。タイブレーカーとは，無死走者2塁の場面から試合を行うことをいう。

④　ボールが攻撃側プレーヤーに最後に触れて，ゴールラインを越えて外に出たときはゴールキックが与えられる。コーナーキックが与えられるのは，ボールが守備側のプレーヤーに最後に触れた場合。

⑤　ハンドボールの前身は，ミントネットではなくトーアバルといわれている。ミントネットは，考案当初のバレーボールの呼び名である。また，コートプレーヤーは6人である。

15

③，④，⑦

解説

③　ハンドボールは7人。

④　アメリカンフットボールは11人。

⑦　ラグビーは15人。（または7人）

16

③

解説

③　トラベリングはバスケットボールの反則。

17

(1)　**ア．ゾーンディフェンス**
　　イ．マンツーマンディフェンス

(2)　②，③

解説

(2)　①，④，⑤はパーソナルファウル。バイオレーションとはファウルを除くすべての規則違反のことをいい，ダブルドリブル，アウトオブバウンズのほか，トラベリングなどがある。

18

④

解説

④　プッシングは，バスケットボールやサッカーの反則である。

19

③

解説

①　近代オリンピックの提唱者は，IOCを創設したピエール・ド・クーベルタン男爵である。

②　近代オリンピックの最初の大会は，アテネで開催された。

④　1896年の第1回開催地であるアテネで2004年の第28回大会が開催された。また，1964年の開催地である東京で2021年に第32回大会が開催された。

⑤　日本選手が初めて金メダルを獲得したのは，1928年のアムステルダム大会である。

20

(1)　**東京**

(2)　**北京（中国）**

(3)　**パリ（フランス）**

21

②

解説

②　インターハイは，全国高等学校総合体育大会（高校総体）の通称であり，高校生のみが対象である。また，毎年開催される。

22

④

6 美術

1 日本美術史

1

(1) オ d　(2) ア e
(3) エ c　(4) カ e
(5) キ e　(6) ケ e
(7) ク e

解説

イは藤原隆信（鎌倉時代）についての記述である。ただし，近年，作品の像の人物は頼朝とは異なるとの説が出ている。

ウは鳥羽僧正（平安時代）についての記述である。

2

(1) ア　(2) ①　(3) ウ

解説

黒田清輝は，フランスで印象派の外光表現手法を学び，その影響を受けた。「読書」は光の明るさを表現した作品で知られる。

3

(1) ウ　(2) 琳派

解説

この作品は尾形光琳の「紅白梅図屏風」である。

(1) ア．代表作に「唐獅子図屏風」がある。
イ．代表作に「風神雷神図屏風」がある。
エ．代表作に「見返り美人図」がある。

(2) 琳派は，俵屋宗達の大和絵風の装飾画に始まり，尾形光琳らに受け継がれた。

4

(1) ウ　(2) カ　(3) オ
(4) エ　(5) ア　(6) イ

解説

(1) 葛飾北斎の「富嶽三十六景　神奈川沖浪裏」
(2) 菱川師宣の「見返り美人図」
(3) 黒田清輝の「湖畔」
(4) 歌川（安藤）広重の「名所江戸百景大はしあたけの夕立」
(5) 高村光雲の「老猿」
(6) 高村光太郎の「手」

5

E→C→A→B→D

解説

A．「風神雷神図屏風」は俵屋宗達の作品で，江戸時代前期の作品である。
B．「東海道五十三次　庄野」は歌川（安藤）広重の作品で，江戸時代後期の作品である。
C．「秋冬山水図」は雪舟の作品で，室町時代の作品である。
D．「生々流転」は横山大観の作品で，大正時代の作品である。
E．「鳥獣戯画」は鳥羽僧正覚猷の作品といわれ，平安時代後期の作品である。

6

A．菱川師宣　B．鈴木春信
C．喜多川歌麿　D．東洲斎写楽

解説

浮世絵は，17世紀に菱川師宣が江戸の風俗を描いたのをはじめ，18世紀に鈴木春信が錦絵の手法を確立して庶民の間に普及した。18世紀後半には，大首絵の手法を用いた美人画で有名な喜多川歌麿や，大首絵の役者絵で知られる東洲斎写楽などが現れた。

7

(1)　②　(2)　ア

解説

(1)　日本美術院は，横山大観や岡倉天心らによって創設された日本画団体である。青木繁は洋画家である。フューザン会は高村光太郎や岸田劉生らが中心となって創設された。菱田春草は日本画家である。
(2)　イ．岸田劉生の作品。
　ウ．青木繁の作品。
　エ．安井曽太郎の作品。

2 西洋美術史

8

ロマネスク様式：a
ゴシック様式　：c

解説

b．ビザンツ様式についての記述である。
d．ロココ様式についての記述である。

9

(1)　ウ　(2)　エ　(3)　ア

解説

(1)　パリのノートルダム大聖堂
(2)　イスタンブルのハギア（セント）＝ソフィア聖堂
(3)　イタリアのピサ大聖堂

10

(1)　イ　(2)　イ，エ

解説

(1)　ルネサンス期には，レオナルド＝ダ＝ヴィンチにより空気遠近法が確立されたように，それまでとは異なる奥行きのある表現が可能となった。なお，テンペラ画とは，卵白や蜂蜜などを用いた不透明絵具で描いた絵画で，中世やルネサンス期のヨーロッパにおいて，祭壇画のような板絵に多く描かれた。
(2)　ア．ゴッホの「アルルのゴッホの部屋」である。ゴッホは後期印象派の画家で，19世紀の画家である。
　イ．レオナルド＝ダ＝ヴィンチの「最後の晩餐」である。

ウ．マネの「笛吹く少年」である。マネは印象派の画家で，19世紀の画家である。

エ．ミケランジェロの「ダヴィデ」である。

オ．スーラの「グランド・ジャット島の日曜日の午後」である。スーラは新印象主義の画家で，19世紀の画家である。

11

③

解説

フェルメールは，ネーデルラント連邦共和国（オランダ）の画家で，バロック期を代表する画家の1人である。

12

(1) ウ　(2) オ　(3) ア　(4) カ
(5) エ　(6) イ　(7) ク　(8) キ
(9) ケ

解説

近代絵画については多くの流派があり，それぞれ代表的作家がいるので，結び付けて覚えておくこと。

13

(1) ケ　(2) ウ　(3) ク
(4) キ　(5) カ

解説

(1)は「ラス＝メニーナス」，(2)は「ムーラン・ド・ラ・ギャレット」，(3)は「落穂拾い」，(4)は「夜警」，(5)は「民衆を率いる自由の女神」である。

14

①，④

解説

①　「最後の審判」はミケランジェロの作品である。レオナルド＝ダ＝ヴィンチの作品には「最後の晩餐」がある。

④　ボッティチェリについての記述である。

15

(1) イ　(2) オ　(3) ウ
(4) エ

解説

アはアール＝ヌーヴォーとよばれる様式で，工芸などに特徴的な様式を残した。

16

イ

解説

イはロダンの「考える人」である。

アはマイヨールの「地中海」，ウは「ミロのヴィーナス」，エはブールデルの「弓を引くヘラクレス」である。

17

ウ

解説

セザンヌは「近代絵画の父」といわれるように偉大な仕事をした人で，ものの形を単純な形に置き換えるというのは，その後の絵画に大きな影響を与えた。

18

(1) ウ　(2) エ　(3) ア
(4) イ

解説

ア．ダリが代表的作家。
イ．モディリアーニ，ユトリロが代表的作家。
ウ．ピカソが代表的作家。
エ．マティス，ルオーが代表的作家。

流派とその主張，さらに代表的作家を関連させて覚える必要がある。

19

②

解説

① 「ひまわり」はゴッホの作品であるが，タヒチへ移住し，平面的で鮮やかな色彩の作品を描いた画家はゴーギャンである。
③ 後半はモネについての記述である。ドガは，踊り子や馬などの題材を多く描いた。
④ 前半はセザンヌについての記述である。また，「アルルの跳ね橋」はゴッホの作品である。
⑤ ゴッホについての記述である。

20

(1) イ　(2) ①

解説

(1) この作品は，ムンクの「叫び」である。
(2) ムンクは表現主義の画家で，人間の心の中にある葛藤や不安を表現しようとした。
② ユトリロについての記述である。
③ スーラについての記述である。
④ ピカソについての記述である。

3 美術理論

21

(1) イ　(2) エ　(3) ア
(4) ウ

解説

版画の種類は，凸版，凹版，平版，孔版の4種類である。それぞれ代表的な方法を覚えること。

22

④

解説

① 平刀についての記述である。
② 三角刀についての記述である。
③ 丸刀についての記述である。

23

③

解説

① 最も明度が高いのは白である。
② 色の三要素の1つは色度ではなく，色相である。
④ 彩度が高くても，明度が高いとは限らない。
⑤ 無彩色には灰色も入る。

24

(1) キ　(2) ク　(3) ア
(4) イ　(5) ウ　(6) エ

解説

無彩色は明度のみをもつ色で，白・黒・灰色がある。

色料は，混ぜれば混ぜるほど明度や彩度が低下し，黒に近づくわけであるが，色光は明度が高くなり，白になっていく。これをそれぞれ減算混合（減法混色）と加算混合（加法混色）という。

また，併置混合というのは，遠くからみると色が混ざってみえる混合の方法であり，例えば布の縦糸と横糸があわさって見える色や，新印象派の作家が用いた点描画法などがこれにあたる。

25

②

解説

成形した後，日陰で十分乾燥させ，750～850℃で素焼きをする。

7 数学

1 数と式

1

(1) $-\dfrac{2a^5b^6}{9}$

(2) $-\dfrac{20}{3x^2y^2}$

解説

(1) (与式) $= a^4b^2 \times (-8a^3b^6) \div 36a^2b^2$

$= -\dfrac{8}{36}a^{4+3-2}b^{2+6-2}$

$= -\dfrac{2a^5b^6}{9}$

(2) (与式) $= \dfrac{5}{2} \times \left(-\dfrac{4}{3}\right) \times 2x^{1-2-1}y^{1-1-2}$

$= -\dfrac{20}{3}x^{-2}y^{-2}$

$= -\dfrac{20}{3x^2y^2}$

2

16

解説

$(-3xy)^2 \div (-3xy^2) \times 2y^2$
$= 9x^2y^2 \div (-3xy^2) \times 2y^2$
$= -6x^{2-1}y^{2-2+2} = -6xy^2$

これに，$x = -\dfrac{1}{6}$，$y = 4$を代入して，

$-6 \times \left(-\dfrac{1}{6}\right) \times 4^2 = 16$

3

(1) $4a^2 - 8ab + 13b^2$

(2) $4x^2 - 12xy + 9y^2 - 25$

解説

(1) (与式) $= (a^2 + 4ab + 4b^2)$
$+ 3(a^2 - 4ab + 3b^2)$
$= 4a^2 - 8ab + 13b^2$

(2) $2x - 3y$をXとおく。

(与式) $= (X + 5)(X - 5)$
$= X^2 - 5^2$
$= (2x - 3y)^2 - 25$
$= 4x^2 - 12xy + 9y^2 - 25$

4

(1) $y(x + 1)(x - 6)$

(2) $(x + y - 1)(x - y + 1)$

(3) $(x + 4)(x - 3)$

解説

(1) (与式) $= y(x^2 - 5x - 6)$
$= y(x + 1)(x - 6)$

(2) (与式) $= x^2 - (y - 1)^2$
$= \{x + (y - 1)\}\{x - (y - 1)\}$
$= (x + y - 1)(x - y + 1)$

(3) (与式) $= x^2 + x - 20 + 8$
$= x^2 + x - 12$
$= (x + 4)(x - 3)$

5

(1) 7

(2) 9

解説

(1) $x^2+y^2=(x+y)^2-2xy$

これに，$x+y=3$，$xy=1$を代入して，

$$3^2-2\times1=7$$

(2) $2x^2-3x+4-3y+2y^2$

$=2(x^2+y^2)-3(x+y)+4$

これに，$x^2+y^2=7$，$x+y=3$を代入して，

$$2\times7-3\times3+4=9$$

6

(1) 7

(2) 18

解説

(1) $x^2+\dfrac{1}{x^2}=\left(x+\dfrac{1}{x}\right)^2-2$

$=3^2-2$

$=7$

(2) $x^3+\dfrac{1}{x^3}=\left(x+\dfrac{1}{x}\right)^3-3\left(x+\dfrac{1}{x}\right)$

$=3^3-3\times3$

$=18$

7

$A+B$を6で割った余りは1

ABを6で割った余りは0

解説

$A=6m+3$，$B=6n+4$（m，nは整数）とおく。

$$A+B=6m+3+6n+4$$
$$=6(m+n+1)+1$$

よって，$A+B$を6で割った余りは1

$$AB=(6m+3)(6n+4)$$
$$=36mn+24m+18n+12$$
$$=6(6mn+4m+3n+2)$$

よって，ABは6で割り切れるので，余りは0

8

18個

解説

252を素因数分解すると，

$$252=2^2\times3^2\times7$$

2^2の正の約数は，

1，2，2^2の3個

3^2の正の約数は，

1，3，3^2の3個

7の正の約数は，

1，7の2個

よって，252の約数の個数は，

$3\times3\times2=18$〔個〕

9

4個

解説

6で割ると5余る数は$6a+5$，8で割ると7余る数は$8b+7$で表される（a，bは自然数）。

この2つの条件を満たす2桁の自然数Nは，

$$N=6a+5=8b+7\leqq99 \quad \cdots①$$

①の辺々に1を加えると，

$$N+1=6a+6=8b+8$$
$$=6(a+1)=8(b+1)\leqq100$$

よって，$N+1$は，6と8の最小公倍数24の倍数である。100以下の自然数で，24の倍数であるのは，24，48，72，96であるから，Nは23，47，71，95の4個である。

10

(1) $4\sqrt{5}$

(2) $7\sqrt{3}$

(3)　-2

解説

(1)　$(\text{与式}) = 2\sqrt{5} - \sqrt{5} + 3\sqrt{5}$

$= 4\sqrt{5}$

(2)　$(\text{与式}) = 3\sqrt{3} + 4\sqrt{3} = 7\sqrt{3}$

(3)　$(\text{与式}) = 3 - 2\sqrt{3} + 1 - 2\sqrt{3}\,(\sqrt{3} - 1)$

$= 4 - 2\sqrt{3} - 6 + 2\sqrt{3}$

$= -2$

11

$-2\sqrt{15}$

解説

$$(\text{与式}) = \frac{(\sqrt{5}-\sqrt{3})^2 - (\sqrt{5}+\sqrt{3})^2}{(\sqrt{5}+\sqrt{3})(\sqrt{5}-\sqrt{3})}$$

$$= \frac{(8 - 2\sqrt{15}) - (8 + 2\sqrt{15})}{5 - 3}$$

$$= \frac{-4\sqrt{15}}{2} = -2\sqrt{15}$$

12

$\dfrac{\sqrt{3}}{2}$

解説

$x + y = \dfrac{2\sqrt{6}}{4} = \dfrac{\sqrt{6}}{2}$，$x - y = \dfrac{2\sqrt{2}}{4} = \dfrac{\sqrt{2}}{2}$

であるから，

$x^2 - y^2 = (x + y)(x - y)$ に代入して，

$$\frac{\sqrt{6}}{2} \times \frac{\sqrt{2}}{2} = \frac{2\sqrt{3}}{4} = \frac{\sqrt{3}}{2}$$

13

4個

解説

$\sqrt{208 - 16m} = \sqrt{16(13 - m)}$

$= 4\sqrt{13 - m}$

これが整数となるには，$13 - m = 0$ であるか，$13 - m > 0$ かつ $13 - m$ が平方数であればよい。

したがって，$13 - m = 0,\ 1^2,\ 2^2,\ 3^2$

$m = 13,\ 12,\ 9,\ 4$

の4個となる。

14

$15 + 4\sqrt{7}$

解説

$2\sqrt{7} = \sqrt{28}$ であるから，$5 < 2\sqrt{7} < 6$ より，

$a = 5,\ b = 2\sqrt{7} - 5$

これを $a^2 + 2b$ に代入する。

$a^2 + 2b = 5^2 + 2(2\sqrt{7} - 5)$

$= 25 + 4\sqrt{7} - 10$

$= 15 + 4\sqrt{7}$

15

7人

解説

運動部に所属している者の集合を A，文化部に所属している者の集合を B とすると，

$n(A) = 22,\ n(B) = 25$

$n(A \cup B) = 50 - 10 = 40$

これらを，

$n(A \cup B) = n(A) + n(B) - n(A \cap B)$

に代入して，

$40 = 22 + 25 - n(A \cap B)$

$\therefore\ n(A \cap B) = 7$〔人〕

16

(1) **6個**

(2) **47個**

(3) **27個**

解説

1から100までの整数のうち，3，5で割り切れる数の集合をそれぞれA，Bとする。

$$A = \{3 \times 1,\ 3 \times 2,\ \cdots 3 \times 33\}$$
$$B = \{5 \times 1,\ 5 \times 2,\ \cdots 5 \times 20\}$$

(1) 3でも5でも割り切れる数の集合，すなわち，15で割り切れる数の集合は，$A \cap B$で，

$$A \cap B = \{15 \times 1,\ 15 \times 2,\ \cdots 15 \times 6\}$$

であるから，

$$n(A \cap B) = 6〔個〕$$

(2) 3または5で割り切れる数の集合は，$A \cup B$であり，

$$n(A \cup B) = n(A) + n(B) - n(A \cap B)$$
$$= 33 + 20 - 6$$
$$= 47〔個〕$$

(3) 3で割り切れるが，5で割り切れない数の集合は，次の図の斜線の部分である。

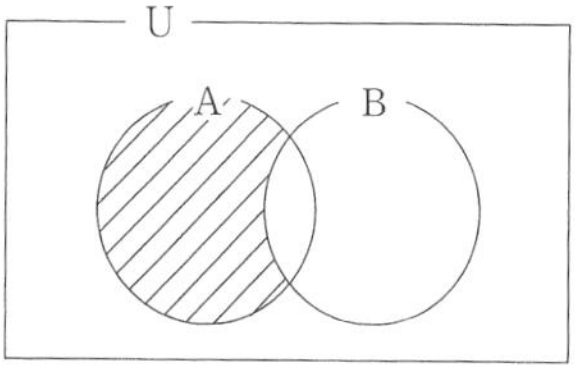

よって，

$$n(A) - n(A \cap B) = 33 - 6$$
$$= 27〔個〕$$

17

3

解説

$$(6 \circ 2) \circ 3 = \frac{2 \cdot 6 \cdot 2}{6 + 2} \circ 3 = 3 \circ 3$$
$$= \frac{2 \cdot 3 \cdot 3}{3 + 3} = 3$$

2 方程式と不等式

18

(1) $x=-2$

(2) $x=11$

解説

(1) $8x-5=3(4x+1)$

$8x-5=12x+3$

$-4x=8$

$x=-2$

(2) $4(x-1)=\dfrac{5x-1}{3}+2x$

$12x-12=5x-1+6x$

$x=11$

19

23

解説

もとの数の十の位の数字をxとすると，もとの数は$10x+3$となる。

また，この数の十の位の数字と一の位の数字を入れ替えた数は，$10\times3+x$

これがもとの数より9大きいから，

$10x+3+9=30+x$

$9x=18$

$x=2$

よって，もとの数は，十の位が2，一の位が3であるから，23である。

20

12km/時

解説

帰りの速さをx km/時とする。

$\dfrac{24}{\dfrac{12}{4}+\dfrac{12}{x}}=6$ より

$24=6\left(3+\dfrac{12}{x}\right)$

$\dfrac{72}{x}=6$

$x=12$〔km/時〕

(別解)

行きに要した時間は，

$12\div4=3$〔時間〕　…①

12kmを6km/時で往復するのに要する時間は，

$12\times2\div6=4$〔時間〕　…②

①，②より，帰るのに残された時間は，

$4-3=1$〔時間〕

よって，帰りの速さは，

$12\div1=12$〔km/時〕

21

95m

解説

電車の長さをx mとおき，電車が鉄橋とトンネルのそれぞれを通り抜ける速さは等しいことから，方程式をつくる。

$\dfrac{175+x}{18}=\dfrac{730+x}{55}$

$55(175+x)=18(730+x)$

$9625+55x=13140+18x$

$37x=3515$

$x=95$〔m〕

22

10％の食塩水…240g

5％の食塩水…160g

解説

10％の食塩水をx gとすると，5％の食塩水は(400－x) gとなる。それぞれの食塩の量の関係を方程式に表す。

$$x\times\frac{10}{100}+(400-x)\times\frac{5}{100}=400\times\frac{8}{100}$$

$$10x+2000-5x=3200$$

$$5x=1200$$

$$x=240〔\mathrm{g}〕$$

よって，5％の食塩水は，

$$400-240=160〔\mathrm{g}〕$$

23

40g

解説

加えた食塩の量をx gとする。

$$200\times\frac{8}{100}+x=(200+320+x)\times\frac{10}{100}$$

$$16+x=52+\frac{1}{10}x$$

$$\frac{9}{10}x=36$$

$$x=40〔\mathrm{g}〕$$

24

子ども…8人
みかん…29個

解説

子どもの人数をx人とし，みかんの個数の関係を方程式で表す。

$$3x+5=4x-3$$

$$x=8〔人〕$$

よって，みかんの個数は，

$$3\times8+5=29〔個〕$$

25

(1) **$x=-5,\ 2$**
(2) **$x=2\pm\sqrt{2}$**
(3) **$x=\dfrac{2}{3}$**

解説

(1)

$$x^2+3x-10=0$$

$$(x+5)(x-2)=0$$

$$x=-5,\ 2$$

(2) 2次方程式の解の公式を利用する。

$ax^2+2b'x+c=0$の解は，$b'^2-ac\geqq0$のとき実数解をもち，

$$x=\frac{-b'\pm\sqrt{b'^2-ac}}{a}$$

より，

$$x=\frac{-(-2)\pm\sqrt{(-2)^2-1\cdot2}}{1}$$

$$=2\pm\sqrt{2}$$

(3)

$$9x^2-12x+4=0$$

$$(3x-2)^2=0$$

$$x=\frac{2}{3}$$

26

$a=-3$，もう1つの解$x=1$

解説

$x=2$を与えられた式に代入して，

$$2^2+2a+2=0$$

$$2a=-6$$

$$a=-3$$

$a=-3$をもとの方程式に代入すると，

$$x^2-3x+2=0$$

$$(x-2)(x-1)=0$$

$$x=1,\ 2$$

よって，他の解は$x=1$

27

2m

解説

x mのばすとすると，

$$(3+x)(10+x)=3\times10\times2$$
$$x^2+13x-30=0$$
$$(x-2)(x+15)=0$$
$$x=2,\ -15$$

$x>0$より，$x=2$〔m〕

28

$a=1$

解説

連立方程式に$x=\dfrac{1}{3}$を代入する。

$$\begin{cases}5-3y=4a & \cdots① \\ \dfrac{2}{3}+y=a & \cdots②\end{cases}$$

②より，$y=a-\dfrac{2}{3}$

これを①に代入して，

$$5-3\left(a-\frac{2}{3}\right)=4a$$
$$5-3a+2=4a$$
$$7a=7$$
$$a=1$$

29

5分

解説

走った時間をx分，歩いた時間をy分とする。

$$\begin{cases}x+y=15 & \cdots① \\ 160x+80y=1600 & \cdots②\end{cases}$$

②－①×80より，

$$80x=400$$
$$x=5\text{〔分〕}$$

30

Aの食塩水の濃度…12％
Bの食塩水の濃度…8％

解説

A，Bの濃度をそれぞれx%，y%とする。

200gずつ混ぜ合わせたあとのAは，$500-200=300$（g）

よって，

$$\begin{cases}200\left(\dfrac{x}{100}+\dfrac{y}{100}\right)=400\times\dfrac{10}{100} & \cdots① \\ \dfrac{300\times\dfrac{x}{100}}{300+150}\times100=y & \cdots②\end{cases}$$

①より，$x+y=20$

②より，$y=\dfrac{2}{3}x$

よって，$x=12$〔%〕

$y=8$〔%〕

31

(1) **$x>-18$**

(2) **$x\leqq\dfrac{1}{2}$，$1\leqq x$**

解説

(1) $4(x-7)<-5(2-x)$

$$4x-28<-10+5x$$
$$-x<18$$
$$x>-18$$

(2) $2x^2-3x+1\geqq0$

$$(2x-1)(x-1)\geqq0$$

よって，$x\leqq\dfrac{1}{2}$，$1\leqq x$

32

3本

解説

兄が弟に鉛筆をx本あげたとすると,

$40-x>3(9+x)$

$40-x>27+3x$

$-4x>-13$

$x<3\frac{1}{4}$

xはこの範囲における最大の整数なので,

$x=3$〔本〕

33

7個

解説

$|x-2|<4$より,

$-4<x-2<4$

辺々に2を加えて,

$-2<x<6$

よって，この範囲の整数xは,

$-1, 0, 1, 2, 3, 4, 5$の7個。

3 関数

34

(1) $y=2x-4$

(2) $y=\frac{1}{2}x-1$

(3) $y=-2x+6$

解説

(1) 直線の式$y=ax+b$に，2点$(1, -2)$, $(4, 4)$の座標を代入する。

$$\begin{cases} -2=a+b \\ 4=4a+b \end{cases}$$

これを解いて,

$a=2,\ b=-4$

よって，$y=2x-4$

(2) 直線$y=\frac{1}{2}x+1$と平行なので，傾きは$\frac{1}{2}$である。

$y=\frac{1}{2}x+b$に$(-2, -2)$を代入して,

$-2=-1+b$

$b=-1$

よって，$y=\frac{1}{2}x-1$

(3) 2点A，Bを通る直線の傾きは,

$$\frac{5-3}{3-(-1)}=\frac{2}{4}=\frac{1}{2}$$

求める直線の傾きをmとすると，垂直条件により,

$\frac{1}{2}\times m=-1$

$m=-2$

また，ABの中点は,

$x=\frac{-1+3}{2}=1,\ y=\frac{3+5}{2}=4$

$y=-2x+b$に$(1, 4)$を代入して,

$4 = -2 + b$

$b = 6$

よって，$y = -2x + 6$

35

12

解説

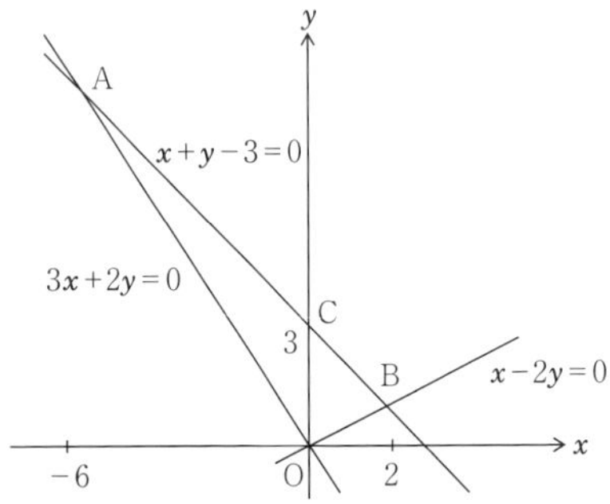

$3x + 2y = 0$と$x + y - 3 = 0$との交点をA，$x - 2y = 0$と$x + y - 3 = 0$との交点をB，$x + y - 3 = 0$とy軸との交点をCとする。

求める三角形をy軸で分け，OCを底辺とする2つの三角形，すなわち△AOC と△OBCの面積を求める。

点Cは，$x + y - 3 = 0$のy軸との切片であるから(0，3)で，底辺OCは3となる。

i)△AOCの高さ

△AOCの高さは，点Aのx座標の絶対値である。

$x + y - 3 = 0$　…①

$3x + 2y = 0$　…②

①より，$y = -x + 3$　…③

③を②に代入して，

$3x+2(-x+3)=0$

$x = -6$

ii)△OBCの高さ

△OBCの高さは，点Bのx座標である。

$x - 2y = 0$に③を代入して，

$x - 2(-x + 3) = 0$

$3x = 6$

$x = 2$

したがって，

$$\triangle AOB = \triangle AOC + \triangle OBC$$

$$= \frac{1}{2} \times 3 \times 6 + \frac{1}{2} \times 3 \times 2$$

$$= 12$$

36

$p = -2$，$a = -2$

解説

2つの直線が点(1，p)を通るから，$x = 1$，$y = p$を$3x - 2y = 7$に代入する。

$3 - 2p = 7$

$p = -2$

次に，$x + ay = 5$に(1，−2)を代入する。

$1 - 2a = 5$

$a = -2$

37

−2

解説

$y = ax^2$に$x = -2$，$y = -1$を代入して，

$-1 = a \times (-2)^2$

$4a = -1$

$$a = -\frac{1}{4}$$

よって，$y = -\frac{1}{4}x^2$

$x = 3$のとき，$y = -\frac{9}{4}$

$x = 5$のとき，$y = -\frac{25}{4}$

変化の割合 $= \dfrac{y\text{の変化量}}{x\text{の変化量}}$ であるから,

$$\frac{-\frac{25}{4}-\left(-\frac{9}{4}\right)}{5-3}=-\frac{4}{2}=-2$$

38

(−1, 1), (3, 9)

解説

$y=x^2$ と $y=2x+3$ のグラフの交点だから,

$$x^2=2x+3$$
$$x^2-2x-3=0$$
$$(x-3)(x+1)=0$$
$$\therefore\quad x=-1,\ 3$$

よって, $(x,\ y)=(-1,\ 1),\ (3,\ 9)$

39

$\boldsymbol{y=-x^2-2x+6}$

解説

頂点が与えられているときは,

$y=a(x-p)^2+q$ とおく。

頂点が, $(-1,\ 7)$ であるから, 求める2次関数の方程式は,

$$y=a(x+1)^2+7$$

これが点 $(1,\ 3)$ を通るから,

$$3=a(1+1)^2+7$$
$$3=4a+7$$
$$a=-1$$

よって, $y=-(x+1)^2+7$

$$\therefore\quad y=-x^2-2x+6$$

40

(1) $\boldsymbol{y=-2x^2+4x-8}$

(2) $\boldsymbol{y=2x^2+4x+8}$

(3) $\boldsymbol{y=-2x^2-4x-8}$

解説

(1) x 軸に関して対称移動した放物線の方程式は, y に $-y$ を代入すればよいから,

$$-y=2x^2-4x+8$$

よって, $y=-2x^2+4x-8$

(2) y 軸に関して対称移動した放物線の方程式は, x に $-x$ を代入すればよいから,

$$y=2(-x)^2-4(-x)+8$$

よって, $y=2x^2+4x+8$

(3) 原点に関して対称移動した放物線の方程式は, x に $-x$, y に $-y$ を代入すればよいから,

$$-y=2(-x)^2-4(-x)+8$$

よって, $y=-2x^2-4x-8$

41

$\boldsymbol{x=\dfrac{3}{2}}$ **のとき, 最小値** $\boldsymbol{-\dfrac{5}{4}}$

解説

$y=x^2-3x+1$ を変形する。

$$y=\left\{\left(x-\frac{3}{2}\right)^2-\left(\frac{3}{2}\right)^2\right\}+1$$
$$=\left(x-\frac{3}{2}\right)^2-\frac{5}{4}$$

グラフは下に凸だから,

$x=\dfrac{3}{2}$ のとき, 最小値 $-\dfrac{5}{4}$ をとる。

〈参考〉

$y=a(x-p)^2+q$ のグラフの場合, 頂点の座標は, $(p,\ q)$ で表される。

一般の2次関数 $y=ax^2+bx+c$ は, 次の手順で $y=a(x-p)^2+q$ の形に変形することができる。

$$y=ax^2+bx+c$$
$$=a\left(x^2+\frac{b}{a}x\right)+c$$
$$=a\left\{\left(x+\frac{b}{2a}\right)^2-\left(\frac{b}{2a}\right)^2\right\}+c$$

$$= a\left(x + \frac{b}{2a}\right)^2 - \frac{b^2}{4a} + c$$

$$= a\left(x + \frac{b}{2a}\right)^2 - \frac{b^2 - 4ac}{4a}$$

42

最大値　27（$x=2$のとき）

最小値　$\frac{14}{5}$（$x=-\frac{1}{5}$のとき）

解説

$y = 5x^2 + 2x + 3$を変形する。

$$y = 5\left(x^2 + \frac{2}{5}x\right) + 3$$

$$= 5\left(x + \frac{1}{5}\right)^2 - \frac{1}{5} + 3$$

$$= 5\left(x + \frac{1}{5}\right)^2 + \frac{14}{5}$$

よって，頂点$\left(-\frac{1}{5}, \frac{14}{5}\right)$

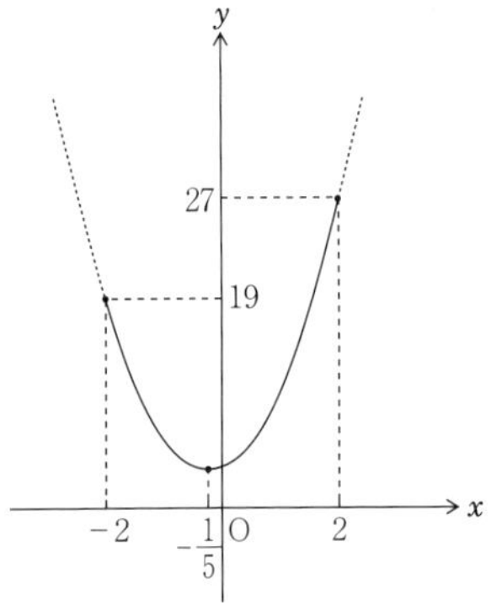

グラフより，$-2 \leqq x \leqq 2$における最大値，最小値は，

最大値　27　（$x = 2$ のとき）

最小値　$\frac{14}{5}$　$\left(x = -\frac{1}{5}のとき\right)$

43

$a = -3$

解説

$y = ax^2 - 2a^2x + 7a$の最大値が存在するから，グラフは上に凸である。

$\therefore\ a < 0\quad \cdots①$

また，$y = a(x^2 - 2ax) + 7a$

$\qquad = a(x - a)^2 - a^3 + 7a$

最大値は頂点のy座標であるから，

$$-a^3 + 7a = 6$$

$$a^3 - 7a + 6 = 0$$

$$(a-1)(a^2 + a - 6) = 0$$

$$(a-1)(a+3)(a-2) = 0$$

よって，$a = -3,\ 1,\ 2$

ここで，①を満たすのは，$a = -3$

44

$\begin{cases} a = 3 \\ b = 1 \end{cases}$　　$\begin{cases} a = -3 \\ b = 7 \end{cases}$

解説

$y = ax^2 + 2ax + b$を変形すると，

$$y = a(x+1)^2 - a + b$$

よって，頂点の座標は，$(-1,\ -a+b)$

ⅰ）$a > 0$のとき

グラフは下に凸の放物線で，次のようになり，$x = 1$で最大，$x = -1$で最小となる。

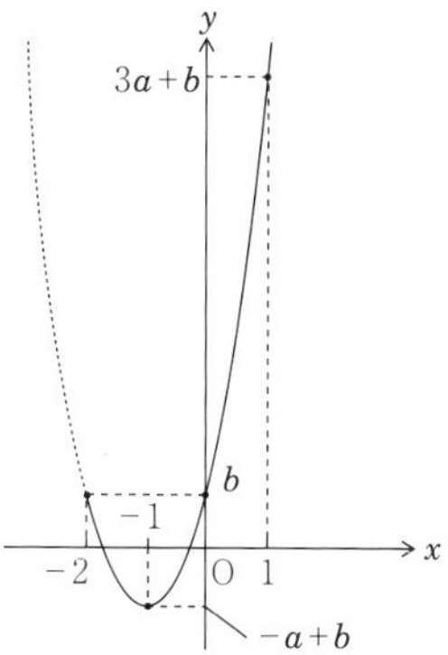

$x=1$のとき，$3a+b=10$

$x=-1$のとき，$-a+b=-2$

これを解いて，$a=3$，$b=1$

これは，$a>0$を満たしているから適する。

ii）$a<0$のとき

グラフは上に凸の放物線で，次のようになり，$x=-1$で最大，$x=1$で最小となる。

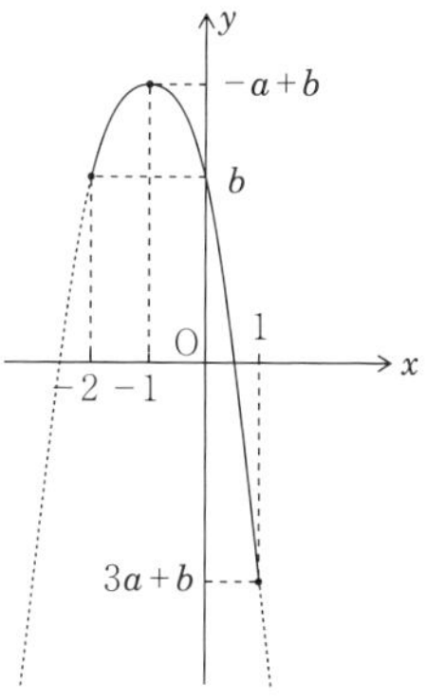

$x=-1$のとき，$-a+b=10$

$x=1$のとき，$3a+b=-2$

これを解いて，$a=-3$，$b=7$

これは，$a<0$を満たしているから適する。

したがって，ｉ），ii）より，a，bの値は，

$$\begin{cases} a=3 \\ b=1 \end{cases} \qquad \begin{cases} a=-3 \\ b=7 \end{cases}$$

45

最大値　$3\sqrt{2}$，最小値　$-3\sqrt{2}$

解説

$2x+y=k$とおくと，$y=k-2x$

これを，$x^2+2y^2=4$に代入して，

$$x^2+2(k-2x)^2=4$$

$$9x^2-8kx+2k^2-4=0$$

ここで，xは実数であるから，判別式をDとすると，

$$\frac{D}{4}=16k^2-9(2k^2-4)\geqq 0$$

$$-2k^2+36\geqq 0$$

$$k^2-18\leqq 0$$

$$(k+3\sqrt{2})(k-3\sqrt{2})\leqq 0$$

$$\therefore\quad -3\sqrt{2}\leqq k\leqq 3\sqrt{2}$$

したがって，$-3\sqrt{2}\leqq 2x+y\leqq 3\sqrt{2}$となり，

最大値　$3\sqrt{2}$

最小値　$-3\sqrt{2}$

〈参考〉2次方程式の解の判別

2次方程式$ax^2+bx+c=0$の判別式を$D=b^2-4ac$とすると，

① $D>0$↔異なる2つの解をもつ

② $D=0$↔1つの解（重複解）をもつ

③ $D<0$↔解をもたない

したがって，$D\geqq 0$↔解をもつ

46

$m<-2$，$4<m$

解説

2次関数のグラフとx軸とが異なる2点で交わるとき，$D>0$であるから，

$$\frac{D}{4}=m^2-(2m+8)>0$$

$$m^2-2m-8>0$$

$$(m-4)(m+2)>0$$

$\therefore\quad m<-2,\ 4<m$

47

$m=2$，x座標：-2

解説

$y=-2x^2-6x-3$

$y=mx+5$

より，yを消去すると，

$-2x^2-6x-3=mx+5$

$2x^2+(m+6)x+8=0\quad\cdots①$

放物線と直線が接するから，判別式 $D=0$

$D=(m+6)^2-4\cdot2\cdot8=0$

$(m+6)^2=64$

$m+6=\pm8$

$m>0$より，$m=2$

これを①に代入して，

$x^2+4x+4=0$

$(x+2)^2=0$

$\therefore\quad x=-2$

4 図形

48

40°

解説

$\angle\mathrm{ABC}=2a$とすると，

$\angle\mathrm{ACE}=80^\circ+2a\quad\cdots①$

また，$\dfrac{1}{2}\angle\mathrm{ACE}=\angle\mathrm{DCE}$

$=a+\angle\mathrm{BDC}\quad\cdots②$

①，②より，

$80^\circ+2a=2a+2\angle\mathrm{BDC}$

$\therefore\quad\angle\mathrm{BDC}=40^\circ$

49

内角…160°　　外角…20°

解説

正n角形で，

1つの内角は，$\dfrac{180^\circ\times(n-2)}{n}$

1つの外角は，$\dfrac{360^\circ}{n}$

したがって，正十八角形では

1つの内角は，

$\dfrac{180^\circ\times(18-2)}{18}=160^\circ$

1つの外角は，

$\dfrac{360^\circ}{18}=20^\circ$

50

(1)　**$\dfrac{5}{2}\pi$ cm**

(2)　$\left(50-\frac{25}{2}\pi\right)$ cm^2

(3)　$\left(\frac{25}{2}\pi-25\right)$ cm^2

解説

(1)　∠ABF = 45°であるから，

$$\overset{\frown}{AF}=2\times\pi\times10\times\frac{45}{360}=\frac{5}{2}\pi〔cm〕$$

(2)　Sの面積は，

△ABD −（扇形ABF）より，

$$\frac{1}{2}\times10\times10-\pi\times10^2\times\frac{45}{360}$$

$$=\left(50-\frac{25}{2}\pi\right)〔cm^2〕$$

(3)　Tの面積は，

$$\{(扇形ABC)-△ABCの面積\}\times\frac{1}{2}$$

より，$\frac{1}{2}\left(\pi\times10^2\times\frac{90}{360}-\frac{1}{2}\times10\times10\right)$

$$=\left(\frac{25}{2}\pi-25\right)〔cm^2〕$$

51

∠BAC＝35°
∠ADB＝20°

解説

円周角は中心角の半分なので，

$$∠BAC=\frac{1}{2}BOC$$
$$=35°$$

AB//OCから，平行線の錯角は等しいので，

$$∠ABD=∠COB=70°$$

BDは円Oの直径なので，

$$∠BAD=90°$$

よって，$∠ADB=90°-∠ABD$
$$=20°$$

52

(1)　72°
(2)　180°－2a°
(3)　$\frac{8}{3}\pi$ cm

解説

(1)　弧の長さは中心角に比例するので，

$$∠AOB=\frac{2}{5}\times360°=144°$$

円周角は中心角の半分であるから，

$$∠AQB=\frac{1}{2}\times144°=72°$$

(2)　四角形AOBPで，∠AOB = 2a°

∠OAP = ∠OBP = 90°だから，

$$∠APB=360°-90°-90°-2a°$$
$$=180°-2a°$$

(3)　∠AQB = a°とすると，

$$∠APB=\frac{1}{4}a°$$

(2)より，$\frac{1}{4}a°=180°-2a°$

$$\therefore\quad a°=80°$$
$$∠AOB=2\times80°=160°$$

よって，$\overset{\frown}{AB}=2\pi\times3\times\frac{160}{360}=\frac{8}{3}\pi$〔cm〕

53

AE：EC＝1：3

解説

点Dを通り，BEに平行な直線がACと交わる点をFとする。

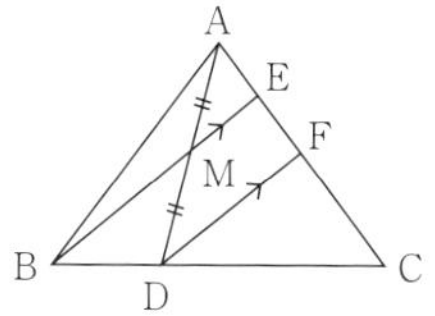

△CEBで，DF∥BEより，

$CF : FE = CD : DB$

$= 2 : 1$ …①

△ADFで，ME∥DFより，

$AE : EF = AM : MD$

$= 1 : 1$ …②

①，②より，

$EC = EF + CF = 3EF$

$AE : EC = EF : 3EF$

$= 1 : 3$

54

18cm²

解説

△ADEと△ABCにおいて，

BC∥DEより，

△ADE∽△ABC

$AD : DB = 2 : 1$より，

$AD : AB = 2 : 3$

面積比は，相似比の2乗に等しいから，

$\triangle ADE : \triangle ABC = 2^2 : 3^2$

$= 4 : 9$

$\triangle ADE = 8$より，

$\triangle ABC = 8 \times \frac{9}{4} = 18$〔cm²〕

55

27cm²

解説

△PDMと△PBCにおいて，

AD∥BCより，△PDM∽△PBC

よって，$MP : CP = DM : BC$

$= 1 : 2$

三角形の高さが等しいとき，面積の比は底辺の比に等しいことから，

$\triangle CDM = \triangle PDM \times 3$

$= 3 \times 3$

$= 9$〔cm²〕

ここで，点A，Cを結び，同様にして

$\triangle CDA = \triangle CDM \times 2$

$= 9 \times 2$

$= 18$〔cm²〕

平行四辺形ABCDの面積は，△CDAの2倍であることから，

$18 \times 2 = 36$〔cm²〕

四角形ABCMの面積は，平行四辺形ABCDから△CDMを引いたものであるから，

$36 - 9 = 27$〔cm²〕

56

(1) **60cm²**

(2) $\frac{120}{17}$**cm**

解説

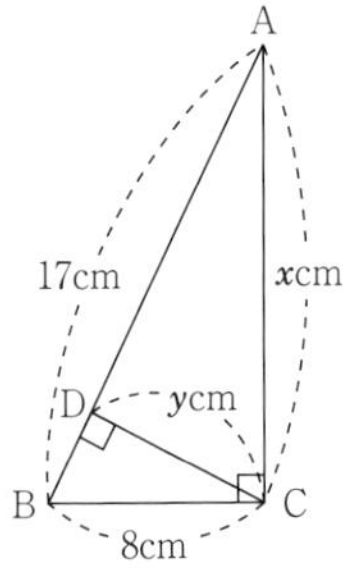

(1) 残りの1辺の長さをx cmとすると，三平方の定理より，

$17^2 = x^2 + 8^2$

$x^2 = 225$

$x > 0$より，

$x = 15$〔cm〕

面積は，

$\frac{1}{2} \times 8 \times 15 = 60$〔cm²〕

(2) 直角の頂点と斜辺との距離を$y$cmとすると，三角形の面積から，

$\frac{1}{2} \times 17 \times y = 60$

$y = \frac{120}{17}$〔cm〕

(別解)

図より，△ABC∽△ACDであるから，

$17:15=8:y$

$y=\dfrac{120}{17}$〔cm〕

57

12cm

解説

BD＝x cmとする。

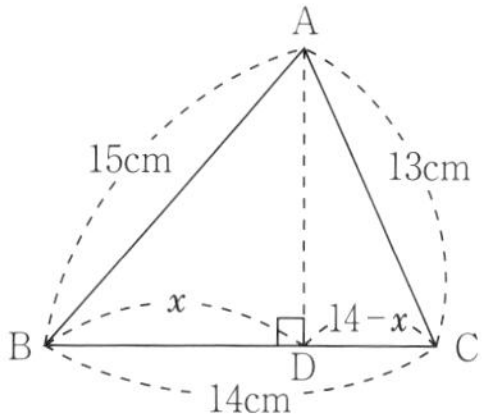

△ABDにおいて，

$AD^2=AB^2-BD^2$

$=15^2-x^2$　…①

△ACDにおいて，三平方の定理より，

$AD^2=AC^2-CD^2$

$=13^2-(14-x)^2$　…②

①，②より，

$15^2-x^2=13^2-(14-x)^2$

これを解いて，$x=9$

したがって，①より，

$AD^2=15^2-9^2=144$

AD＞0だから，AD＝12〔cm〕

58

(1)　**60°**

(2)　$\left(4\sqrt{3}-\dfrac{11}{6}\pi\right)$ **cm²**

解説

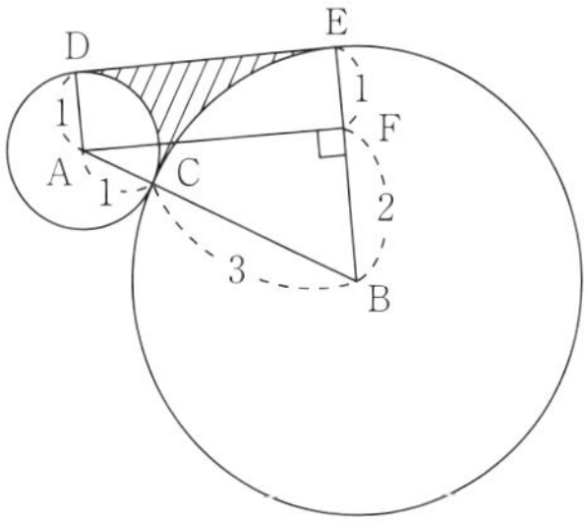

(1)　点Eは円Bの接点で，DE⊥BEであることから，AからDEに平行な直線をひき，BEとの交点をFとする。

△ABFは，BF＝2cm，AB＝4cmの直角三角形となり，これは，他の角が30°，60°の直角三角形である。

したがって，

∠ABF＝∠ABE＝60°

(2)　斜線部分は，台形ABEDから，扇形ACD，BCEをひいたものである。

三平方の定理より，

AF＝DE＝$2\sqrt{3}$〔cm〕

台形ABEDの面積は，

$\dfrac{1}{2}(AD+BE)\times DE$

$=\dfrac{1}{2}(1+3)\times 2\sqrt{3}$

$=4\sqrt{3}$〔cm²〕

∠DABは，

∠DAF＋∠FAB

＝90°＋30°

＝120°

扇形ACDの面積は，

$\pi\times 1^2\times\dfrac{120}{360}=\dfrac{1}{3}\pi$〔cm²〕

扇形BCEの面積は，

$\pi\times 3^2\times\dfrac{60}{360}=\dfrac{3}{2}\pi$〔cm²〕

よって，斜線部分の面積は，

$$4\sqrt{3}-\left(\frac{1}{3}\pi+\frac{3}{2}\pi\right)$$
$$=4\sqrt{3}-\frac{11}{6}\pi$$〔cm²〕

59

$18\sqrt{3}$cm²

解説

△ABDにおいて，三平方の定理より，

$$BD^2=AB^2+AD^2$$
$$=6^2+6^2$$
$$=72$$

よって，$BD=6\sqrt{2}$〔cm〕

△BDEは，1辺が$6\sqrt{2}$cmの正三角形になる。

1辺aの正三角形の面積は，

$$S=\frac{\sqrt{3}}{4}a^2$$

で求められるから，

$$\triangle BDE=\frac{\sqrt{3}}{4}\times(6\sqrt{2})^2$$
$$=18\sqrt{3}$$〔cm²〕

60

100π cm³

解説

右の図のように，円すいの頂点Oから底面にひいた垂線をOHとする。

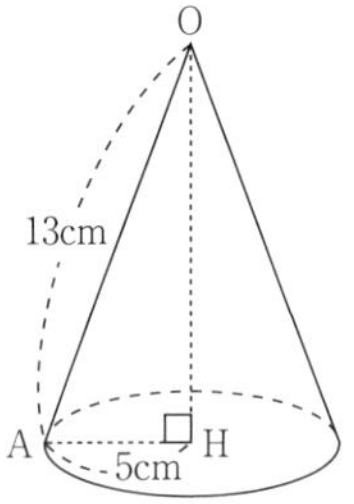

△OAHにおいて，三平方の定理より，

$$OH^2=13^2-5^2$$
$$=144$$

$OH>0$だから，

$OH=12$〔cm〕

よって，体積は，$V=\frac{1}{3}\pi r^2h$より，

$$V=\frac{1}{3}\times5^2\pi\times12=100\pi$$〔cm³〕

61

(1) **10cm**

(2) **$\frac{8}{27}$倍**

解説

(1) 水面の円の半径を$r$cmとすると，

$$r:15=20:30$$
$$r=10$$〔cm〕

(2) 水と容器の相似比は，

$$20:30=2:3$$

よって，体積比は，

$$2^3:3^3=8:27$$

したがって，水の体積は容器の容積の$\frac{8}{27}$倍となる。

62

(1) **4π cm²**

(2) **$\sqrt{7}$cm**

解説

(1) 側面の扇形の弧の長さは，底面の円周の長さに等しいので，

$$2\times1\times\pi=2\pi$$

よって，側面の扇形の面積は，

$$\pi\cdot3^2\cdot\frac{2\pi}{2\times3\pi}=3\pi$$

よって，表面積は，

$$3\pi+\pi=4\pi$$〔cm²〕

(別解)

表面積$A=\pi r^2+\pi rl$の公式を利用する。

$r=1$，$l=3$であるから，

$$A=\pi+3\pi$$
$$=4\pi\,〔\mathrm{cm}^2〕$$

(2)

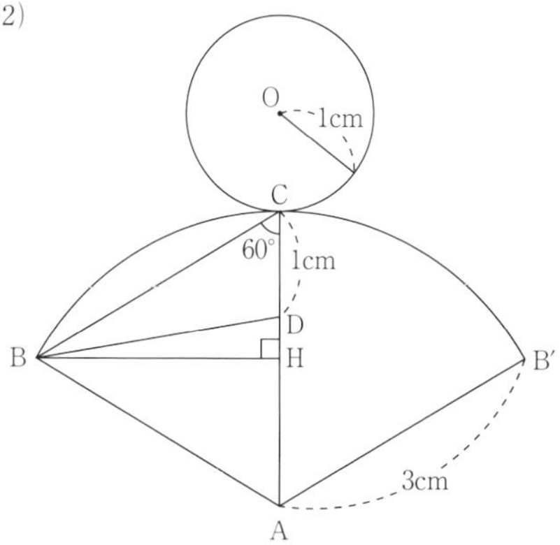

$$\angle \mathrm{BAB'}=360^\circ\times\frac{2\pi}{2\times3\times\pi}=120^\circ$$

したがって，展開図△ABCは正三角形。

求める長さは，上図の線分BDである。Bから辺ACに垂線BHをひくと，△CBHは辺の比が$1:2:\sqrt{3}$の直角三角形であるから，

$$\mathrm{BH}=\frac{3\sqrt{3}}{2},\ \mathrm{CH}=\frac{3}{2}$$

よって，$\mathrm{DH}=\dfrac{3}{2}-1=\dfrac{1}{2}$

△BDHにおいて，

$$\mathrm{BD}^2=\mathrm{BH}^2+\mathrm{DH}^2$$
$$=\left(\frac{3\sqrt{3}}{2}\right)^2+\left(\frac{1}{2}\right)^2=7$$

よって，$\mathrm{BD}=\sqrt{7}$〔cm〕

63

$16\sqrt{6}\,\mathrm{cm}^3$

解説

A，Bの体積をそれぞれV_1，V_2とする。

AとBの表面積の比が$3:8$より，AとBの相似比は，

$$\sqrt{3}:\sqrt{8}=\sqrt{3}:2\sqrt{2}$$

したがって，AとBの体積比は，

$$V_1:V_2=(\sqrt{3})^3:(2\sqrt{2})^3$$
$$=3\sqrt{3}:16\sqrt{2}$$

つまり，$3\sqrt{3}V_2=16\sqrt{2}V_1$　…①

ここで，$V_1=9$を①の式に代入すると，

$$3\sqrt{3}V_2=16\sqrt{2}\times9$$
$$V_2=\frac{16\sqrt{2}\cdot9}{3\sqrt{3}}$$
$$=16\sqrt{6}$$

よって，求める体積は，$16\sqrt{6}\,〔\mathrm{cm}^3〕$

5 確率

64

56通り

解説

8個の異なるものから2個選んで並べた順列に等しいから,

$${}_8P_2 = 8 \times 7 = 56 \text{〔通り〕}$$

65

4桁の整数…360 個
4桁の奇数…180 個

解説

4桁の自然数は, 異なる6枚のカードから4枚選んで並べた順列だから,

$${}_6P_4 = 6 \times 5 \times 4 \times 3 = 360 \text{〔個〕}$$

また, 奇数になるのは, 一の位が奇数のとき。一の位が奇数なのは, 1, 3, 5のときで3通り。他の位の数字は, 一の位の数字以外の5個から3個選んで並べればよいから,

$${}_5P_3 = 5 \times 4 \times 3 = 60 \text{〔通り〕}$$

よって, 奇数になるのは,

$$3 \times 60 = 180 \text{〔個〕}$$

66

3桁の整数…100 個
5の倍数…36 個

解説

百の位は0以外の5通り。十と一の位は残りの5個の数字から 2 個選んで並べればよいので,

$${}_5P_2 = 20 \text{〔通り〕}$$

よって, 3桁の整数は,

$$5 \times 20 = 100 \text{〔通り〕}$$

5の倍数になるのは, 一の位が0, 5の場合である。

一の位が0のとき, 百と十の位の数字の並べ方は,

$${}_5P_2 = 5 \times 4 = 20 \text{〔通り〕}$$

一の位が5のとき, 百の位は0と5以外の4通り。十の位は百と一の位以外の数字の4通り。

したがって, $4 \times 4 = 16$〔通り〕

よって,

$$20 + 16 = 36 \text{〔個〕}$$

67

48通り

解説

AとBを一人として, 残りのC, D, Eと合わせた4人を一列に並べると考える。

この並べ方の場合の数は, ${}_4P_4$通り。

このそれぞれについて, A, Bの並べ方は${}_2P_2$通りある。

よって,
$$\begin{aligned} {}_4P_4 \times {}_2P_2 &= 4 \times 3 \times 2 \times 1 \times 2 \times 1 \\ &= 48 \text{〔通り〕} \end{aligned}$$

68

3360通り

解説

8文字のうちAが3つ, Kが2つずつ含まれているので, 同じものを含む順列を考える。

$$\begin{aligned} &\frac{8!}{3!2!} \\ &= \frac{8 \cdot 7 \cdot 6 \cdot 5 \cdot 4 \cdot 3 \cdot 2 \cdot 1}{3 \cdot 2 \cdot 1 \cdot 2 \cdot 1} \\ &= 3360 \text{〔通り〕} \end{aligned}$$

69

60個

解説

平行四辺形は2組の平行な直線で作られるから，縦，横それぞれから2本選んだ組合せを考えればよい。

よって，求める平行四辺形の数は，

$$ {}_4C_2 \times {}_5C_2 = \frac{4 \cdot 3}{2 \cdot 1} \times \frac{5 \cdot 4}{2 \cdot 1} $$

$$ = 60〔個〕 $$

70

(1) **210 通り**

(2) **70 通り**

解説

(1) 東へ1区画進むことを→，北へ1区画進むことを↑と表すとする。

どの道順を通っても，→6個と↑4個で表されることから，6個の→と4個の↑を1列に並べる順列と考える。

$$ \frac{10!}{6!4!} $$

$$ = \frac{10 \cdot 9 \cdot 8 \cdot 7}{4 \cdot 3 \cdot 2 \cdot 1} = 210〔通り〕 $$

(2) AからPまでの道順は，4個の→と3個の↑の順列であり，PからQまでの道順は1通り，QからBまでの道順は2通りであるから，

$$ \frac{7!}{4!3!} \times 1 \times 2 $$

$$ = \frac{7 \cdot 6 \cdot 5}{3 \cdot 2 \cdot 1} \times 2 = 70〔通り〕 $$

71

(1) **120通り**

(2) **90通り**

解説

(1) 10 個の異なるものから 3 個選んだ組合せであるから，求める選び方は，

$$ {}_{10}C_3 = \frac{10 \cdot 9 \cdot 8}{3 \cdot 2 \cdot 1} = 120〔通り〕 $$

(2) 男子6人から2人を選ぶ方法は${}_6C_2$通りあり，そのそれぞれに対して，女子4人の中から2人を選ぶ方法が${}_4C_2$通りずつある。

よって，求める選び方は，

$$ {}_6C_2 \times {}_4C_2 = \frac{6 \cdot 5}{2 \cdot 1} \times \frac{4 \cdot 3}{2 \cdot 1} $$

$$ = 90〔通り〕 $$

72

(1) $\frac{1}{9}$

(2) $\frac{1}{6}$

解説

2個のサイコロを同時に投げて，出る目の場合の数は，

$6 \times 6 = 36$〔通り〕

(1) 目の積が6となる目の出方は，

(1，6)，(2，3)，(3，2)，(6，1)

の4通り。

よって，求める確率は，$\frac{4}{36} = \frac{1}{9}$

(2) 目の和が6の倍数となるのは，6または12となるときである。

i) 目の和が6となるとき

(1，5)，(2，4)，(3，3)，

(4，2)，(5，1)

の5通り。

よって，その確率は，$\frac{5}{36}$

ⅱ）目の和が12となるとき

（6，6）

の1通り。

よって，その確率は，$\dfrac{1}{36}$

したがって，求める確率は，

$$\frac{5}{36}+\frac{1}{36}=\frac{6}{36}=\frac{1}{6}$$

73

(1) $\dfrac{91}{216}$

(2) $\dfrac{7}{8}$

解説

(1) 「少なくとも1個は6の目が出る」という事象は，「3個とも6以外の目が出る」という事象の余事象である。

3個とも6以外の目が出る確率は，

$$\left(\frac{5}{6}\right)^3=\frac{125}{216}$$

したがって，少なくとも1個は6の目が出る確率は，

$$1-\frac{125}{216}=\frac{91}{216}$$

(2) 「3個の目の積が偶数である」という事象は，「3個とも奇数の目が出る」という事象の余事象である。

3個とも奇数が出る確率は，

$$\left(\frac{3}{6}\right)^3=\left(\frac{1}{2}\right)^3=\frac{1}{8}$$

したがって，3個の目の積が偶数である確率は，

$$1-\frac{1}{8}=\frac{7}{8}$$

74

$\dfrac{1}{3}$

解説

6人を1列に並べる並び方は，

$_6P_6$〔通り〕

特定の2人を1人とみて，計5人を並べる並び方は$_5P_5$〔通り〕。その順列の各々に対して，特定の2人の並び方は2!通りずつあるから，特定の2人が隣り合う並び方は，

$_5P_5\times2!$〔通り〕

よって，求める確率は，

$$\frac{_5P_5\times2!}{_6P_6}$$

$$=\frac{5\cdot4\cdot3\cdot2\cdot1\cdot2}{6\cdot5\cdot4\cdot3\cdot2\cdot1}=\frac{1}{3}$$

75

$\dfrac{5}{6}$

解説

10個の球から3個取り出す場合の数は，

$$_{10}C_3=\frac{10\cdot9\cdot8}{3\cdot2\cdot1}=120\text{〔通り〕}$$

「少なくとも1個が白球である」という事象は，「3個とも赤球が出る」という事象の余事象である。

3個とも赤球が出る場合の数は，6個の赤球から3個選ぶ組合せであるから，

$$_6C_3=\frac{6\cdot5\cdot4}{3\cdot2\cdot1}=20\text{〔通り〕}$$

よって，求める確率は，

$$1-\frac{20}{120}=\frac{5}{6}$$

6 データの分析

76

(1) **66kg**

(2) **$x=0.35$, $y=10$, $z=0.25$**

解説

(1) 階級値は階級の中央の値であるから,

$$\frac{64+68}{2}=66〔\mathrm{kg}〕$$

(2) 52～56の人数は14人なので，この階級の相対度数xは,

$$x=\frac{14}{40}=0.35$$

人数の合計は40人なので,

$$2+4+14+y+8+2=40$$
$$y=10$$

この相対度数zは,

$$z=\frac{10}{40}=0.25$$

77

$x=7$, $y=5$

解説

人数は，全部で20人より,

$$1+2+4+x+y+1=20$$
$$x+y=12 \quad \cdots①$$

平均値が2.8点より，20人の点数の合計は,

$$2.8\times 20=56〔点〕$$

表から，20人の点数の合計を求めると,

$$0\times1+1\times2+2\times4+3x+4y+5\times1$$
$$=3x+4y+15$$

これが56点となるので,

$$3x+4y+15=56$$
$$3x+4y=41 \quad \cdots②$$

①と②の連立方程式を解くと,

$$x=7,\ y=5$$

78

69点

解説

クラスAの20人の得点の合計は,

$$75\times20〔点〕 \quad \cdots①$$

クラスBの30人の得点の合計は,

$$65\times30〔点〕 \quad \cdots②$$

クラスAとBを合わせた50人の平均点をx点とすると，50人の得点の合計は，$50x$と表され，これは①と②の和と等しいので,

$$50x=75\times20+65\times30$$
$$x=69$$

79

平均値：6　　中央値：5.5

解説

平均値は,

$$\frac{1}{8}(6+4+9+11+8+4+5+1)=6$$

8個のデータを小さい順に並べると,

1　4　4　5　6　8　9　11

となり，中央値は4番目の値5と5番目の値6の平均値になるから,

$$\frac{5+6}{2}=5.5$$

80

(1) **20.2℃**　(2) **20℃以上25℃未満**

(3) **22.5℃**

解説

(1)　仮の平均を17.5℃として平均値を求める。

最高気温〔℃〕	階級値	階級値と仮の平均との差
以上～未満 5～10	7.5	－10
10～15	12.5	－5
15～20	17.5	0
20～25	22.5	＋5
25～30	27.5	＋10

よって，平均値は，

$$17.5+\frac{1}{30}\{(-10\times1)+(-5\times6)+(0\times6)+(+5\times10)+(+10\times7)\}$$

$$=17.5+\frac{80}{30}$$

$$=17.5+2.66\cdots$$

$$=20.16\cdots\fallingdotseq20.2〔℃〕$$

(2)　中央値は，小さい順に並べたときの15番目の値と16番目の値の平均値であり，15番目の値も16番目の値も20℃以上25℃未満の階級にあるので，中央値も20℃以上25℃未満に含まれる。

(3)　最頻値は最も日数の多い階級の階級値となるので，22.5℃である。

81

平均値：3.6校
中央値：4校
最頻値：4校

解説

25人が受験する学校の総数は，

$$1\times3+2\times4+3\times5+4\times6+5\times3+6\times3+7\times1=90$$

よって，平均値は，

$$\frac{90}{25}=3.6〔校〕$$

中央値は，小さい順に並べたときの13番目の値になるので，4校である。

最頻値は，人数が最も多いものとなるので，4校である。

82

③

解説

①　範囲は，最大値－最小値より，

$$4-0=4〔点〕$$

②　最頻値は試合数の最も多い得点なので，1点である。

③　中央値はデータが15個なので小さい順に並べたときの8番目の値である。0点が1試合，1点が6試合，2点が4試合なので，8番目の値は2点である。よって，中央値は2点となる。

④　第1四分位数は下位の7個のデータの中央値になるので，4番目の値の1点である。

⑤　平均値は，

$$\frac{1}{15}(0\times1+1\times6+2\times4+3\times3+4\times1)=\frac{27}{15}=1.8〔点〕$$

83

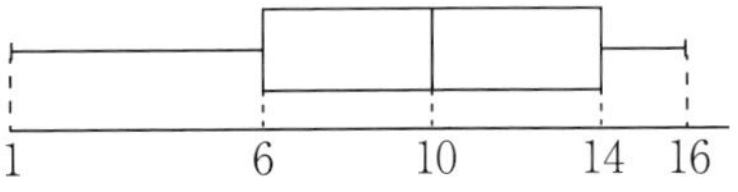

解説

最小値は1，最大値は16である。

中央値は，8番目の値9と9番目の値11の平均値より，

$$\frac{9+11}{2}=10$$

第1四分位数は下位8個のデータの中央

値となるので，4番目の値6と5番目の値6の平均値の6となる。

第3四分位数は上位8個のデータの中央値となるので，12番目の値13と13番目の値15の平均値より，

$$\frac{13+15}{2}=14$$

84

A. ④　　B. ①

解説

箱ひげ図の最小値は1，最大値は10より，ヒストグラム②は異なる。

ヒストグラムの③は，右に偏った分布であるが，箱ひげ図A，Bともに四分位範囲は右に偏っていないので，③も異なる。

ヒストグラム①と④では，散らばりが大きいのが④であるから，四分位範囲の広い箱ひげ図Aが④，四分位範囲の狭い箱ひげ図Bが①となる。

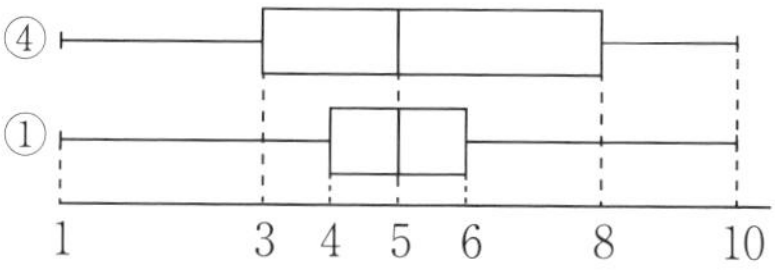

ちなみに，ヒストグラム②と③の箱ひげ図は次図のようになる。

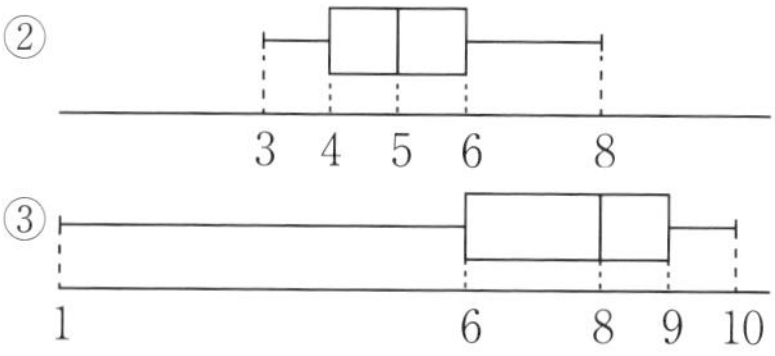

85

分散：9　　標準偏差：3

解説

10個のデータの平均値は，

$$\frac{1}{10}(7+11+15+10+4+13+11+8+12+9)=\frac{100}{10}=10$$

分散は，

$$\frac{1}{10}\{(7-10)^2+(11-10)^2+(15-10)^2+(10-10)^2+(4-10)^2+(13-10)^2+(11-10)^2+(8-10)^2+(12-10)^2+(9-10)^2\}$$

$$=\frac{1}{10}(9+1+25+0+36+9+1+4+4+1)$$

$$=\frac{90}{10}=9$$

標準偏差は，

$$\sqrt{9}=3$$

86

ア ④　　イ ③

解説

アはデータが右上がりに分布しているので正の相関があり，相関係数は④の0.5である。イは相関がほとんどないので，0に近い③の0.1となる。

87

①，④

解説

① 点の位置は右上がりになっており，正の相関がある。このため，数学の得点が高いほど，理科の得点も高くなる傾向があるといえる。

② 数学の得点が80点以上の者は，6人いる。

③　理科のテストが20点以下の者は4人いるが，このうち数学が20点以上の者が1人いる。

④　グラフの点は，縦よりも横に広く散らばって存在している。よって，数学のテストの得点の散らばりは，理科のテストの得点の散らばりより大きいといえる。

実際，数学について，

範囲：$100-0=100$

四分位範囲：$78-25=53$

理科について，

範囲：$90-15=75$

四分位範囲：$70-35=35$

範囲も四分位範囲も数学の方が大きいので，数学の方が得点は散らばっているといえる。

⑤　Aさんは，数学は55点，理科は33点なので，数学の得点の方が理科の得点より22点高い。

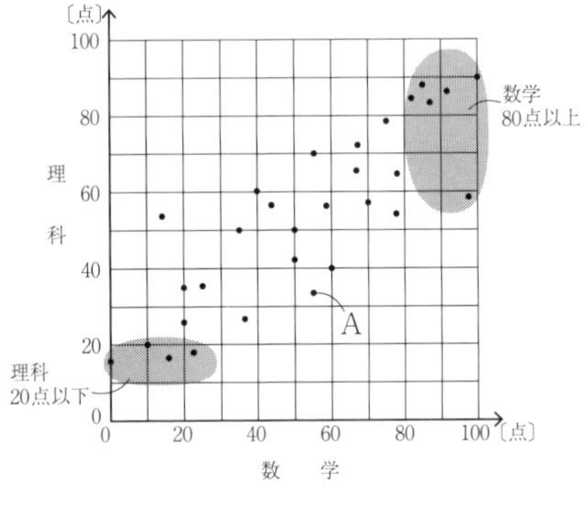

7 数列

88

325個

解説

1，2，3，4，……と自然数の列であるので，三角数を利用する。

25列目であるから，

$$1+2+3+\cdots\cdots+25$$

$$=\frac{1}{2}\times 25\,(25+1)=325〔個〕$$

〈参考〉三角数

1からnまでの自然数の和は，

$$1+2+3+\cdots+n$$

$$=\frac{1}{2}n\,(n+1)$$

89

397

解説

初項が1，公差が4であるから，

$$a_n=1+(n-1)\times 4=4n-3$$

これに，$n=100$を代入すると，求める第100項は，

$$a_{100}=4\times 100-3=397$$

〈参考〉等差数列の一般項

初項a，公差dの等差数列の一般項a_nは，

$$a_n=a+(n-1)\,d$$

90

(1)　**73**

(2)　**255**

解説

(1)　初項3，公差5であるから，

$$a_n = 3 + 5(n - 1) = 5n - 2$$

に，$n = 15$を代入する。

$$a_{15} = 5 \times 15 - 2$$
$$= 73$$

(2)　$S_n = \dfrac{1}{2}n\{2a + (n - 1)d\}$ より，

$$S_{10} = \frac{1}{2} \times 10\{2 \times 3 + (10 - 1) \times 5\}$$
$$= 255$$

〈参考〉等差数列の和

①　初項a，公差d，項数nのとき，

$$S_n = \frac{1}{2}n\{2a + (n - 1)d\}$$

②　初項a，末項l，項数nのとき，

$$S_n = \frac{1}{2}n(a + l)$$

91

300

解説

初項をa，公差をdとすると，

$$a_n = a + (n - 1)d$$
$$a_3 = a + 2d = 10$$
$$a_8 = a + 7d = 50$$

これらを連立させて解くと，

$$a = -6,\ d = 8$$

よって，求める和は，

$$S_{10} = \frac{1}{2} \times 10\{2 \times (-6) + (10 - 1) \times 8\}$$
$$= 300$$

92

$\dfrac{35}{36}$

解説

この数列は，

$$\frac{1}{1 \times 2},\ \frac{1}{2 \times 3},\ \frac{1}{3 \times 4},\ \cdots\cdots,\ \frac{1}{n(n+1)}$$

であり，

第k項は$\dfrac{1}{k(k+1)} = \dfrac{1}{k} - \dfrac{1}{k+1}$と，部分分数に分けることができるから，

この数列の和S_nは，

$$S_n = \left(1 - \frac{1}{2}\right) + \left(\frac{1}{2} - \frac{1}{3}\right) + \left(\frac{1}{3} - \frac{1}{4}\right) + \cdots + \left(\frac{1}{n} - \frac{1}{n+1}\right)$$
$$= 1 - \frac{1}{n+1} = \frac{n}{n+1}$$

第35項であるから，これに$n = 35$を代入して，

$$S_{35} = \frac{35}{35 + 1} = \frac{35}{36}$$

93

56cm

解説

1回目のブロックの周りの長さは10cm，1回増えるごとに周りの長さは2cm増えるので，ブロックの周りの長さは，初項10，公差2の等差数列として考えればよい。

n回目のブロックの周りの長さは，

$$10 + 2(n - 1) = 2n + 8$$

と表されるため，24回目のブロックの周りの長さは，

$$2 \times 24 + 8 = 56〔\mathrm{cm}〕$$

8 物理

1 力の働き

1

A：17N　B：10N

解説

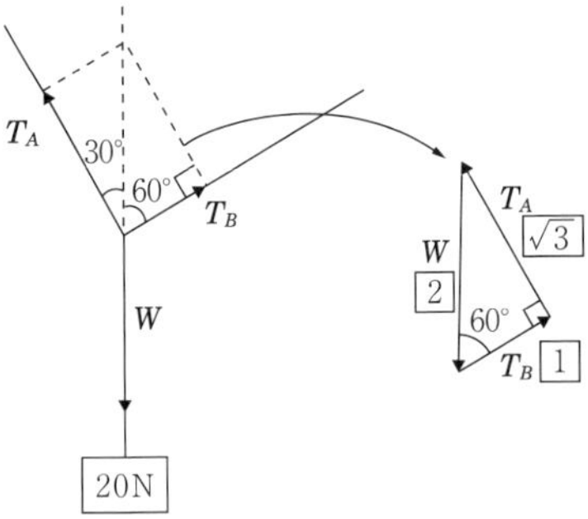

糸A，Bにかかる張力をそれぞれT_A，T_B，おもりをつるす糸にかかる張力をWとする。T_A，T_B，Wを三辺として直角三角形をつくると上の図のように表されることから，三角形の辺の比を利用して，

$$1:2:\sqrt{3}=T_B:20:T_A$$

$$T_A=10\sqrt{3}≒17〔N〕$$

$$T_B=10〔N〕$$

2

T＝17N　F＝8.7N

解説

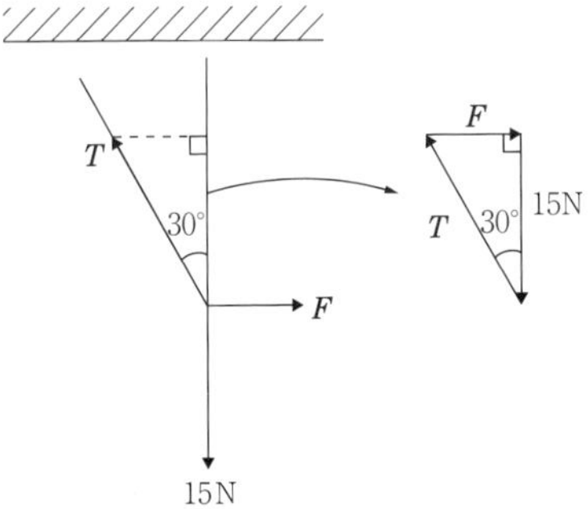

T，F，15Nを三辺として直角三角形をつくると上の図のように表されることから，三角形の辺の比を利用して，

$1:2:\sqrt{3}=F:T:15$より，

$$T=\frac{30}{\sqrt{3}}=10\sqrt{3}≒17〔N〕$$

$$F=10\sqrt{3}\times\frac{1}{2}=5\sqrt{3}≒8.7〔N〕$$

3

40g

解説

てこがつり合うためには，各おもりについて，(おもりの質量)×(距離)がてこの支点の左右でつりあっている必要がある。求めるAのおもりの質量をx〔g〕とすると，

$$x\times30=60\times10+20\times30$$

$$\therefore\quad x=40〔g〕$$

4

(1)　6cm　(2)　30N

解説

(1) バネの両端に滑車をつけ，おもりを下げたとき，バネが静止しているのであれば，一方の端を壁とみなして考える。

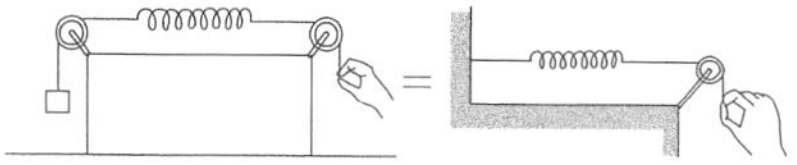

バネには20Nの力が加わっているから，グラフより，6cm伸びる。

(2) 同じ重さのおもりをつるしたとき，AとBの伸びの比は，3：1なので，Aの伸びは9cm，Bの伸びは3cmとなる。

つるしたおもりの重さは，グラフより，30N。

5

(1) **160g** (2) **9cm**

解説

(1) グラフより，200gのおもりでバネAは10cm，バネBは5cm伸びるから，図2のようにAとBをつないで200gのおもりをつるすと，バネの伸びの和は15cmになる。

バネの伸びの和が，12cmのときのおもりの質量をx〔g〕とすると，

$$200 : 15 = x : 12$$

$$\therefore x = 160〔g〕$$

(2) Bの伸びが2cmであるから，グラフより，Bにつるしたおもりの質量は80g。

バネAの下に100gと80gの2つのおもりがあるので，バネAには合計180gのおもりをつるしたことになる。

グラフより，180gのおもりをつるすと，バネAの伸びは9cmとなる。

6

16kg

解説

弾性限界内では加えた力は，バネの伸びに比例する。

A，BのいずれのバネもMkgのおもりの重力で引かれているので，

$$24〔kg〕: 30〔cm〕$$
$$= M〔kg〕: 20〔cm〕$$

よって，

$$M = \frac{24 \times 20}{30} = 16〔kg〕$$

7

(1) **B** (2) **20J**
(3) **19J**

解説

(1) それぞれの引き上げる力を求める。

A…物体の重さ$4.8 \times 10 = 48$〔N〕と同じ大きさ。

B…動滑車なので，

$$(4.8 + 0.20) \times 10 \times \frac{1}{2} = 25〔N〕$$

C…定滑車なので，物体の重さ48Nと同じ大きさ。

D…輪軸であり，直径の比が4：1で48Nの物体が大きな輪の方にぶら下げてあるから，小さな輪の方に加える力は物体の重さの4倍になる。

$$48 \times 4 = 192〔N〕$$

(2) 48Nと2Nの物体を0.4m引き上げた仕事の量と同じになる。

$$(48 + 2) \times 0.4 = 20〔J〕$$

(3) 48Nの物体を0.4m引き上げた仕事の量と同じになる。

$$48 \times 0.4 = 19.2 \fallingdotseq 19〔J〕$$

8

(1)　**6000 N/m^2 (6000 Pa)**　(2)　**面B**

解説

(1)　面Cの面積は,

$$0.5 \times 0.4 = 0.2\,〔m^2〕$$

$$圧力〔N/m^2〕= \frac{力の大きさ〔N〕}{面積〔m^2〕}$$

より,

C面にかかる圧力

$$= \frac{1200\,〔N〕}{0.2\,〔m^2〕} = 6000\,〔N/m^2〕$$

(2)　面積が小さいほど，圧力は大きくなるので，最も面積が小さい面Bを下にして置いたとき，最もスポンジが沈む。

9

(1)　**2.7 N**　(2)　**17 cm**

解説

(1)　円筒と円板により押しのけられた水の質量は,

$$1.0 \times 40 \times 12 = 480\,〔g〕= 0.48\,〔kg〕$$

より，この水の重さは，0.48×9.8〔N〕となり，これは円板を上に押す浮力の大きさに等しい。

したがって，砂と円板の重さの和が0.48×9.8〔N〕になると，円板は落ちる。よって，加えた砂の重さは，円板の重さが0.2×9.8〔N〕より,

$$0.48 \times 9.8 - 0.2 \times 9.8$$
$$= 0.28 \times 9.8 = 2.744 \fallingdotseq 2.7\,〔N〕$$

(2)　円筒を引き上げると，円板に働く浮力が小さくなる。浮力と円板の重さが等しくなると，円板が落ちる。

このときの円板の深さをx〔cm〕とすると,

$$\frac{1.0 \times 12 \times x}{1000} \times 9.8 = 0.2 \times 9.8$$
$$\therefore \quad x \fallingdotseq 17\,〔cm〕$$

10

(1)　**2.00 N**　(2)　**1.20 kg**

解説

(1)　浮力をx〔N〕とすると，ガラス球に働く力のつり合いから,

上向きの力…バネばかりから2.00Nと,
水からの浮力x〔N〕

下向きの力…重力4.00N

よって,

$$2.00 + x = 4.00$$
$$\therefore \quad x = 2.00\,〔N〕$$

(2)　台ばかりには，水を入れた容器の重さと，ガラス球に加えた浮力の反作用の力の2つが働く。

$$10.0 + 2.00 = 12.0\,〔N〕$$

よって，台ばかりの示す値は,

$$\frac{12.0}{10} = 1.20\,〔kg〕$$

2 力と運動

11

(1) **$0.50\,\mathrm{m/s^2}$**　(2) **80秒後**
(3) **3.1km**

解説

(1) グラフの傾きが加速度を表すので,

$$a = \frac{20-0}{40} = 0.50\,〔\mathrm{m/s^2}〕$$

(2) まず，はじめの40秒間に進んだ距離は$v-t$グラフより,

$$\frac{1}{2} \times 40 \times 20 = 400\,〔\mathrm{m}〕$$

A駅から1.2kmの地点まで等速運動で進んだ距離は,

$$1200 - 400 = 800\,〔\mathrm{m}〕$$

その時間は,

$$t' = \frac{x}{v} = \frac{800}{20} = 40\,〔秒〕$$

よって，発車後　$40 + 40 = 80$〔秒〕

(3) 両駅間の距離は，$v-t$グラフが囲む図形の面積に等しい。

0～40秒間　400〔m〕
40～140秒間　$20 \times 100 = 2000$〔m〕
140～180秒間　$(20+10) \times 40 \times \dfrac{1}{2} = 600$〔m〕
180～200秒間　$\dfrac{1}{2} \times 10 \times 20 = 100$〔m〕

よって,

$$x = 400 + 2000 + 600 + 100 = 3100\,〔\mathrm{m}〕 = 3.1\,〔\mathrm{km}〕$$

12

速度：B　移動距離：C

解説

初速度$v_0 = 0$の等加速度直線運動だから,

$$v = at,\quad x = \frac{1}{2}at^2$$

である。よって，速度はB，移動距離はCのグラフになる。

13

$2.5\,\mathrm{m/s^2}$

解説

等加速度直線運動だから,
$v^2 - {v_0}^2 = 2ax$に，$v = 30$，$v_0 = 20$,
$x = 100$を代入して,

$$30^2 - 20^2 = 2a \times 100$$
$$a = 2.5\,〔\mathrm{m/s^2}〕$$

14

(1) **15m/s**　(2) **50m**

解説

(1) $v = v_0 + at$より,

$$v = 5 + 2 \times 5 = 15\,〔\mathrm{m/s}〕$$

(2) $x = v_0 t + \dfrac{1}{2}at^2$より,

$$x = 5 \times 5 + \frac{1}{2} \times 2 \times 5^2 = 50\,〔\mathrm{m}〕$$

15

40N

解説

$v = v_0 + at$より,

$$a = \frac{v - v_0}{t} = \frac{0-20}{2} = -10\,〔\mathrm{m/s^2}〕$$

質量4.0kgの物体に加えられた力Fは,

$ma=F$より，

$(-10)\times4=-40$〔N〕

よって，加えられた力は運動の向きと逆向きで，大きさは40N。

16

(1) **44.1m**　(2) **29.4m/s**

解説

(1) 小石の3秒間の落下距離に等しいので，

$y=\frac{1}{2}at^2$より，

$y=\frac{1}{2}\times9.8\times3^2=44.1$〔m〕

(2) 3秒後の速さを求めればよいから，

$v=gt$より，

$v=9.8\times3=29.4$〔m/s〕

17

(1) **44.1m**　(2) **5秒**

(3) **29.4m/s**

解説

(1) 小物体は最高点で一瞬静止し，$v=0$となる。ビルの屋上から最高点までの高さをy〔m〕とすると，$v^2-{v_0}^2=-2gy$より，

$0^2-19.6^2=-2\times9.8\times y$

$y=19.6$〔m〕

よって，地上からの高さは，

$24.5+19.6=44.1$〔m〕

(2) ビルの屋上が基準位置（$y=0$）となるので，地面の高さは$y=-24.5$となるから，

$y=v_0t-\frac{1}{2}gt^2$より，

$-24.5=19.6\times t-\frac{1}{2}\times9.8\times t^2$

変形して，

$t^2-4t-5=(t-5)(t+1)=0$

$t>0$であるから，$t=5$〔秒〕

(3) 投げてから5秒後の小物体の速さを求めればよいから，

$v=v_0-gt$より，

$v=19.6-9.8\times5$

$=-29.4$〔m/s〕

18

初速度：19.6m/s　角度：45°

解説

小石は鉛直方向には自由落下をするので，

$y=\frac{1}{2}gt^2$に，$y=19.6$〔m〕，$g=9.8$〔m/s²〕を代入して，

$19.6=\frac{1}{2}\times9.8\times t^2$

$t=2$〔秒〕

水平方向には等速直線運動をするので，$x=v_0t$に，$x=39.2$〔m〕，$t=2$〔秒〕を代入して，

$39.2=v_0\times2$

$v_0=19.6$〔m/s〕

また，水面に落下するときの小石の速度の向きは，運動の向きを示すから，

$v_x=v_0=19.6$〔m/s〕

$v_y=gt=9.8\times2=19.6$〔m/s〕

よって，水面に落下するときの速度vは次のように表すことができる。

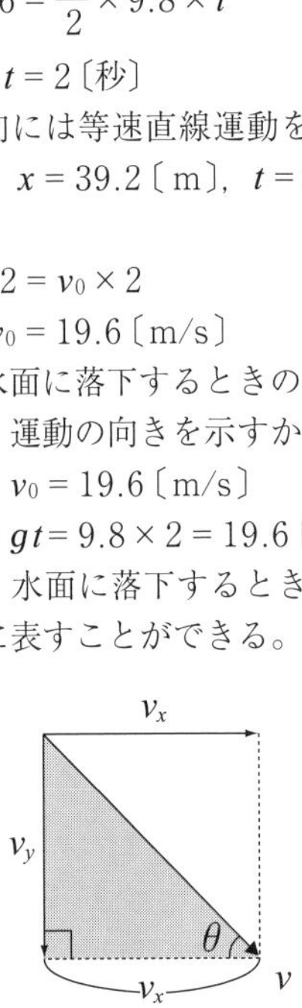

図より，アミ掛部分の三角形は，$v_x=v_y$

の直角二等辺三角形なので，$\theta = 45°$である。

19

3.0秒

解説

斜め投げ上げの運動では，軌道の頂点に達するまでの時間と，頂点からもとの高さにもどるまでの時間が等しい。

$$t = 2 \times 1.5$$
$$= 3.0〔秒〕$$

20

(1) 2.0秒後　(2) 24m/s
(3) 2.9秒後　(4) 24m/s

解説

(1) 鉛直下向きを正とすると，

$y = v_0 t + \dfrac{1}{2} g t^2$より，

$$28 = 4.2t + \frac{1}{2} \times 9.8t^2$$

変形して，

$$7t^2 + 6t - 40 = 0$$
$$(7t + 20)(t - 2) = 0$$

$t > 0$より　$t = 2.0$〔秒〕

(2) $v = v_0 + gt$より，

$$v = 4.2 + 9.8 \times 2.0 = 23.8 \fallingdotseq 24$$

よって，下向きに24m/s

(3) 鉛直上向きを正とすると，

$y = v_0 t - \dfrac{1}{2} g t^2$より，

$$-28 = 4.2t - \frac{1}{2} \times 9.8t^2$$

変形して，

$$7t^2 - 6t - 40 = 0$$
$$(7t - 20)(t + 2) = 0$$

$t > 0$より，$t = \dfrac{20}{7} \fallingdotseq 2.9$〔秒〕

(4) $v = v_0 - gt$より，

$$v = 4.2 - 9.8 \times \frac{20}{7} = -23.8 \fallingdotseq -24$$

よって，下向きに24m/s

3 エネルギー

21

2.0J

解説

$W = Fs$ より，

$W = 4.0〔N〕\times 0.5〔m〕$

$= 2.0〔J〕$

22

0.5N

解説

ひもを引く力は下の図のようになる。

$$F = \frac{1}{8} \times 4 = 0.5〔N〕$$

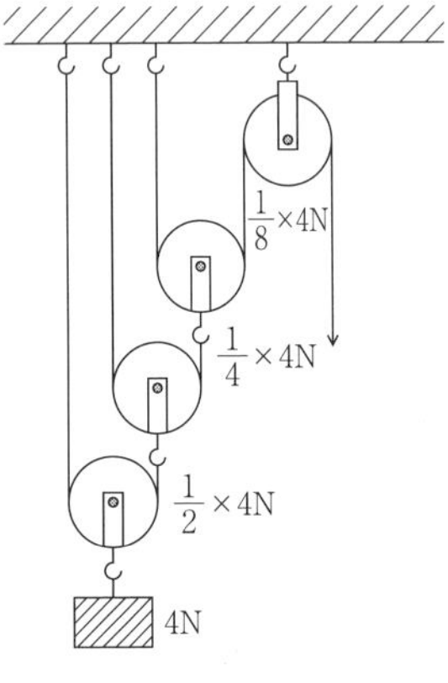

23

(1) **0.49N**　(2) **4.9J**

解説

(1) 物体が斜面から受ける垂直抗力をN，糸が物体を引く力をFとすると，物体に働く力は，重力$0.10 \times 9.8 = 0.98$〔N〕，N，Fで，この3力がつり合っている。

図のように重力を分解して考えると，三角形の辺の比より，

$$F = 0.98 \times \frac{1}{2}$$

$$= 0.49〔N〕$$

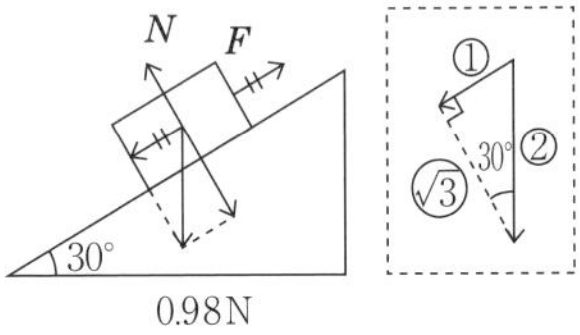

(2) 0.49Nの力で10m動かすから，

$0.49 \times 10 = 4.9〔J〕$

24

300W

解説

$P = \dfrac{Fs}{t}$ より，

$$P = \frac{200〔N〕\times 15〔m〕}{10〔秒〕}$$

$$= 300〔W〕$$

25

100W

解説

荷物に働く重力は，$10 \times 10 = 100$〔N〕

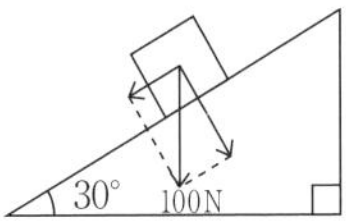

図より，斜面にそってすべり落ちようとする力は，

$$100 \times \frac{1}{2} = 50\,〔\mathrm{N}〕$$

であり，この力に逆らって10m引き上げるから，

$$P = \frac{Fs}{t} \text{より，}$$

$$P = \frac{50 \times 10}{5} = 100\,〔\mathrm{W}〕$$

26

2.0×10⁵J

解説

72km/h = 20m/sであるから，

$$K = \frac{1}{2}mv^2 \text{より，}$$

$$K = \frac{1}{2} \times 1.0 \times 10^3 \times 20^2 = 2.0 \times 10^5\,〔\mathrm{J}〕$$

27

1960J

解説

$U = mgh$ より，

$$U = 20 \times 9.8 \times 10 = 1960\,〔\mathrm{J}〕$$

28

30m/s

解説

小球の質量をm〔kg〕，初速度をv_0〔m/s〕，地面に落ちたときの速さをv〔m/s〕，塔の高さをh〔m〕とし，地面を位置エネルギーの基準点として，力学的エネルギー保存の法則の式を立てると，

$$mgh + \frac{1}{2}mv_0{}^2 = \frac{1}{2}mv^2$$

$$\therefore \quad v = \sqrt{2gh + v_0{}^2}$$

よって，

$$v = \sqrt{2 \times 10 \times 25 + 20^2} = 30\,〔\mathrm{m/s}〕$$

29

(1) E　(2) C　(3) イ

解説

(1) 最も右へふれたとき，速さは0になるから，運動エネルギーも0になる。位置エネルギーと運動エネルギーの総和は，振り子のどの位置でもAの位置エネルギーと同じであるから，

最も右へふれたときの位置エネルギー
= Aの位置エネルギー

となる。Aの位置エネルギーと同様なのは，Aと同じ高さにあるEである。

(2) 速さが最大になるときには，運動エネルギーも最大になる。位置エネルギーと運動エネルギーの総和は一定であるから，位置エネルギーが最小，つまり，最も低いところを通るとき，運動エネルギーが最大になる。

(3) 振り子の周期は，振り子の糸の長さで決まり，おもりの重さや振れ幅を変えても変化しない。

30

45℃

解説

熱量〔J〕= 水の比熱〔J/（g・K）〕
×水の質量〔g〕×水の温度変化〔K = ℃〕
で計算され，

20℃の水150gが吸収する熱量
= 60℃の水250gが放出する熱量

が成り立つので，求める温度をx℃とすると，

$$4.2 \times 150 \times (x - 20) = 4.2 \times 250 \times (60 - x)$$
$$\therefore \quad x = 45〔℃〕$$

31

0.4J/（g・K）

解説

熱量〔J〕

　＝鉄の比熱〔J/（g・K）〕

　　×鉄の質量〔g〕×鉄の温度変化〔K〕

で計算されるから，鉄の比熱をx〔J/（g・K）〕とすると，

$$4800 = x \times 150 \times (100 - 20)$$
$$\therefore \quad x = 0.4〔J/（g・K）〕$$

4 光と音

32

反射する光線…D
水中へ進む光線…H

解説

光が水面で反射する場合，入射角と反射角は等しくなる。また，光が空気中から水中に進む場合，光は直進せず屈折するが，このとき屈折角は入射角より小さくなる。

33

⑴ ア　　**⑵ 虚像**
⑶ 大きい
⑷ 虫めがね，ルーペなど

解説

⑴

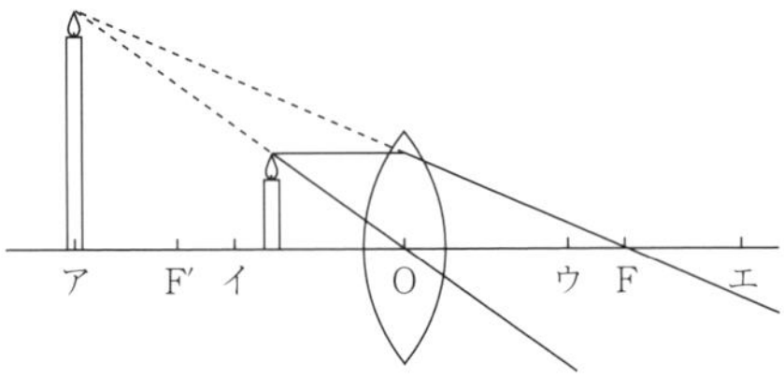

⑵・⑶　物体が焦点より内側に置かれているため，レンズを通して見ると，実物より大きな正立の虚像となる。

34

④

解説

①　音の大小は，主に音波の振幅による。
②　音の高低は，音波の振動数による。
③　弦を強く張ったり，弦を細くしたりす

るほど音は高くなる。

⑤　ドップラー効果は，音波の振動数が大きく，あるいは小さく観測される現象である。

35

1700m

解説

稲光が見えてから音が伝わるまでに5秒かかったので，

音源からの距離 = 340〔m/s〕× 5〔秒〕
= 1700〔m〕

5 電磁気

36

(1)　0.3A　　(2)　1.5V
(3)　4.5V

解説

(1)　直列つなぎでは，電流の大きさはどこでも同じである。

(2)　$V = RI$ より，

$$V = 5 \times 0.3 = 1.5〔\mathrm{V}〕$$

(3)　10Ωの抵抗にかかる電圧は，

$$V = 10 \times 0.3 = 3〔\mathrm{V}〕$$

よって，$1.5 + 3 = 4.5〔\mathrm{V}〕$

37

(1)　a点：0.6A　　b点：1.0A
(2)　A：10Ω　　B：15Ω
(3)　6Ω

解説

(1)　a点：並列つなぎでは，各抵抗にかかる電圧の大きさは等しいから，Aにかかる電圧は6V。グラフより，6Vでは0.6Aの電流が流れる。

b点：並列つなぎでは，回路全体に流れる電流の大きさは，各抵抗に流れる電流の和になるから，グラフより，

$$0.6 + 0.4 = 1.0〔\mathrm{A}〕$$

(2)　A：グラフより，6Vでは0.6Aの電流が流れるから，$R = \dfrac{V}{I}$ より，

$$R = \frac{6}{0.6} = 10〔\Omega〕$$

B：グラフより，6Vでは0.4Aの電流が流れるから，

$$R = \frac{6}{0.4} = 15〔\Omega〕$$

(3) cd間にかかる電圧が6Vのとき，b点を流れる電流は1Aだから，

$$R = \frac{6}{1} = 6〔\Omega〕$$

38

(1) ウ　(2) 250Ω
(3) 0.24A　(4) 24W
(5) 400Wh

解説

(1) 電球に表示されている電力は，100Vの電圧をかけたときの値である。アとイは直列つなぎであるから，各電球にかかる電圧の和が電源の電圧と等しいため，各電球の電圧は100Vよりも低くなっている。

(2) 電球エは100Vの電圧で電力40Wだから，

$P = \frac{V^2}{R}$を変形して，$R = \frac{V^2}{P}$

$$R = \frac{100^2}{40} = 250〔\Omega〕$$

(3) $R = \frac{V^2}{P}$より，

アの電気抵抗は，$\frac{100^2}{60} = \frac{500}{3}〔\Omega〕$

イの電気抵抗は，$\frac{100^2}{40} = 250〔\Omega〕$

よって，図1の全体の抵抗は，

$$\frac{500}{3} + 250 = \frac{1250}{3}〔\Omega〕$$

直列回路に流れる電流の大きさは，どこでも同じであるから，

$I = \frac{V}{R}$より，

$$I = 100 \times \frac{3}{1250} = 0.24〔A〕$$

(4) $P = VI$より，

$$P = 100 \times 0.24 = 24〔W〕$$

(5) 電力量$W = Pt$より，

$$W = (60 + 40) \times 4 = 400〔Wh〕$$

39

10W

解説

$P = VI$より，

$$P = 5.0 \times 2.0 = 10〔W〕$$

40

(1) 500W　(2) 0.64倍

解説

(1) オームの法則により，流れる電流の大きさを求めると，

$$I = \frac{V}{R} = \frac{100〔V〕}{20〔\Omega〕} = 5〔A〕$$

$P = VI$から消費電力を求めると，

$$P = 100 \times 5 = 500〔W〕$$

(2) 電圧が0.8倍になれば，電流も0.8倍になるから，消費電力は，

$$0.8 \times 0.8 = 0.64〔倍〕$$

41

(1) 8A　(2) 12.5Ω
(3) 800J

解説

(1) $P = VI$より，

$$I = \frac{P}{V} = \frac{800〔W〕}{100〔V〕} = 8〔A〕$$

(2)　$R = \dfrac{V}{I}$ より，

$$R = \frac{100}{8} = 12.5〔\Omega〕$$

(3)　1Wの電熱線から1秒間に発生する熱量は1Jであるから，800Wの電熱線から発生する熱量は800Jである。

42

(1)　**864cal**　　(2)　**8.64℃**

解説

(1)　電熱線は直列つなぎであるから，合成抵抗 R は，

$$R = 3 + 6 = 9〔\Omega〕$$

オームの法則 $I = \dfrac{V}{R}$ より，

$$I = \frac{18〔\mathrm{V}〕}{9〔\Omega〕} = 2〔\mathrm{A}〕$$

電熱線Aは，抵抗が3Ω，電流が2Aであるから，$P = I^2R$ より，

$$P = 2^2 \times 3 = 12〔\mathrm{W}〕$$

時間の単位を秒に直して，発電量を求める。

5分間 = 300秒間

発熱量 $\boldsymbol{Q}$〔cal〕= $0.24Pt$ より，

$$\boldsymbol{Q} = 0.24 \times 12 \times 300 = 864〔\mathrm{cal}〕$$

(2)　1calの熱量は1gの水の温度を1℃上昇させる。電熱線Aは864calの熱量を水に与えたことになるから，水の質量が100gであるので，水の温度上昇は，

$$\frac{864}{100} = 8.64〔℃〕$$

43

(1)　**電磁誘導**　　(2)　**左**

(3)　**右**　　(4)　**強くなる**

解説

(2)　N極を入れるときと出すときでは，誘導電流は逆向きに流れる。

(3)　S極を入れるときと出すときでは，N極のときと逆向きに流れる。

(4)　誘導電流は，磁界の変化が大きいほど，コイルの巻き数が多いほど，磁石の磁力が強いほど強くなる。

44

$\boldsymbol{R_1}$：**0.12A**　　$\boldsymbol{R_2}$：**0.09A**

$\boldsymbol{R_3}$：**0.03A**　　$\boldsymbol{R_4}$：**0.03A**

解説

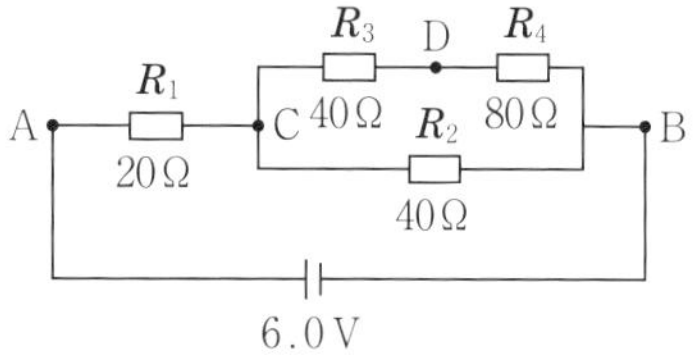

まず，回路の全抵抗を求めてから，全電流を求める。

R_3 と R_4 の合成抵抗 R_{34} は，直列つなぎであるから，

$$R_{34} = 40 + 80 = 120〔\Omega〕$$

R_2 と R_{34} の合成抵抗 R_{234} は，並列つなぎであるから，

$$\frac{1}{R_{234}} = \frac{1}{R_2} + \frac{1}{R_{34}} = \frac{1}{40} + \frac{1}{120} \text{ より，}$$

$$R_{234} = 30〔\Omega〕$$

R_1 と R_{234} は，直列つなぎであるから，回路の全抵抗 R は，

$$R = 20 + 30 = 50〔\Omega〕$$

よって，回路の全電流 I_1 は，

$$I_1 = \frac{V}{R} = \frac{6.0}{50} = 0.12〔\mathrm{A}〕$$

R_1 を流れる電流は全電流に等しいから，0.12A。

R_1 の両端（AC間）の電圧は，

$$V_1 = RI = 20 \times 0.12 = 2.4〔\mathrm{V}〕$$

抵抗が直列に接続されているとき，各抵抗にかかる電圧の和は，電源の電圧と等しいから，BC間の電圧は，

$$V_2 = 6.0 - 2.4 = 3.6〔\mathrm{V}〕$$

よって，R_2を流れる電流I_2は，

$$I_2 = \frac{V}{R} = \frac{3.6}{40} = 0.09〔\mathrm{A}〕$$

R_3とR_4を流れる電流I_3は，

$$I_3 = I_1 - I_2 = 0.12 - 0.09 = 0.03〔\mathrm{A}〕$$

9 化学

1 物質の構成

1

(1) エ　(2) ウ　(3) ア　(4) イ

解説

混合物は2種類以上の物質が混ざっているもの，化合物は2種類以上の元素からなるものである。

同素体は同じ元素からなる単体で，性質の互いに異なるもの，同位体は原子番号が同じで質量数の異なるものである。

オの鉛Pb，黒鉛Cとカの硫黄Sは，1種類の元素のみでできている単体である。

2

(1) エ　(2) ウ　(3) イ　(4) オ

解説

ア．抽出は，特定の成分のみを溶かす溶媒を用いて，混合物から特定の物質だけを溶かし出す方法であり，コーヒー豆からコーヒーのエキスを取り出すなどが例として挙げられる。

イ．昇華法は，固体混合物から，昇華して気体になりやすい物質だけを分離する方法である。ヨウ素は昇華するが，ヨウ化カリウムは昇華しにくいことを利用する。

ウ．ろ過は，ろ紙のすき間を通過できない固体成分を液体から分離する方法である。砂粒はろ紙を通過できないため，分離される。

エ．蒸留は，不揮発性の物質が溶けている溶液を沸騰させ，生じた蒸気を冷却して液体として分離する方法である。塩化ナトリウム水溶液を沸騰させて生じる水蒸気を冷却して，分離する。

オ．再結晶法は，液体に溶かした混合物を，溶解度の差を利用して析出させる方法である。少量の塩化ナトリウムを含む硝酸カリウム結晶を高温の水に溶けるだけ溶かして冷却すると，低温のほうが水に溶けにくいので，硝酸カリウム結晶が析出してくる。

3

A．炭素　B．少な　C．多
D．低　E．にく　F．やす

4

③

解説

③　水に溶けにくく，有機溶媒には溶ける。

5

(1) ア．$MgCl_2$　イ．CH_4
ウ．I_2　エ．H_2SO_4
(2) ア，エ

解説

電解質は，水溶液中で陽イオンと陰イオンに電離する物質である。

ア．$MgCl_2 \longrightarrow Mg^{2+} + 2Cl^-$

エ．$H_2SO_4 \longrightarrow 2H^+ + SO_4^{2-}$

6

同位体

解説

同位体とは，原子番号（陽子）の数は同じで，中性子（電気をもたない粒子）の数が異なる原子のことをいう。質量数は異なるが，化学的性質はほとんど同じである。

7

(1)　**8.96L**
(2)　**質量：1.1g　　体積：0.56L**

解説

(1)　二酸化炭素（CO_2）の分子量は，

$$12+16\times 2=44$$

であるから，二酸化炭素17.6gの物質量は，

$$\frac{17.6}{44}=0.4〔\mathrm{mol}〕$$

0℃，1.0×10^5Pa（1atm）の標準状態において，1molの気体の占める体積は22.4Lであるから，

$$22.4\times 0.4=8.96〔\mathrm{L}〕$$

(2)　1molには6.0×10^{23}個の分子が含まれているから，1.5×10^{22}個の二酸化炭素分子の物質量は，

$$\frac{1.5\times 10^{22}}{6.0\times 10^{23}}=0.025〔\mathrm{mol}〕$$

質量は，$44\times 0.025=1.1$〔g〕
体積は，$22.4\times 0.025=0.56$〔L〕

8

(1)　**H_2SO_4**　　(2)　**HNO_3**　　(3)　**HCl**
(4)　**H_2CO_3**　　(5)　**CH_3COOH**

9

(1)　**$S+O_2 \longrightarrow SO_2$**
(2)　**$Zn+2HCl \longrightarrow ZnCl_2+H_2$**
(3)　**$CaCO_3+2HCl \longrightarrow CaCl_2+H_2O+CO_2$**

解説

反応物質，生成物質をまず書き，係数を合わせる。

10

10L

解説

この反応は気体反応なので，化学反応式の係数の比は反応に関係する物質の体積比を表す。

$$N_2+3H_2 \longrightarrow 2NH_3$$

より，$N_2:H_2:NH_3=1:3:2$
窒素と水素は1：3で過不足なく反応する。したがって，水素15Lでは窒素が5L反応し，10Lのアンモニアを生じる。

11

酸化マグネシウム：4.0g
酸素：1.12L

解説

$$2Mg+O_2 \longrightarrow 2MgO$$

マグネシウムMg1molから酸化マグネシウムMgO1molが生成する。Mgの原子量は24，MgOの式量は$24+16=40$であるから，

$$\frac{2.4}{24}=0.1〔\mathrm{mol}〕$$

$$40\times 0.1=4.0〔\mathrm{g}〕$$

Mg2molに対して，$O_2$1molが反応するので，

$$22.4 \times 0.1 \times \frac{1}{2} = 1.12〔L〕$$

12

(1) $2C_2H_6 + 7O_2 \longrightarrow 4CO_2 + 6H_2O$
(2) 35.2g
(3) 7.2×10^{23}個
(4) 157L

解説

(2) エタンC_2H_6の分子量は
$12.0 \times 2 + 1.0 \times 6 = 30$であるから，
その12gは，$\frac{12}{30} = 0.4$〔mol〕
CO_2の分子量は，$12.0 + 16.0 \times 2 = 44$であり，$C_2H_6$ 2molからCO_2が4mol生じるので，

$$0.4 \times \frac{4}{2} \times 44 = 35.2〔g〕$$

(3) $C_2H_6$2molからH_2Oが6mol生じるので，

$$0.4 \times \frac{6}{2} \times 6.0 \times 10^{23} = 7.2 \times 10^{23}〔個〕$$

(4) $C_2H_6$2molのとき，O_2を7mol必要とするので，

$$0.4 \times \frac{7}{2} \times \frac{100}{20} \times 22.4 = 156.8 \fallingdotseq 157〔L〕$$

2 物質の状態

13

(1) ×　(2) ○　(3) ○　(4) ○
(5) ×

解説

(1) 固体が液体に変化するときは，熱を吸収する。
(5) 水の体積は，液体＜固体＜気体であり，常に固体＜液体＜気体であるとはいえない。

14

③

解説

① 一定温度において，気体の体積は圧力に反比例する（ボイルの法則）。
② 一定圧力において，気体の体積は絶対温度に比例する（シャルルの法則）。
③ 正しい（ボイル・シャルルの法則）。
④ モル比と分圧比は等しいので，モル比が1：4の混合気体中では，その分圧の比も1：4となる。
⑤ 一定温度において，気体の溶解度は気体の圧力に比例する（ヘンリーの法則）。

15

273℃

解説

ボイル・シャルルの法則$\frac{P_1V_1}{T_1} = \frac{P_2V_2}{T_2}$より，

$$\frac{1.0\times10^5\,\mathrm{Pa}\times22.4}{273}=\frac{4.0\times10^5\,\mathrm{Pa}\times11.2}{T_2}$$

$$\therefore\quad T_2=546\,〔\mathrm{K}〕=273\,〔℃〕$$

16

1.25×10^4Pa

解説

水素H_2の分子量は2，酸素O_2の分子量は32である。

気体の状態方程式$PV=\dfrac{w}{M}RT$より，

$$水素\quad 2.0\times10^5\times V=\frac{w}{2}RT\quad\cdots\cdots①$$

$$酸素\quad PV=\frac{w}{32}RT\quad\cdots\cdots②$$

水素・酸素の体積V，質量w，絶対温度Tの数値は同じであるから，

$$①\div②=\frac{2.0\times10^5\times V}{P\times V}=\frac{\dfrac{w}{2}\times RT}{\dfrac{w}{32}\times RT}$$

$$\therefore\quad P=1.25\times10^4\,〔\mathrm{Pa}〕$$

17

酸素の分圧：2.4×10^5Pa
窒素の分圧：1.6×10^5Pa
全圧：4.0×10^5Pa

解説

温度が一定であるから，それぞれの気体についてボイルの法則が成り立つ。

混合気体中の酸素と窒素の分圧を，それぞれP_1，P_2とすると，

$$酸素\quad 2.0\times10^5\times6.0=P_1\times5.0$$

$$\therefore\quad P_1=2.4\times10^5\,〔\mathrm{Pa}〕$$

$$窒素\quad 4.0\times10^5\times2.0=P_2\times5.0$$

$$\therefore\quad P_2=1.6\times10^5\,〔\mathrm{Pa}〕$$

混合気体の分圧は，

$$2.4\times10^5+1.6\times10^5=4.0\times10^5\,〔\mathrm{Pa}〕$$

18

(1)　**2%**
(2)　**濃塩酸：50g　　水：550g**

解説

(1)　10％の砂糖水50gに含まれる砂糖の質量は5g。

質量パーセント濃度〔%〕は，

$$\frac{溶質の質量}{溶液の質量}\times100$$

で表されるから，

$$\frac{5}{50+200}\times100=2\,〔\%〕$$

(2)　3％の塩酸600g中に含まれる塩化水素の質量は，

$$600\times\frac{3}{100}=18\,〔\mathrm{g}〕$$

これより，36％濃塩酸x〔g〕に塩化水素18gが含まれていればよいので，

$$x\times\frac{36}{100}=18\qquad x=50\,〔\mathrm{g}〕$$

よって，必要な水は，

$$600-50=550\,〔\mathrm{g}〕$$

19

5.78%

解説

溶けている食塩の質量に着目する。

求める濃度をx〔%〕とすると，

$$50\times\frac{4.0}{100}+40\times\frac{8.0}{100}=90\times\frac{x}{100}$$

$$\therefore\quad x=5.777\cdots\fallingdotseq5.78\,〔\%〕$$

20

(1) **59.7%**　(2) **24.2g**

解説

(1) $\dfrac{148}{100+148}\times 100 = 59.67\cdots$

$\fallingdotseq 59.7$〔%〕

(2) 80℃における飽和水溶液（100 + 148）〔g〕を20℃まで冷却すると，（148 − 88）〔g〕の結晶が析出することから，80℃の硝酸カリウムの飽和水溶液100gを20℃まで冷却したときに析出する結晶の量をx〔g〕とすると，

$$\frac{148-88}{100+148} = \frac{x}{100}$$

$\therefore\ x = 24.19\cdots \fallingdotseq 24.2$〔g〕

21

(1) **11.5g**　(2) **32.9g**　(3) **13.4g**

解説

(1) 飽和水溶液から水が蒸発すれば，その蒸発した量の水に溶けていた溶質が結晶となって析出してくる。

析出する塩化カリウムの量をx〔g〕とすると，

$$\frac{x}{25} = \frac{46}{100}$$

$\therefore\ x = 11.5$〔g〕

(2) 60℃における飽和溶液（100 + 46）〔g〕を20℃まで冷却すると，（46 − 34）〔g〕の結晶が析出することから，60℃の硝酸カリウムの飽和水溶液400gを20℃まで冷却したときに析出する結晶の量をy〔g〕とすると，

$$\frac{46-34}{100+46} = \frac{y}{400}$$

$\therefore\ y = 32.87\cdots \fallingdotseq 32.9$〔g〕

(3) 20℃における飽和溶液（100 + 34）〔g〕を60℃に加熱すると，さらに（46 − 34）〔g〕溶けることから，求める塩化カリウムの量をz〔g〕とすると，

$$\frac{z}{150} = \frac{46-34}{100+34}$$

$\therefore\ z = 13.43\cdots \fallingdotseq 13.4$〔g〕

3 物質の変化

22

②, ③

解説

①, ④, ⑤は酸性を示す。

23

①, ④

解説

青色リトマス紙を赤色, BTB溶液を黄色に変化させるのは酸性の物質である。②, ③, ⑤の化合物はアルカリ性を示し, 赤色リトマス紙を青色に変化させ, BTB溶液に加えると青色になる。

24

(1) Na^+, OH^-　(2) 黄色
(3) 中性

解説

(2) 希塩酸は酸性の水溶液である。BTB溶液は黄色を示す。
(3) BTB溶液は, 中性で緑色を示す。

25

(1) 水素　(2) ア　(3) ア, イ
(4) $Zn + 2HCl \longrightarrow ZnCl_2 + H_2$

解説

(2) 水素イオンが亜鉛から電子を受け取って水素原子になる。
(3) 銀, 銅, 白金, 金などは希塩酸と反応しない。

26

(1) $H^+ + OH^- \longrightarrow H_2O$
(2) 塩　(3) エ

解説

(1)・(2) 中和反応では, H^+とOH^-が結びついて水ができ, 残りのイオンから塩ができる。
(3)ア. 石灰水の成分は水酸化カルシウムで, アルカリ性の物質である。
イ. アンモニアはアルカリ性の気体である。
ウ. 酸化銅は酸素と銅の化合物(酸化物)である。
エ. 硫酸ナトリウムは, 硫酸と水酸化ナトリウムが中和したときにできる塩である。
オ. 食酢の主成分は酢酸で, 酸性の物質である。

27

(1) 0.4g　(2) 1.2g

解説

(1) 0.6gのマグネシウムが1.0gの酸化マグネシウムになったのだから,

$$1.0 - 0.6 = 0.4〔g〕$$

(2) (1)より, 0.6gのマグネシウムに結びつく酸素は0.4gであるから,
求める質量をx〔g〕とすると,

$$0.6 : 0.4 = x : 0.8$$

$$\therefore \quad x = 1.2〔g〕$$

28

(1) 二酸化炭素　(2) 還元

(3) 2.8g

解説

(1)・(2) 酸化銅は還元され，炭素は酸化された。

$$2CuO + C \longrightarrow 2Cu + CO_2$$

(3) 銅と酸素は4：1の質量比で化合するから，酸化銅と銅の質量の比は，5：4である。

求める銅の質量をx〔g〕とすると，

$3.5 : x = 5 : 4$

$\therefore\ x = 2.8$〔g〕

29

③

解説

イオン化傾向の大きい①のKと②のNa，④のCaは，冷水と反応し水素を発生する。⑤のFeは冷水とは反応しないが，赤熱した状態で高温の水蒸気と反応する。

30

(1) 銅板　(2) ③　(3) エ

解説

(1) ボルタの電池とよばれるもので，イオン化傾向が小さい金属が正極となる。

(2) 両極板が全く水溶液でつながっていない状態では，電圧は生じない。

(3) 電解質水溶液であることが必要である。レモン水は，クエン酸の水溶液で電解質である。

31

(1) 銅イオン (Cu^{2+})

(2) 陽極：Cl_2　陰極：Cu

(3) 薄くなる

解説

(2) 陽極から塩素が発生し，陰極に銅が付着する。

(3) 水溶液中の銅イオンが減少するので，青色は薄くなる。

32

(1) 陽極：Cl_2　陰極：H_2

(2) A．水素　B．陰
C．塩化物　D．陽

(3) $2HCl \longrightarrow H_2 + Cl_2$　(4) 1：1

(5) 酸素

解説

(1) 塩酸を電気分解すると，陽極には気体の塩素が，陰極には気体の水素が発生する。

(4) 化学式の係数より，1：1となる。

(5) 硫酸の陰イオン（硫酸イオン）は陽極に移動するが，電子を失いにくいため，水分子が酸化され，酸素が発生する。

33

A．酸素　B．水素
C．1　D．2

解説

〈陽極〉$4OH^- \longrightarrow 2H_2O + O_2 + 4e^-$
〈陰極〉$2H_2O + 2e^- \longrightarrow H_2 + 2OH^-$
〈体積比〉酸素：水素＝1：2

4 物質の性質

34

(1) エ　(2) ア，オ　(3) オ

解説

(1)ア．二酸化炭素中では，他の物質は燃焼しない。

イ．酸素には，ものを燃やす働き（助燃性）がある。

ウ．窒素は常温では化学変化をおこしにくいが，高温ではいろいろな元素と化合する性質をもつ。

エ．水素は，自分自身が燃える性質（可燃性）をもつ。

オ．塩素は，化学的に活発で，他の元素と直接化合して化合物をつくる性質をもつ。

(2) 酸素と窒素，水素は，水に溶けにくい。

(3) 塩素は黄緑色の気体であり，他の気体は無色である。

35

(1) 二酸化炭素　(2) 赤色に変わる
(3) ③

解説

(1) 炭酸水素ナトリウムを加熱すると，次の変化がおき，二酸化炭素が発生する。

$$2NaHCO_3 \xrightarrow{加熱} Na_2CO_3 + CO_2 + H_2O$$

発生した二酸化炭素を石灰水に吹き込むと白濁する。

$$Ca(OH)_2 + CO_2 \longrightarrow CaCO_3 + H_2O$$

(2) 二酸化炭素は，水に溶けると，炭酸とよばれる弱酸性の水溶液となる。

(3)① 水素が発生する。

$$2HCl + Zn \longrightarrow ZnCl_2 + H_2$$

② アンモニアが発生する。

③ 二酸化炭素が発生する。

$$2HCl + CaCO_3 \longrightarrow CaCl_2 + H_2O + CO_2$$

④ 酸素が発生する。

$$2H_2O_2 \longrightarrow 2H_2O + O_2$$

36

②

解説

①では二酸化炭素，②では水素，③では酸素，④ではアンモニア，⑤では塩化水素が発生する。

このうち，水にほとんど溶けないのは水素，酸素であり，少し溶けるのが二酸化炭素，非常によく溶けるのがアンモニアと塩化水素である。また，空気より軽いのは，水素，アンモニアである。よって，水に溶けにくく，空気より軽い気体は②の水素である。

①～⑤の反応式は次の通り。

① $CaCO_3 + 2HCl \longrightarrow CaCl_2 + H_2O + CO_2$

② $Mg + 2HCl \longrightarrow MgCl_2 + H_2$

③ $2H_2O_2 \longrightarrow 2H_2O + O_2$

④ $NH_4Cl + KOH \longrightarrow KCl + NH_3 + H_2O$

⑤ $NaCl + H_2SO_4 \longrightarrow NaHSO_4 + HCl$

37

④

解説

① 酸化銅と炭素を混ぜ合わせて加熱すると，二酸化炭素が発生する。

$$2CuO + C \xrightarrow{加熱} 2Cu + CO_2$$

② さらし粉の主成分は$CaCl(ClO)\cdot H_2O$で，塩酸を加えると塩素が発生する。

$$CaCl(ClO)\cdot H_2O + 2HCl \longrightarrow CaCl_2 + 2H_2O + Cl_2$$

③　希硫酸と亜鉛を反応させると，水素が発生する。

$$H_2SO_4 + Zn \longrightarrow ZnSO_4 + H_2$$

④　水を電気分解すると，酸素と水素が発生する。

$$2H_2O \longrightarrow 2H_2 + O_2$$

⑤　亜硝酸アンモニウムを加熱すると，窒素が発生する。

$$NH_4NO_2 \xrightarrow{加熱} 2H_2O + N_2$$

38

(1)　X：ウ　　Y：エ　　(2)　水上置換法

解説

(1)　装置から判断して，Xは液体，Yは固体である。薄い過酸化水素水は酸素を発生させるときに使う物質であり，食塩水は，硫黄，亜鉛，塩化アンモニウムとは反応しない。

(2)　水上置換法は，水に溶けにくい気体を集めるときに用いる。

39

(1)　ア，エ　　(2)　ウとエ，エとオ

解説

(1)　炭酸水素ナトリウムに塩酸や硫酸を加えると，二酸化炭素が生じる。

$$NaHCO_3 + HCl \longrightarrow NaCl + H_2O + CO_2$$

$$2NaHCO_3 + H_2SO_4 \longrightarrow Na_2SO_4 + 2H_2O + 2CO_2$$

(2)　水酸化カルシウムと硫酸との反応で生じる硫酸カルシウムは，水に溶けにくく，白色沈殿を生じる。

$$Ca(OH)_2 + H_2SO_4 \longrightarrow CaSO_4 + H_2O$$

水酸化バリウムと硫酸との中和反応で生じる硫酸バリウムは，水に溶けにくいため，白色沈殿を生じる。

$$Ba(OH)_2 + H_2SO_4 \longrightarrow BaSO_4 + 2H_2O$$

40

(1)　ア，水素　　(2)　青色　　(3)　イ，ウ
(4)　イ

解説

(1)　亜鉛やアルミニウムなどの金属は，塩酸や硫酸に溶けて水素を発生する。

$$Zn + 2HCl \longrightarrow ZnCl_2 + H_2$$

(2)　色がついている水溶液は，硫酸銅水溶液である。

(3)　固体が溶けた水溶液は，あとに溶質が残るが，気体が溶けたものは残らない。

(4)　白く濁るのは，硫酸バリウムという白色の物質が発生するためであり，硫酸銅水溶液や希硫酸に塩化バリウム水溶液を加えるとおこる。

41

②，④

解説

ヘリウム，アルゴン，ネオンは非金属元素である。

42

①，⑤

解説

ア～エの記述は，アルカリ金属の性質である。アルカリ金属には，Na，Kのほか，

Li, Rb, Cs, Frがある。②のCaと③のBaは，アルカリ土類金属で，価電子が2個で2価の陽イオンになりやすいという性質をもつ。④のCuは遷移元素であり，炎色反応を示すが，他の性質はもたない。

43

②

解説

② 銀は希硫酸や塩酸には溶けないが，濃硝酸や熱濃硫酸には溶ける。

44

③

解説

①のBa^{2+}は黄緑色，②のK^{+}は赤紫色，④のCu^{2+}は青緑色，⑤のCa^{2+}は橙赤色を示す。

10 生物

1 植物の世界

1

(1) ③　(2) 600倍

解説

(1)① 直射日光が目に入って，目を傷めるおそれがあるので，顕微鏡は直射日光の当たらない明るい場所に置く。

② レンズは，接眼レンズ，対物レンズの順に取り付ける。対物レンズを先につけると，鏡筒の上部の穴から，対物レンズにゴミが入ることがあるためである。

④ 接眼レンズをのぞいたまま対物レンズを下げていくと，ステージにのせてあるプレパラートとレンズがぶつかり破損することがある。そのため，まず，横から見ながら調節ねじを回し，対物レンズをプレパラートに近づける。次に，接眼レンズをのぞきながら調節ねじを回し，対物レンズをプレパラートから遠ざけるようにしてピントを合わせる。

⑤ 高倍率にすると，暗くなる。

(2) 顕微鏡の倍率
＝接眼レンズの倍率×対物レンズの倍率より，

$$15 \times 40 = 600〔倍〕$$

2

$\frac{1}{64}$倍

解説

面積は，(接眼レンズの倍率×対物レンズの倍率)^{2}で求められるので，

$$\left(\frac{5 \times 10}{10 \times 40}\right)^2 = \left(\frac{1}{8}\right)^2 = \frac{1}{64}$$

(別解)

接眼レンズの倍率が2倍になると視野に入る長さは$\frac{1}{2}$，対物レンズの倍率が4倍になると視野に入る長さは$\frac{1}{4}$になるので，全体として視野に入る長さは$\frac{1}{2} \times \frac{1}{4} = \frac{1}{8}$

よって，面積は，

$$\left(\frac{1}{8}\right)^2 = \frac{1}{64}〔倍〕$$

3

③，⑤

解説

アメーバ，ケイソウ，ゾウリムシは単細胞生物である。

4

(1) ②　(2) 子房　(3) ①

解説

(1) 点線部分はめしべの柱頭であり，ここでは受粉がおこなわれる。

(3) 被子植物は，単子葉類と双子葉類に分けられる。双子葉類には他に，アサガオ，アブラナ，サクラ，キクなどがある。

5

(1) **B：胚珠　　D：やく**

(2) **B**

(3) **裸子植物　①，⑥，⑧**

(4) **胚珠が子房で包まれている。**

解説

(2) 胚珠に花粉がつくとやがて種子になる。子房がないので，果実はできない。

(3) ②はコケ植物，③～⑤は被子植物，⑦は藻類である。

(4) 被子植物は胚珠が子房で包まれているのに対し，裸子植物は子房がなく胚珠がむき出しになっている。

6

(1) **二酸化炭素と水**

(2) **酸素**

解説

光合成は，光のエネルギーを使い，葉緑体の中で二酸化炭素と水などの無機物から，グルコース（ブドウ糖）やデンプンなどの有機物を合成する働きであり，このとき，同時に酸素を発生する。

$$6CO_2 + 12H_2O + \text{光エネルギー} \longrightarrow \underset{\text{有機物}}{(C_6H_{12}O_6)} + 6H_2O + 6O_2$$

7

(1) **青色**

(2) **オオカナダモが光合成をおこない，溶液中に溶けていた二酸化炭素を使ったため。**

解説

(1) BTB液は，酸性で黄色，中性で緑色，アルカリ性では青色を示す。

(2) Aの試験管では，はじめに吹き込まれて溶液中に溶けていた二酸化炭素が，光合成の原料として使われたために，溶液の酸性が弱まり色が変化した。

8

(1) **蒸散**　　(2) **道管**

解説

(2) 道管に対して，葉でつくられた栄養分を運ぶ管を師管という。

9

④

解説

① 内側から，めしべ，おしべ，花びら，がくの順になっている。

② 栄養分は師管を通って運ばれる。

③ 裸子植物には子房はなく，胚珠がむき出しになっている。

⑤ 子房が果実，胚珠が種子になる。

10

(1) **B**　　(2) **双子葉類**

解説

種子が発芽したときの子葉の数が1枚のものを単子葉類，2枚のものを双子葉類とよぶ。図の根は主根からいくつもの側根が横方向にのびているので，双子葉類だとわかる。双子葉類の葉は幅広で葉脈は網目状である。

11

①

解説

チューリップは被子植物のうち，子葉の数が1枚の単子葉類である。②，③は子葉の数が2枚の双子葉類，④は裸子植物，⑤はシダ植物である。

12

②

解説

① 種子でふえるのは種子植物であり，シダ植物，コケ植物，藻類は胞子でふえる。
③ シダ植物は根・茎・葉の区別があるが，コケ植物，藻類は区別がない。
④ シダ植物，コケ植物，藻類のうち，雄株・雌株の区別があるのはコケ植物だけである。
⑤ コケ植物，藻類には維管束がないが，シダ植物には維管束がある。

13

③，④，⑥

解説

①はコケ植物，②，⑤，⑦は藻類，⑧は裸子植物である。

14

(1) キ　(2) エ
(3) ウ　(4) ウ
(5) ア，イ

解説

(1) 花が咲かないのは種子植物以外であり，シダ植物のスギナがあてはまる。
(2) サクラ，エンドウ，ツツジ，タンポポは，双子葉類である。
(3) 胚珠がむき出しの裸子植物は，イチョウがあてはまる。
(4) 雄花と雌花に分かれているのは，裸子植物のイチョウである。
(5) 離弁花類は，花びらが1枚1枚別々になっている花が咲く双子葉類の一種である。双子葉類のうち，ツツジとタンポポは花びらがくっついている合弁花類である。

15

(1) イ　(2) ウ，カ
(3) ア，ク　(4) オ
(5) エ

解説

(1) シダ植物の特徴である。
(2) 裸子植物の特徴である。
(3) コケ植物と胞子でふえる藻類の特徴である。ケイソウは分裂でふえる。
(4) 単子葉類の特徴である。
(5) 双子葉類の特徴である。

2 動物の世界

16

(1) A：白血球　B：赤血球
(2) ②　(3) 血しょう
(4) 色素：ヘモグロビン
固形成分：赤血球

解説

(1) 白血球は，ふだんは球形であるが，異物や細菌を取り込むときにはアメーバ状に変化する。赤血球は，中央がくぼんだ円盤状の細胞である。
(2) 図中Cは，血小板である。血小板は，決まった形はなく小さい。①と⑤は血しょう，③は白血球，④は赤血球の働きである。
(3) 血しょうは，うすい黄色で透明な液体。
(4) 赤血球に含まれているヘモグロビンは，酸素の多いところでは酸素と結びつき，酸素の少ないところでは酸素を離すという性質をもつ。

17

(1) 右心室　(2) ①　(3) D，F

解説

(1) Aは右心室，Bは右心房，Cは大静脈，Dは大動脈，Eは肺動脈，Fは肺静脈，Gは左心房，Hは左心室である。
(2) 全身の毛細血管から大静脈を通って右心房，右心室へと戻った血液は，肺動脈を通って肺にいたる。
(3) 酸素を多く含んだ血液とは，肺を通過した後のものである。肺を通過した後，肺静脈から左心室へ，そして，大動脈を通って全身の毛細血管へと運ばれる。

18

(1) 体循環　(2) A，C

解説

体循環では，肺から取り込まれた酸素や小腸から吸収された栄養分が全身の細胞に運ばれるとともに，全身の細胞から出された二酸化炭素などの不要物が運ばれる。体循環に対し，血液が心臓を出て肺をめぐり心臓へ戻る経路を肺循環という。

19

(1) A．肺　B．肝臓
C．小腸　D．腎臓
(2) X：イ　Y：イ
(3) ア．e　イ．c
ウ．a　エ．b

解説

(1) 小腸から出た血液は肝臓を通る。よって，Cが小腸で，Bが肝臓である。Dは2つあるので腎臓である。
(2) Xは体循環のうち，右心房に入る前の静脈である。Yは左心室から出たあとの動脈である。
(3)ア．体内を流れる血液のうち，肺を通過した直後の血液に最も多くの酸素が含まれている。肺循環では，右心室→肺→左心房と血液が流れるので右回り。
イ．体内を流れる血液のうち，小腸を通過した直後の血液に最も多くの栄養分が含まれている。
ウ．体内を流れる血液のうち，肺に入る直前の血液に最も多くの二酸化炭素が含まれている。
エ．尿素は肝臓でアンモニアからつくられる。

20

①，③

解説

② ヘモグロビンには，全身の細胞の中で，酸素と結びついたり離れたりする働きがあり，酸素の運搬に関与する。

④ 血液中の不要物は，ぼうこうではなく腎臓でこしとられる。

⑤ 心臓から出る動脈には，左心室から出る大動脈と，右心室から出る肺動脈とがあるが，肺動脈には二酸化炭素を多く含む静脈血が流れている。

21

(1) **柔毛**

(2) **グルコース（ブドウ糖），アミノ酸**

(3) **リンパ管**

(4) **肝臓**

解説

小腸の柔毛の中の，毛細血管に吸収されるのはグルコースとアミノ酸，リンパ管に吸収されるのは脂肪酸とモノグリセリドである。グルコースとアミノ酸は，血流にのって肝臓に運ばれ，そこでグリコーゲンにつくりかえられたり，蓄えられたりしたあと，血液によって全身に運ばれる。

22

タンパク質：③　脂肪：②

解説

①のアミラーゼ，④のラクターゼ，⑤のマルターゼは，いずれも炭水化物加水分解酵素である。アミラーゼはだ液やすい液の中にある消化酵素で，デンプンをマルトース（麦芽糖）に変える働きをもつ。

23

③

解説

① 消化酵素は，その種類によって，特定の基質にのみ作用する。

② 相手の物質を変化させるが，消化酵素自身は変化しない。

④ 消化酵素はタンパク質でできているため，35℃前後で最もよく働き，温度が60～70℃を超えると酵素作用を失い，常温に戻してもその働きが再びあらわれることはない。

24

(1) **C**　(2) **B**

解説

だ液に含まれるアミラーゼはデンプンを糖に変える働きをもつ。ヨウ素液に反応するのはデンプンで，青紫色に変化する。ベネジクト液に反応するのは糖で，赤褐色の沈殿が生じる。

試験管A，B内のデンプンはだ液の作用で糖に変化し，一方C，Dはデンプンのままであるので，ヨウ素液に反応したのはC，ベネジクト液に反応したのはBとなる。

25

(1) **デンプン：グルコース**
タンパク質：アミノ酸
脂肪：脂肪酸，モノグリセリド

(2) **小腸**　(3) **肝臓**　(4) **大腸**

解説

デンプンはグルコースに，タンパク質はアミノ酸に分解され，小腸にある柔毛の毛細血管から吸収されたあと，血液によって肝臓に運ばれる。脂肪は，脂肪酸とモノグリセリドに分解されてリンパ管に吸収される。

26

肝臓：イ，ウ　　腎臓：ア，オ

解説

エ．グルコースからグリコーゲンを合成するホルモンとはインスリンのことであり，これは，すい臓のランゲルハンス島β細胞から分泌される。

27

A. 肋骨　B. 横隔膜
C. 胸腔　D. (引き)上　E. 下

解説

息を吸うときは，横隔膜が下がるとともに，肋骨をつなぐ筋肉が縮んで肋骨が上がる。その結果，胸腔が広くなって肺が広がり，空気が吸い込まれる。

反対に息を吐くときは，横隔膜が上がるとともに，肋骨をつなぐ筋肉がゆるんで肋骨が下がる。その結果，胸腔が狭くなって肺が縮み，空気が吐き出される。

28

(1) **A：二酸化炭素　B：水**
(2) **アンモニア**
(3) **物質D：尿素　器官：肝臓**

解説

(2)・(3)　アンモニアは，肝臓で毒性の弱い尿素につくりかえられてから，腎臓でこし出され，尿として排出される。

29

(1) **A．大脳　B．間脳　C．中脳**
D．小脳　E．延髄
(2) **A．エ　B．ア　C．イ**
D．ウ　E．オ

30

(1) **感覚神経**　(2) **中枢神経**
(3) **D→C→E**　(4) **反射**

解説

(1)　感覚神経に対して，脳や脊髄からの命令を筋肉に伝える末梢神経を運動神経という。

(3)　反射の場合，〔刺激〕→感覚器官→感覚神経→脊髄→運動神経→筋肉→〔反応〕という道すじをたどる。

31

①

解説

②～⑤は交感神経の働きによるものである。交感神経は，緊張したりしているときに働くのに対して，副交感神経は，交感神経の反応をやわらげ，安静時に働く。

32

③

解説

①のペンギンは鳥類，②のイモリ，④のサンショウウオ，⑤のカエルは両生類である。

33

①

解説

②のイグアナはは虫類，③のサメは魚類，④のコウモリと⑤のイルカは哺乳類である。

34

(1) ウ　(2) エ
(3) ア，イ，ウ，エ，オ　(4) イ，ウ

解説

(1) は虫類の特徴である。
(2) 両生類の特徴である。
(3) セキツイ動物の特徴である。
(4) 鳥類・は虫類の特徴である。

35

④

解説

クモ類は節足動物であり，節足動物には，ほかに昆虫類，ムカデなどの多足類，カニ，ヤドカリなどの甲殻類が含まれる。アサリ，タコ，ナメクジ，イカは軟体動物である。

36

③，④

解説

①のサナダムシはへん形動物，②のゾウリムシと⑤のツリガネムシは原生動物である。

3 生物のつながり

37

①，④

解説

葉緑体と細胞壁は，植物細胞特有のものである。

38

③

解説

① 根や茎の内部など，光合成をおこなわない部分の細胞には葉緑体はない。
② 例外として，赤血球など核をもたない細胞もある。
④ 酢酸カーミン液は赤いため，赤色に染まる。
⑤ 細胞膜についての記述である。細胞壁は，溶媒も溶質も通す全透性を示す。

39

葉緑体：ア　ミトコンドリア：ウ

解説

イは核にある染色体，エは細胞質にあるリボソームについての記述である。

40

A. ア　B. オ
C. ウ　D. エ

解説

A. 赤血球を低張液に入れると，水が赤血

球の中へ浸透し，赤血球は膨れる。逆に高張液に入れると，赤血球内の水が細胞外へ浸透し，赤血球は縮む。

B．動物細胞には，細胞壁はない。

41

(1) **d→a→b→e→c→f**

(2) **動物細胞**

解説

(2) 細胞の中央がくびれて2分されるのは，動物細胞の特徴である。

42

(1) ③　(2) ①

解説

(1) YYがつくる配偶子の遺伝子型はY，Yyがつくる配偶子の遺伝子型はYかyである。

その組み合わせでできるF_1の遺伝子型は，表のようになる。

	Y	y
Y	YY	Y y

(2) YYもYyも表現型は黄色である。

43

赤色・丸形：赤色・しわ形：白色・丸形：白色・しわ形＝3：1：3：1

解説

親のうちAaBbのつくる配偶子の遺伝子型はAB：Ab：aB：ab＝1：1：1：1，aaBbのつくる配偶子の遺伝子型はaB：ab＝1：1である。

	AB	Ab	aB	ab
aB	AaBB	AaBb	aaBB	aaBb
ab	AaBb	Aabb	aaBb	aabb

AaBB，AaBbの表現型は赤色・丸形で3個体，Aabbの表現型は赤色・しわ形で1個体，aaBB，aaBbの表現型は白色・丸形で3個体，aabbの表現型は白色・しわ形で1個体。

よって，

赤色・丸形：赤色・しわ形

：白色・丸形：白色・しわ形

＝3：1：3：1

44

(1) **しわ形・黄色：aaBB**

丸形・緑色：AAbb

F_1：AaBb

(2) **丸形・黄色：丸形・緑色：しわ形・黄色：しわ形・緑色＝9：3：3：1**

解説

親として対立形質を交雑するとき，F_1に現れた形質が顕性(優性)形質，現れなかった形質が潜性(劣性)形質である。

種子の形について考えると，しわ形と丸形を交雑した場合，F_1に現れた形質は丸形だから丸形が顕性形質で遺伝子記号はAとなり，F_1に現れなかったしわ形が潜性形質で遺伝子記号はaである。同様にして子葉の色について考えると，黄色が顕性形質でB，緑色が潜性形質でbである。

遺伝子型

P　aaBB　×　AAbb

配偶子　aB　Ab

F_1　AaBb

配偶子　AB：Ab：aB：ab
＝ 1 ： 1 ： 1 ： 1

F_2

	AB	Ab	aB	ab
AB	AABB	AABb	AaBB	AaBb
Ab	AABb	AAbb	AaBb	Aabb
aB	AaBB	AaBb	aaBB	aaBb
ab	AaBb	Aabb	aaBb	aabb

よって，表より，
丸形・黄色：丸形・緑色
：しわ形・黄色：しわ形・緑色
＝9：3：3：1

45

赤花：桃色花：白花＝0：1：1

解説

赤花の遺伝子をR，白花の遺伝子をrとする。

P　赤花　×　白花
RR　rr

F_1　桃色花　×　白花
Rr　rr

F_2　Rr　rr
桃色花：白花＝1：1

46

(1)　**A型，B型**

(2)　**A型：25％　B型：25％**
AB型：50％

(3)　**A型，B型，O型**

解説

(1)　O型の配偶子の遺伝子型はO，AB型の配偶子の遺伝子型はAとBであるから，これをかけ合わせると，

	A	B
O	AO	BO

AとBの遺伝子はそれぞれOの遺伝子に対して顕性であるから，AOの血液型はA型，BOの血液型はB型となる。

(2)　AB型の配偶子の遺伝子型はAとBであるから，これらをかけ合わせると，次のようになる。

	A	B
A	AA	AB
B	AB	BB

A型　$\frac{1}{4} \times 100 = 25$〔％〕

B型　$\frac{1}{4} \times 100 = 25$〔％〕

AB型　$\frac{2}{4} \times 100 = 50$〔％〕

(3)　父親がB型でO型とB型の子が生まれたので，母親の遺伝子型はOを含むAO，BO，OOであればよい。したがって，母親の血液型は，A型，B型，O型のいずれかである。

47

②

解説

②　22対の常染色体と1対の性染色体(XXまたはXY)から構成されている。

48

(1) **食物連鎖**　(2) **緑色植物**
(3) **A　減少する　C　増加する**

解説

(2) 食物連鎖の出発点にあるため，生産者である緑色植物である。

(3) 生物Bが急増すると，一時的にBが食物としているAの数が減少し，Bを食物とするCの数が増加する。しかし，Aの数が減少するとそれを食物とするBも減り，また，Bが減少することからCの数も減るため，やがて，もとのピラミッドの形で安定する。

49

生物濃縮

50

(1) **二酸化炭素**　(2) **ア**
(3) **エ，光合成**　(4) **イ，呼吸**
(5) **エ**

解説

(1) B～Eのすべての生物から発生しているため，呼吸に伴って発生する二酸化炭素である。

(2) 呼吸と光合成をおこなっていることから，生産者である緑色植物である。

(3) 植物は，光合成によって水と二酸化炭素といった無機物から有機物を合成し，エネルギーを有機物の中に蓄えている。

(4) 生物は，呼吸によって有機物を無機物に分解し，エネルギーを取り出している。

(5) 分解者は，菌類や細菌類である。

51

④

解説

④ 窒素同化作用は植物だけがおこなうことができる働きである。動物は窒素同化作用をおこなうことができないため，他の生物を捕食して，その生物中に含まれているタンパク質をアミノ酸にまで分解して利用している。

52

(1) **A．水平　B．照葉　C．夏緑**
D．針葉　E．0.6　F．垂直
(2) **B．①，⑤　C．④，⑥**
D．②，③
(3) ④

11 地学

1 大地の変化

1

①

解説

盾状火山についての記述であり，マウナロア山があてはまる。盾状火山の例としては，他にキラウェア山などが挙げられる。

②・③　有珠山と昭和新山は溶岩円頂丘の代表例である。溶岩の粘性が大きく，激しく爆発的に噴火し，溶岩がもり上がってドーム型の火山になる。

④・⑤　富士山と桜島は成層火山の代表例である。溶岩の粘性は中程度で，比較的激しく爆発し，溶岩が流れにくいため傾斜の急な円錐型の火山になる。

2

⑤

解説

①　成層火山についての記述である。溶岩円頂丘は，溶岩がもり上がったドーム型の火山である。

②　有珠山のマグマは，粘性が大きく流れにくい。

③　火山ガスの成分には，二酸化硫黄や硫化水素も含まれているが微量であり，そのほとんどが水蒸気である。

④　盾状火山についての記述である。

3

⑤

解説

深成岩には他に，せん緑岩，斑れい岩がある。①の石灰岩は堆積岩，②の安山岩，③の玄武岩，④の流紋岩は火山岩である。

4

④

解説

斑れい岩は深成岩の1つであり，マグマが地下の深いところで，ゆっくりと冷えてできる。これに対し，火山岩は，マグマが地表または地表近くで，急に冷やされてできる。

5

(1)　**図1：等粒状組織　　図2：斑状組織**
(2)　**斑晶**
(3)　**石基**
(4)　**図1**
(5)　**図1：花こう岩　　図2：安山岩**

解説

(4)　深成岩は等粒状組織，火山岩は斑状組織である。

(5)　図1は等粒状組織で，造岩鉱物として石英，カリ長石，斜長石，黒雲母を含むので，花こう岩である。

図2は斑状組織で，造岩鉱物として角閃石，斜長石を含むので安山岩である。

6

②, ③, ⑤

解説

①の石英と④の長石は，無色鉱物である。

7

⑤

解説

① 地下深くでゆっくり冷え固まった火成岩は深成岩，地表か地表近くで急に冷え固まった火成岩は火山岩である。
② 等粒状組織をもつのは深成岩である。火山岩は斑状組織をもつ。
③ 玄武岩は火山岩である。深成岩には花こう岩，斑れい岩の他にせん緑岩がある。
④ 安山岩の鉱物の組み合わせは，主に長石，角閃石，輝石であり，かんらん石はほとんど含まれていない。

8

(1) マグニチュード
(2) 初期微動継続時間
(3) P波

解説

(1) ある地点での，地震による土地の揺れの大きさは震度という。
(2)・(3) P波とS波は震源を同時に出発するが，P波はS波より速度が速いため，到着時刻がずれる。P波が到着してからS波が到着するまでの時間を初期微動継続時間という。

9

③

解説

③ マグニチュードと震度とは別のものであり，同じマグニチュードの地震でも震源から離れるほど震度は小さい。

10

(1) P波：7.5km/秒　　S波：4.0km/秒
(2) A：初期微動　　B：主要動
(3) 129km

解説

(1) P波はS波より速く伝わる。

$$\text{P波}\quad \frac{150}{20}=7.5〔\text{km/秒}〕$$

$$\text{S波}\quad \frac{200}{50}=4.0〔\text{km/秒}〕$$

(3) 初期微動継続時間〔秒〕

$$=\frac{\text{震源からの距離〔km〕}}{\text{S波の速さ〔km/秒〕}}-\frac{\text{震源からの距離〔km〕}}{\text{P波の速さ〔km/秒〕}}$$

で表されるから，震源までの距離を$x$kmとすると，

$$\frac{x}{4}-\frac{x}{7.5}=15$$

$$x\fallingdotseq 128.5〔\text{km}〕$$

11

④

解説

マグニチュードが1大きくなると，地震のエネルギーは約32倍（$10\sqrt{10}$倍）大きくなる。マグニチュードが2大きくなると，

約$32^2 = 1024$〔倍〕大きくなる。

12

A→B→C→FF′→GG′→E→D

解説

地層の新旧関係を決める原理は，上にある地層は下にある地層より新しいという地層累重の法則である。

D，Eが断層FF′によってずれていないので，A，B，Cの順序で堆積した後，断層FF′によってA〜Cにずれが生じた。そして，Cの表面は削り取られ不整合面になった後，火成岩EがA〜Cに貫入し，不整合面から噴出した。DとEの接触面では変成作用がおきていないので，最後にDが堆積した。

なお，不整合面とは，上下の地層の間に長期間の堆積の中断があり，浸食などを受けた場合に形成される面である。

13

示準化石

解説

示準化石に対して示相化石は，地層が堆積した当時の自然環境(気候・地域など)を知る手がかりとなる化石である。

14

①

解説

②〜⑤は，示準化石の例である。①は，当時，浅い砂浜の海であったことを示す化石である。

2 大気の変化

15

(1) 50％　(2) 7℃

解説

(1) 表より，気温10℃のときの飽和水蒸気量は$9.4\mathrm{g/m^3}$。空気$1\mathrm{m^3}$中には$4.7\mathrm{g}$の水蒸気が含まれているから，

湿度〔％〕

$$= \frac{\text{空気}1\mathrm{m^3}\text{中の水蒸気量}}{\text{その気温での飽和水蒸気量}} \times 100$$

$$= \frac{4.7}{9.4} \times 100 = 50〔\%〕$$

(2) 空気$1\mathrm{m^3}$中に含まれている水蒸気量を$x\mathrm{g/m^3}$とすると，

$$x = \text{その気温での飽和水蒸気量} \times \frac{\text{湿度}}{100}$$

$$= 9.4 \times \frac{83}{100} \fallingdotseq 7.8〔\mathrm{g/m^3}〕$$

表より，飽和水蒸気量が$7.8\mathrm{g/m^3}$となっている気温7℃が露点となる。

16

(1) 60％　(2) 6.5g

解説

(1) まず，この部屋の$1\mathrm{m^3}$あたりの水蒸気量を求める。金属容器がくもりはじめたのは，表面付近の空気が露点に達したからである。つまり，22℃での飽和水蒸気量が部屋の水蒸気量であるから，表より，

$$\text{湿度} = \frac{19.5}{32.5} \times 100 = 60〔\%〕$$

(2) 気温15℃での飽和水蒸気量は，表より$13.0\mathrm{g/m^3}$である。これ以上の水蒸気

を含むことはできないので，空気1 m^3 あたり

$$19.5 - 13.0 = 6.5〔g〕$$

が水滴になる。

17

80％

解説

30℃における飽和水蒸気量は30 g/m^3 なので，湿度40％の水蒸気量は，

$$30 \times \frac{40}{100} = 12〔g/m^3〕$$

15℃における飽和水蒸気量は15 g/m^3 なので，湿度は，

$$\frac{12}{15} \times 100 = 80〔\%〕$$

18

(1) ③

(2) **1500m，フェーン現象**

解説

(2) 100m上昇ごとに気温が1.0℃下がるので，

$$(22℃ - 7℃) \times 100m = 1500〔m〕$$

また，頂上付近で雨が降ると，空気塊中に含まれていた水滴はすべて落ち，乾燥した空気塊は風下側の山の斜面を100mにつき1℃の割合で上昇しながら，下降していく。その結果，乾燥した高温の風が吹き降りる。これをフェーン現象という。

19

(1) ②　(2) **0.6℃**

解説

(1)② オーロラは熱圏で起こる現象である。中間圏での特徴的な現象は夜光雲で，これは塵のまわりに氷が結晶し太陽光によって光って見えるものである。

20

図1：a　図2：ア

解説

まわりよりも気圧の低いところを低気圧といい，中心に向かって風が吹き込んでいる。日本付近における低気圧の地表付近では，中心に向かって反時計回りに風が吹き込む。低気圧の中心に向かってまわりから吹き込んだ空気塊は，中心部で上昇気流となって，上空に上がっていく。

21

③

解説

① オホーツク海気団についての記述である。

② シベリア気団についての記述である。

22

①

解説

②は停滞前線，③は温暖前線，④は閉塞前線についての記述である。

23

(1) **B地点**　(2) **ア**
(3) **エ**　(4) **①**

解説

(1) A地点よりもB地点の方が等圧線の間隔が狭いため，風はB地点の方が強い。
(2) 低気圧の中心の西側では，北西または北北西の風が吹く。
(3) C地点は温暖前線の前面にある。温暖前線の前面には水平方向に発達する層状の雲が発生し，雨がしとしとと長時間にわたって降る。
(4) D地点も温暖前線の前面にあるため，現在は雨が降っているが，前線が通過すると雨はあがり，寒気から暖気に変わったため気温が上がる。E地点は，寒冷前線の前面にあるので，現在は晴れているが，前線が通過するとにわか雨が降り，気温が下がる。

24

(1) **イ**　(2) **ウ**
(3) **気温が上がる。**

解説

(1) 12時にはA地点をまもなく温暖前線が通過するため，雨が降っている。22時には温暖前線が通過後であるため，晴れている。
(2) 北半球の低気圧の地表付近では，中心に向かって反時計回りに風が吹き込む。
(3) 温暖前線が通過し，A地点では寒気から暖気に変わったため，気温が上がる。

25

(1) **エ**　(2) **イ**
(3) **ウ**　(4) **ア**

解説

各季節ごとのキーワードをおさえておこう。
春や秋…移動性高気圧，周期的な天気変化
夏…太平洋高気圧（小笠原気団），南高北低型，南寄りの弱い季節風
冬…シベリア気団，西高東低型，北西寄りの強い季節風
梅雨や秋雨…停滞前線，長雨

26

①

解説

② 夏には，発達した太平洋高気圧（小笠原気団）が日本をおおうように張り出す。
③ 移動性高気圧は，偏西風に乗って西から東へ移動していく。高気圧通過時は晴れ，低気圧通過時はくもりや雨になる。
④ 冬には，中国大陸にシベリア高気圧が発達する。
⑤ 太平洋側から風は吹くので，フェーン現象は日本海側でおきやすい。

27

④

解説

① 台風は，熱帯地方の海上で発生する熱帯低気圧のうち，北太平洋西部で発達したものである。また，台風による風は，進行方向右側の方が左側よりも強く吹く。
② 台風は，中心付近の最大風速がおよそ

17m/秒(風力8)以上になったものである。

③　台風は，前線をともなわない。

⑤　冬から初夏にかけては，大陸の高気圧におされるので北上できず，中国大陸へ向かうことが多い。一方，夏から秋にかけては，太平洋高気圧の西のへりに沿って進むので，日本列島に近づくことが多い。

28

④

解説

①　低気圧についての記述である。高気圧の区域では，中心から風が吹き出し，中心付近では下降気流が生じる。

②　空気の流れは，気圧の差が大きいほど速くなるため，等圧線の間隔が狭いところほど風力は大きくなる。

③　真夏日とは，1日の最高気温が30℃以上になった日のことである。

⑤　梅雨前線をつくるのは，オホーツク海気団と太平洋高気圧(小笠原気団)である。

3 太陽系と宇宙

29

⑤

解説

①　赤道半径6378km，極半径6357kmであり，赤道半径の方がわずかに長い。

②　公転ではなく，自転である。地球の公転とは，地球が太陽の周りを回る運動をいう。

③　公転ではなく，自転により生じる現象である。

④　地球の自転速度と静止衛星の公転速度が同じためである。

30

(1)　新月：G　満月：C

(2)　ア．B　イ．F

　　ウ．H　エ．D

(3)　A

(4)　G

解説

月は太陽の光を反射させながら，地球の周りを公転している。そのため，どのような位置の月を見るかによって，月の満ち欠けや月の見える方向はかわる。

(1)　新月は，太陽と同じ方向にあるときの月で，地球からは太陽からの光を受けていない月の面を見ることになるため，1日中月を見ることはできない。

一方，満月は，地球をはさんで太陽と反対側にあるときの月で，太陽の光を受けている月の半面を全部見ることになるため，真ん丸に見える。

(3)　日没直後に南の空に見えるのは，太陽から90°東にある上弦の月である。

(4) 日食とは，月にかくされて太陽の一部分が欠けて見えたり，全く隠されたりする現象であるから，地球－月－太陽と並ぶときである。

31

③

解説

①と②は地球の自転によって，④と⑤は地球の公転によってそれぞれおこる。

32

(1) イ　(2) 9時間50分
(3) エ

解説

(1) 影は，透明半球の中心に合わせる必要がある。実際の観測者と天球上の太陽の位置関係が同じになるためである。

(2) 1時間に3cm移動するので，1分間には0.05cm移動する。よって，29.5cm移動するのに必要な時間は，

$29.5 \div 0.05 = 590$〔分〕

$= 9$〔時間〕50〔分〕

(3) 太陽の日周運動の経路が南寄りになっているため，冬至の頃である。

33

④

解説

① 恒星の日周運動は，地球の自転による現象である。

② 地球の自転軸が常に一定の向きにあるため，北半球は常に北極星の側にある。そのため，南側にある星には，日本から全く見ることのできない星もある。

③ 地球の公転による現象である。

⑤ 地球の公転周期が365.2422日であり，正確に365日ではないことから起こる現象である。

34

11時40分

解説

太陽の南中時刻は，東へいくほど経度15°につき1時間ずつ早くなる。

$140 - 135 = 5$〔°〕より，

東経140°の地点における太陽の南中時刻は，

$60 \times \dfrac{5}{15} = 20$〔分〕　早くなる。

35

(1) 北緯34.0度　(2) 20.1度

解説

(1) 秋分の日の南中高度

$= 90° -$観測地の緯度

であるから，

$90 - 56.0 = 34.0$〔度〕

(2) まず，観測地の緯度を求める。(1)と同様にすると，

$90 - 43.5 = 46.5$〔度〕

冬至の南中高度

$= 90° -$緯度$- 23.4°$

であるから，

$90 - 46.5 - 23.4 = 20.1$〔度〕

36

(1) 北極星　(2) ウ
(3) 24時（午前0時）　(4) ア

解説

(2) 北極星の近くにある星座としては，おおぐま座，カシオペア座がある。おおぐま座の星の一部で北斗七星をつくっている。

(3) 地球の自転により，北の空では，星は北極星を中心に1時間に15°ずつ反時計回りに動いて見える。図ではAからBへ60°動いているから，

$$\frac{60}{15}=4\text{〔時間〕}$$

で，20時の4時間後の24時にBの位置に見える。

(4) 地球の公転により，1カ月に30°ずつ反時計回りで移動するので，1カ月後の4月21日20時には，Aよりも30°西の位置にくる。4月21日にAの位置に見えるのは，

$$\frac{30}{15}=2\text{〔時間〕}$$

より，20時の2時間前の18時である。

37

(1) ①　(2) ア
(3) ③

解説

(1) オリオン座は冬の星座である。

(2) 冬にオリオン座は南の空に見え，大きな弧を描いて東(左)から西(右)に動いて見える。

(3) オリオン座は北極星と90°離れており，オリオン座が低いということは，北極星が高いところにあるということになる。北極星の高度＝その場所の北緯である。

38

(1) G　(2) F　(3) イ

解説

(1) 北の空では，星は1時間に15°反時計回りに動くので，3時間では45°動く。

(2) 星は1カ月に30°西に移動するので，3カ月では90°西に動く。

(3) この日の21時の星座の位置は，今よりも30°西に動く。21時に今と同じ位置にあるためには，19時には今の位置よりも30°東になければならない。したがって，約1カ月前になる。

39

イ

解説

アのおとめ座は春に代表的な星座である。ウ～オの星は「冬の大三角」を構成する。

40

ア

解説

アンタレスはさそり座の心臓部にあり，赤く輝く星である。なお，オリオン座には，左上にベテルギウス，右下にリゲルがある。

41

(1) ウ　(2) エ

解説

(1) 地球の地軸が傾いているため，北半球では夏至で太陽の南中高度が最大になり，冬至で最小になる。そのため，太陽の光が真上近くから当たるイが夏至で，エが冬至となる。

(2)　アのこいぬ座とオのおおいぬ座は冬，イのおとめ座とウのしし座は春に南の空で見られる星座である。

42

①

解説

②　黄道は，天球上における太陽の年周運動の経路で，1年で1周するように見える。

③　太陽の半径は約70万kmで，地球の半径の約100倍である。

④　地球から見て満ち欠けをするのは内惑星である水星，金星のみであり，外惑星である火星は満ち欠けをしない。

43

イ，エ

解説

水星と金星が内惑星，火星，木星，土星は外惑星である。

44

⑤

解説

①　土星についての記述である。火星の特徴としては，赤茶色の地表であり，極に白い極冠をもつこと，昼夜と四季の変化があることが挙げられる。

②　木星の密度は小さく，地球の約$\frac{1}{4}$である。

③　水星についての記述である。金星の特徴としては，水星に次いで太陽に近い軌道を回っていること，二酸化炭素を主成分とする大気が存在すること，反射能が大きく，惑星中最も明るいことが挙げられる。

④　軌道面に対して横倒しの状態で自転しているのは，天王星である。

45

③，④

解説

①はケプラーの第1法則，②は第3法則，⑤は第2法則である。

46

⑤

解説

①　地球の地軸が公転面に対して垂直の方向から常に約23.4°傾いて公転しているからである。

②　北極星は地軸の延長上に位置し，常に地球の北極のほぼ真上にあるからである。

③　太陽・地球・月の見かけの大きさに関係している。日食は太陽が月の影に隠れることであるが，太陽の半径が月の約400倍で，地球からの距離も太陽は月の約400倍であるため，地球から見た太陽と月の大きさはほぼ同じである。一方，月食は月に地球の影がうつることであるが，地球は月の4倍の大きさなので，地球の影は見かけの月の大きさよりもずっと大きい。そのため，月食のほうがおこる確率が高くなる。

④　地球が西から東へ自転しているためである。

⑤　金星は内惑星，火星は外惑星である。

12 コンピュータ・情報社会

1 コンピュータ

1

②

解説

① ソフトウェアについての記述である。ハードウェアは，キーボード，ディスプレイなど外から見えるものや，本体内部にあるCPUや半導体メモリなどをさす。

③ 入力されたプログラムは，ハードディスクや半導体メモリなどの記憶装置に送られる。

④ ハードディスクは，データを記憶する装置である。計算や判断をするのはCPU（中央演算制御装置）である。

⑤ ビットについての記述である。バイトは，8ビットをひとまとまりとしたものである。

2

(1) イ　(2) ウ　(3) ア

解説

(1) アのBMPは，グラフィックデータをファイルに記録する規格，ウのMPEGは，動画像と音声の圧縮のための国際規格である。エのMIDIは，楽曲データの記述，保存，伝送などの方式を定めた共通規格である。

(2) アのCPUはコンピュータの中央処理（演算制御）装置，イのOSはオペレーティングシステム，エのCUIはすべての操作をキーボードを使って行うユーザインタフェースである。

(3) イのUIは，ユーザインタフェースのこと，ウのROMは，読み出し専用の半導体メモリ，エのPDFは，文書表示用のファイル形式である。

3

⑤

解説

① CD－RWについての記述である。

② CD－ROMについての記述である。

③ CD－Rについての記述である。

④ ROMについての記述である。DVDはCDに比較して大容量の記憶媒体であり，そのうち，DVD－Rは一度だけ書き込みが可能なものである。

4

(1) イ　(2) オ　(3) エ
(4) ア　(5) ウ

5

(1) ④　(2) ③

解説

(1) 1.4MBは，約1.4×10^6Bであるから，$1.4 \times 10^6 \times 8 = 11,200,000$ビットとなる。

(2) 1.4MBは，約1.4×10^6Bであり，1文字を2Bで表現するのであるから，$1.4 \times 10^6 \div 2 = 700,000$文字となる。

6

(1)　27　　(2)　101000

解説

(1)　$11011_{(2)} = 1 \times 2^4 + 1 \times 2^3 + 0 \times 2^2 + 1 \times 2^1 + 1 \times 2^0$

$= 16 + 8 + 0 + 2 + 1$

$= 27$

(2)

2) 40
2) 20 …0
2) 10 …0
2) 5 …0
2) 2 …1
2) 1 …0
　0 …1

したがって，10進法の40を2進法で表すと，「101000」である。

2 ネットワークと情報社会

7

エ

解説

都道府県の機関はpref（東京都はmetro），政府機関はgo，企業はco，財団法人などのその他の団体はorで表される。

8

A．プロトコル（通信規約）
B．TCP/IP　C．ブロードバンド
D．光ファイバー

9

②

解説

①　電子メールは情報秘匿性に乏しく，改ざんや漏洩の危険性が高い。これを防ぐためには，暗号化して送信することが必要である。暗号化技術は，近年めざましい進歩を遂げており，オンラインによる署名を法的に認定する電子署名法も施行されている。

③　バイナリデータ（文字コード以外の情報が含まれたデータ）を添付して送信するときは，メールソフトがバイナリからテキストデータに変換して送信されるため，添付ファイルのサイズはディスク上のファイルサイズより1～2割程大きくなる。

④　電子メールの添付ファイルには，コンピュータウイルスが含まれていることがある。ウイルスは，添付ファイルを開く

ことでプログラムが実行される場合があるため，不審と思われるファイルは開かずに削除する。

⑤　受信者側の使用しているメールソフトが判明している場合を除いて，普段はテキストファイルで送信する必要がある。テキストメールはどのようなメールソフトでも読むことができるが，HTMLメールは受信者側のメールソフトがHTMLメールに未対応の場合，単純なテキストとHTML形式の添付ファイルとして表示されたり，文字化けして読めなかったりするからである。

10

④

解説

①　コンピュータウイルスは，ネットワークからだけでなく，USBメモリなどのメディアからも感染する。

②　ウイルスを発見し除去するソフトは，ワクチンプログラムやウイルスチェックなどとよばれる。フィルタリングソフトは，インターネット上の有害な情報を子どもの目に触れさせないようにするソフトのことである。

③　実行することによって感染するウイルスも多いため，直接実行する前にウイルスチェックをする必要がある。

⑤　ウイルスは，次々と新種のものが現れるため，ウイルス対策ソフトのプログラムを随時更新する必要がある。

11

ランサムウェア

12

③

解説

イ．パスワードは，生年月日，名前など自分に関連するパスワードは避け，簡単に推測されないようなものを設定する必要がある。

ウ．不正アクセス禁止法では，IDやパスワードを無断で第三者に提供することを禁じており，口頭伝達でも処罰の対象となる。

13

(1)　イ　　(2)　エ　　(3)　イ

解説

(1)　アのISPはプロバイダのことでインターネット接続業者，ウのBBSはネットワーク上でメッセージを交換する電子掲示板，エのPOPはメールを受信するためのプロトコルである。

(2)　アのWANはLAN間を回線でつないだ広域ネットワーク，イのWWWはインターネットを見るための統一された情報公開システム，ウのCATVはケーブルテレビのことである。

(3)　アのSPAMは同一メッセージのコピーを大量に特定の電子メールアドレスなどに送信すること，ウのFTTHは家庭用光ファイバー通信回線，エのCGIはWebサーバから外部プログラムを利用するための標準ユーザインタフェースのことである。

14

(1)　イントラネット　　(2)　フリーウェア

(3) **ブラウザ**　(4) **ダウンロード**
(5) **サーチエンジン**

15

①，③

解説

① ADSLは電話回線を利用する方法である。現在は光ファイバーを利用する方法が主流である。

③ デジタルデバイドに関する記述である。情報リテラシーとは，コンピュータやネットワークを利用して，多様な情報を収集処理し活用する上で必要となる基本的な知識や能力のことをいう。

16

③

解説

① 国や地方公共団体が公表している著作物については，許諾を得ることなく説明の材料として転載することができる。

② タレントが被写体の場合，肖像権の侵害に当たる可能性がある。

③ 正しい。多くのホームページでは，リンクについての希望が記載されているので，それを遵守する必要がある。また，記載されていない場合は，無断でリンクを作成しても法律上の問題はないが，マナーとして相手に許可を得るほうが望ましい。

④ 著作権は，著作権者の没後70年で消滅する。モーツァルトは200年以上前に死亡しているため，著作権法上の問題はない。

⑤ テレビ番組の放送内容は，放送会社または制作会社に著作権があるため，著作権の侵害となる。

17

④

解説

① 生徒が描いた絵は，教師の指導のもとであっても著作物となり，著作権はその生徒にあるため，教師が自由に利用することはできない。

② 教師が授業で使用するために作成したプログラムは，一般的には教師の著作物となり教師に著作権が発生する。ただし，プログラムを作成することが学校の指示や承諾に基づき，かつ教師の職務上の義務である場合には，原則として学校が著作者となり，学校に著作権が発生する。

③ この場合，許諾を得る必要はない。著作物を複製する場合には，原則として著作権者から許諾を得る必要があるが，「学校その他の教育機関において教育を担任する者及び授業を受ける者は，その授業の過程における使用に供することを目的とする場合には，必要と認められる限度において，公表された著作物を複製することができる」とされている。

⑤ 授業で使用する目的であっても，ドリルやワークブックなどのように本来，児童・生徒一人一人に一部ずつ購入され，使用される目的で発行された教材を人数分複製して使用することは，著作権者の経済的な利益を不当に害することとなるため認められない。

教員採用試験対策　オープンセサミシリーズ
問題集　一般教養Ⅰ［人文科学 自然科学］

発　行　2023 年 10 月 20 日　第 1 版第 1 刷

編　著　東京アカデミー
発行人　佐川泰宏
発行所　株式会社ティーエーネットワーク
〒 450-6306 名古屋市中村区名駅 1-1-1
ＪＰタワー名古屋６Ｆ
電話　：052-586-7805㈹
FAX：052-563-2109
発売元　東京アカデミー七賢出版株式会社
〒 171-0021 東京都豊島区西池袋 1-11-1
メトロポリタンプラザビル 13F
電話　：03-6852-0803
FAX：03-6852-0180

ISBN978-4-86455-615-6　C7337